KB210245

# 이리, 잊혀진 도시 裡里

## - 이리의 형성과 발전과정

익산학연구총서 ⑭

# 이리, 잊혀진 도시

裡里

## - 이리의 형성과 발전과정

신귀백 지음

모시는사람들

익산학연구총서 ⑭

# 이리(裡里), 잊혀진 도시

등록 1994.7.1 제1-1071
1쇄 발행 2025년 3월 31일
2쇄 발행 2025년 6월 30일

지은이  신귀백
기  획  익산시문화도시지원센터
펴낸이  박길수
편집장  소경희
편집 · 디자인  조영준
관  리  위현정
펴낸곳  도서출판 모시는사람들
         03147 서울시 종로구 삼일대로 457(경운동 수운회관) 1306호
전  화  02-735-7173 / 팩스 02-730-7173
홈페이지  http://www.mosinsaram.com/

인  쇄  피오디북(031-955-8100)
배  본  문화유통북스(031-937-6100)
값은 뒤표지에 있습니다.
ISBN    979-11-6629-226-2    93910

* 잘못된 책은 바꿔 드립니다.
* 이 책의 전부 또는 일부 내용을 재사용하려면 사전에 저작권자와
  도서출판 모시는사람들의 동의를 받아야 합니다.

이 책은 2025년 문화체육관광부, 전북특별자치도, 익산시의
법정문화도시 사업의 일환으로 출간되었습니다.

### 잊혀진 도시, 이리(裡里)

이리(裡里)는 잊혀졌다. 1995년 도농통합과 함께 익산(益山)이 이리를 품었다. 한국 근현대사에서 이리를 품은 익산지역만큼 다양한 스펙트럼을 갖는 땅도 드물 것이다. 미륵사지석탑에 김대건의 나바위 성지, 두동교회와 원불교 총본산이 있는 공간을 둘러본 사람은 성스러운 땅이라 말할 것이다. 장사나 무역을 하는 사람들에게는 예로부터 좋은 길목이고 힘이 넘치는 모험가들에게는 주먹 쓰기 좋은 사나이의 땅일 것이다. 근대화 과정에서 옛 읍치였던 금마(金馬) 그리고 여산(礪山), 용안(龍安), 함열(咸悅)이 아닌 곳에 철도 중심의 신도시 이리가 자리 잡았기에 고대의 유적이 훼손되지 않고 남아있을 것이다. 이리는 양반이나 토호가 적어 누구나 몸뚱이만 성하면 먹고살 만한 땅이라고 어르신들은 말씀하셨다. 어떻든, 방랑하기 좋아하는 사람에게는 어디로든 떠날 열차가 있고 서해안이 가까워 먹거리가 좋은 고장이니 여행자나 주민 모두 긍정의 에너지가 넘치는 땅임은 틀림없을 것이다.

다양한 계층의 사람들에게 기회를 주던 땅 이름 '이리(裡里)'가 사라졌다. 도시 이름이 묻히니 기억과 기록이 지워진다. 1977년 이리역화약열차폭발사고로 많은 사람이 죽고 시가지가 파괴되었던 흑역사를 잊고 싶었을 것이다. 거기다 주먹세계의 이미지 그리고 일본제국주의가 건설한 식민지 도시라는 과거 때문이었을까? 시민들은 이리를 붙잡지 않고 익산(益山)이라는 고

풍의 이름을 택했다. 그리고 30여 년이 흘렀다. 도시 이름은 사라졌지만 아직도 학교를 비롯한 많은 공공기관의 명칭과 기억 속에 '이리'는 살아있다.

## 이리역

나주 영산강변 가까운 곳에 모여 살던 나의 일가친척들은 해방 이후 이리에 정착하기 시작했다. 진외가 할아버지가 이리에 자리잡은 유명한 목사여서 그 인연으로 아버지 형제*들이 호남선 열차를 통해 정착했다. 사촌에 일가족 그리고 2세, 3세들의 나이를 합하면 이제 천 살도 넘을 것이다. 나는 일곱 살 때, 아버지의 손을 잡고 이리역 플랫폼에 내렸다. 이농(離農)에 따른 유학의 첫 단추였을 것이다. 영산강이 휘돌아 흐르는 명산역에서 나를 실었던 기차는 큰 소리로 울며 나를 뱉었고 열차가 내뿜는 스팀으로 사람들이 지워졌다. 플랫폼에는 가락국수 멸치 국물 삶는 냄새가 났다. 국수가닥처럼 빛나는 레일을 두고 지하도를 거쳐 역사로 들어섰다. 대합실의 높은 샹들리에라니, 역 광장으로 나오니 낡은 황금색 역사 위쪽엔 시계가 그리고 그 위에 역 이름이 새겨져 있었다.

'이리역'

하아, 무슨 도시가 이름이 '이리(裡里)'란 말이냐? 늑대도 아니고. 벽체에 나무 비늘이 달린 왜식 풍 이리국민학교에 다닐 때, 큰아버지네 일본인 가옥에서 잠깐 살았다. 나무 마루가 주는 단정함, 창호지가 주는 단아함, 부드럽

---

* 양윤묵(梁允黙) 목사가 우리 평산 신(申)씨들을 이끌었다. 할아버지의 4남 1녀 중 막내딸 이름은 '신평님'이다. 일찍 죽은 고모 이름에 '평(平)' 자를 넣은 이유는 해방등이로 '평란(平亂)' 즉 1945년 일본이 물러간 해에 태어났기에 붙여진 이름이라는 것을 어른들에게 들었다.

게 열리는 장지문, 유리가 주는 모던함이 어른이 돼서도 기억난다. 아버지는 창인동성당 부근의 작은 적산 가옥을 구입해 오래도록 세금을 내고 당신의 집으로 만들었다. 나는 이 도시에서 살아온 기억을 글로 남기기 위하여 이 도시를 만든 사람들의 책들을 구해 읽었다.

### 국화축제와 복어요리

누가 이리를 들여다보았을까? 이리를 품은 익산은 해마다 '천만송이국화축제'를 개최한다. 수준 높다. 아름답다. 그런데 왜 하필 국화일까? 다른 도시도 그렇겠지만, 아버지를 비롯한 어르신들은 복탕을 즐겨 드셨다. 나 역시 맑은 복어탕을 좋아한다. 익산에는 지금도 잘 되는 복탕집이 많다. 왜, 익산은 구기(球技)종목보다 투기(鬪技)에 능할까? 어린 시절, 역 주변에는 많은 태권도장과 유도장이 있었다. 왜 그럴까? 익산 시민들에게 모르는 사이 식민의 잔재들이 내면화된 것들이 아닐까 하는 의문을 가졌다.

하나 더, 말하기 어려운 지점으로 왜 이리는 주먹이 판치는 도시라는 이미지를 갖게 되었을까 하는 문제의식으로 이 도시의 출발과 그 과정을 연구하게 되었다. 나이 드신 어르신은 도시를 관통하는 물이 없어서 사람들이 어질지 못하다는 견해를 주셨다. 아, 정서적으로 일리가 있는 말씀일 것이다. 연구를 진행할수록 거기에는 제국주의 일본과 일본인이 있었다. 1912년 호남선이 지나가고 정거장이 들어서면서 목적에 충실한 기능 도시로서 형태가 다가왔다. 정서와 이야기를 넘어 책자 속의 이리는 일본인들의 식민적 유산을 받아들이는 과정의 신도시였다는 것을 알게 되었다. 의문에 대한 정답은 일본인 침략자들의 이민을 위해 기획된 도시라는 것이다. 그 세부를 들여다보아야 했다.

익산시 서북쪽으로는 금강이 흐른다. 그 아래 미륵산과 모악산 사이 만경강이 흐른다. 사행(蛇行)의 강 좌우 덜 깊은 곳으로 1908년에는 전주에서 군산에 이르는 신작로, 전군도로가 펼쳐졌다. 그 곁으로 전라선 열차가 길을 낸다. 강경에서 이리 노선으로 대표되는 호남선 철로가 열십자를 그으니 교통의 요지임은 말할 것이 없다.

이 철길 한가운데 자리잡은 도시에서 살아가는 동안 지켜본 곳곳에 일본의 흔적이 너무 많았다(물론 그 시절에는 몰랐다). 일본인이 세운 초등학교부터 문성당서점과 몇몇 이름을 바꾼 여관까지 오래전부터 있었다. 중학생 때, 마릴린 먼로가 출연한 〈돌아오지 않는 강〉 또 〈25시〉 등을 단체관람으로 보았다. 좀 커서 홀로이 〈대부(代父)〉를 본 이리극장은 1914년 일본인이 세운 이리좌(裡里座)라는 극장에서 시작됨을 알게 되었다. 내 정규교육 16년 동안 책을 산 서점과 아버지가 고등학교 입학 기념으로 세이코 시계를 사준 시계점, 대학 입학 기념으로 신사복을 맞춘 양복점, 결혼해서는 중앙사라는 금은방에서 엄마는 아내의 반지와 팔찌를 해준 그곳이 소위 이리의 '영정통'이었다.

호남선을 타고 내려가다 보면 모기가 군복을 뚫는다는 이리역의 전설조차도 일제강점기 화차에 물을 담기 위한 오픈된 커다란 물탱크 때문이라는 상상을 하게 되었다. 조선 침략의 선봉 일본 조슈벌(長州閥)의 근원인 야마구치(山口) 가까운 곳에서 건너온 사무라이 후예들이 멋진 양복 뽑아입고 떼로 몰려다니면서 사진 찍는 건달들의 모습이 상상 속에 들어왔다. 술 이름들이 적힌 일본식 포장의 술집들, 역전마라톤의 기억, 긴 막대에 유리 진열장을 어깨에 메고 '당고나 모치'를 외치던 옆집 아저씨가 기억난다. 술집과 여관 그리고 당구장이 많은 도시였다.

어릴 때 살았던, 신광교회의 종소리가 가깝게 들리던 '이리시 창인동 1가 115번지' 이리여고 아래 가옥의 등기부등본을 떼어보았다. 첫 소유주가 '오하시(大橋)농장'으로 기록되어 있었다. 그다음에 살게 된 집들도 이리시내였기에 대개는 일본인들과 연관이 있었다.

대마지로 된 시커먼 까마귀떼 교복을 입은 내 친구들을 시내로 실어나른 호남선 작은 역인 황등과 함열, 부용과 김제, 군산선의 오산과 임피, 전라선의 동이리와 대장촌 역 등은 일제의 거대 농장주의 생산 관련 물자의 이동이 편리하게 설계된 기차역이었다. 좀 깊게는 일본인이 남긴 책에 교통시설과 연계되는 배후지 개발 등이 눈에 들어왔다. 그래서 벼재배를 위한 물길로 대아댐과 대간선수로 또 만경강을 이해하기 위해 드론을 띄웠다. 그 많은 물길이 수탈의 역사로 다가왔다.

## 타자의 시선으로 본 이리

박사과정에서 일제강점기 일본인이 이리지역에 대해 저술한 4권의 메인 텍스트를 들여다보았다. 이리 바깥의 전라북도 일원에서 출판된 서적과 지도 그리고 사진 등도 검토하였다. '이리'라는 도시형성과 사회상을 규명하고, 나아가 식민권력의 성격을 이해하기 위함이다. 일본인의 저작에 한정한 이유는 일제강점기에 한국인이 저술한 책이 거의 없다는 이유를 넘어서 '타자의 시선으로 본 이리'를 검토하려는 의도이다.

특별히 裡里에 주목한 까닭은, 이리가 지리적으로 문화 전달의 요로인 만경강과 금강 사이 개방성의 공간이었고 행정 중심 전주와 개항도시 군산 사이에 자리하면서 전통과 근대, 해양과 농경문명이 마주치는 공간이었다는 지역적 특이성이 작용하였다. 거기다 이리는 100년 전 식민지 경영과 척식으로 주권을 빼앗은 일본에 대한 길항작용 그리고 중소 교통도시와 배후지 농촌이 상호작용이 일어나는, 오늘날 대한민국이 마주한 많은 지역문제의 전형 공간이기 때문이다.

일제강점기 이리지역을 온전히 다룬 단행본으로서 지역과 역사를 담은 서적은 현재 총 4종이 발굴되었다. 1915년에 처음으로 시도된 읍지(邑誌) '성격'의 서적으로 야마시타 에이지(山下英爾)가 저술한 『호남보고 이리안내(湖南寶庫 裡里案內), 근접지 사정(近接地事情)』과 동일 작가가 개정·증보한 제2판 격의 『호남보고 이리안내(湖南寶庫 裡里案內), 일명 익산발전사(益山發展史)』(1927)가 있다. 두 권 다 사찬(私撰)으로 이민 1세대의 치적 정리와 새로운 이민자들을 위한 홍보 성격의 안내서였다. 그런데 주목할 점은 1928년, 이리지역의 특별한 정치적 지형이나 경제적 변화가 보이지 않는 1년 만에 『익산군사정(益山郡事情)』을 '새로' 발간한다. 관찬(官撰)으로 특별히 새로운 내용이 없고 통계로 일관한 모습이었는데 주의 깊게 살펴보니 거기에는 일본인 이민사회의 균열이 있었다.

## 이리 700여 명의 부유한 마을, 솜리

1904년 후지이 간타로(藤井寬太郎) 등이 이리 서쪽 오산리에 진출한 후, 1907년 동쪽 대장촌 방면으로 호소카와 모리다치(細川護立)의 진출과 더불어 이리 구시가지에는 기후(岐阜)현 출신 오하시 요이치(大橋與市)가 엄청난 토지를 구입하면서 이리지역은 식민주의자의 손아귀에 들어간다. 일제강점기 초반 재향군인회의 일본인 유지들이 좌지우지한 소위 번영조합과 학교조합을 통해 도시를 건설하기 전 이리를 그들은 이동네를 '후미진 한촌'으로 표현하였다. 그러나 일본인이 남긴 보고서 「전라북도상황(全羅道北部狀況)」을 보면 이리는 700여 명이 사는 제법 큰 마을을 이룬 부유한 동네였음을 찾을 수 있었다. 또한 1908년 이리지역의 의병활동을 통한 조선인의 저항 과정을 살필 수 있었는데 법원에서 발행한 기록과 『이리안내(裡里案內)』(1915)의 서술이 일치함을 확인할 수 있었다. 과거 발행된 전북지역의 독립운동사에서는 찾아볼 수없는 새로운 발굴이라 할 것이다.

일본인에 의해 기록된『이리안내(裡里案內)』라는 두 권의 텍스트를 살펴보면 선발대로 도착한 초기 이주 세력들은 저가의 토지를 취득하면서 토지의 상품화를 가속시켰다. 또한 제대한 군인들이 대부업을 통해 부를 축적하는 모습을『이리안내(裡里案內)』와『駐鮮三十六ヶ年』에서 실제로 확인할 수 있었다. 이리에 거주한 이민 1세대들의 출신지를 분석한 결과, 조슈벌(長州閥)의 중심인 야마구치(山口)현을 비롯한 일본 서부지역 출신들의 연고지 정착의 성격이 드러났다. 바로 복탕을 즐겨 먹던 야마구치 출신들이 제일 많았다. 일본인들의 이민 정착과정과 도시개발에서 토지의 상품화와 함께 대부업 즉, 돈놀이가 눈에 들어왔다. 특히 전쟁터에 나갔다 이리에 정착한 퇴역 군인들은 전당포를 열거나 사채(私債) 장사를 시작했다. 일본인이 남긴 기록 중 가장 인상적인 부분은 부동산과 돈놀이 즉 사채 시장에 대한 것이었다. 이리시내에서 장사한 사람들은 모두 일수와 사채의 굴레 속에서 살았고 그것이 주먹세계와 관련이 깊다는 것을 영정통 사람들의 인터뷰를 통해 알게 되었다.

　이리의 지배세력들로 성장한 소위 '유지(有志)'들은 이리역을 중심으로 동서로는 대장촌과 오산, 남북으로 목천포와 황등, 함열 일대 거대농장의 거점 공간으로 역과 철도를 사유화(私有化)하는 경향을 보였다. 교통도시 이리는 1920년대 초반 이리농림학교와 이리공립고등여학교가 설립되면서 교육도시로 발돋움했지만 각급 학교 운영의 커리큘럼과 예산 집행 상황을 살펴보니 교육을 통한 조선인 차별은 여전했다.


일본이 물러간 이리와 시사(市史)
　『익산 시사(市史)』를 들여다보았다. 이럴 수가? 일본 사람이 쓴 것 같았다. 솔직한 느낌으로, 일본인이 남긴 기록을 베끼지 않고서는 그럴 수가 없는 일이었다. 하여, 본인들이 남긴 책들을 들여다보니 그들이 남긴 책을 받아적었다는 예감은 맞았다. 그래서 일본인에 의해 12년 차를 두고 기록된 『이리안내(裡里案內)』라는 두 권의 텍스트를 들여다보았다. 『익산시사』와 흡사한 부분이 많았다. 거칠게 말하면 베낀 것이다. 숫제 일본인들의 공헌으로 이 도시가 성립된 것으로 나와 있었다. 그 책에는 일본인들의 도시개척에 대한 과장과 조선인에 대한 멸시가 있었는데 말이다.

『이리안내(裡里案內)』 시리즈는 소위 쌀의 생산지 '호남의 보고'에 정착할 2세대 이민자의 유효수요 창출을 위한 목적의식으로 제작된 이민생활백서 내지는 안내서라 할 것이다. 그런데 1927년에 간행된 『이리안내(裡里案內)』는 초판본처럼 새로운 이민자를 위한 홍보, 정착과 지배세력 확장이라는 단계를 넘어 도시발전의 한계와 문제점을 이슈화하는 성격을 지녔다. 대도시 진입을 위한 당면과제 제시라는 시의성 높은 주제를 전달하는 모험과 한계를 보여주었는데 이는 이민자 사회 내부의 균열임이 드러났다. 그 균열은 국내외 정세와 맞물려 도시 정체로 이어졌다.

일본에서 출간된 『駐鮮三十六ヶ年』(1954)에 따르면 식민지 초기 호남선의 건설에 맞추어 일본 일련종(日蓮宗)은 오하시 소쿠죠를 이리에 파견한다. 오하시는 일본어교습 기회 제공을 목적으로 조선인을 포섭하여 그들의 네트워크에 활용한다. 그리고 부동산 시세차익으로 학교와 종교기관을 짓는다. 이는 식민지 경영에서 종교인의 풀뿌리 침투를 증명하는 중요한 자료일 것이다. 1930년대 중반을 넘어서면서 이리에서는 '조선사단대항연습'이라는 실전 가까운 대단위 훈련이 실시되고 이후 국민총동원령 시대에 맞춰 도시는 발전이 지체되고 점차 군도화(軍都化)되어 갔다. 그리고 패망에 따른 인양(引揚) 과정은 해방 이후 이리에서 일본군과 미군 그리고 사회주의자의 활동상을 확인하는 의미있는 자료가 될 것이다.

## 까마귀떼 광장과 수출자유지역

일본이 물러갔다. 철도도시인만큼 그들이 물러간 자리를 전재민(戰災民)들이 채웠다. 만주와 일본에서 고국으로 돌아온 사람들의 고단한 삶을 그린 채만식의 소설 속 이리역은 눈물의 공간이었다. 6.25전쟁이 나고 이리에는 많은 피난민들이 몰려들었다. 토목국 출장소의 큰 창고, 동이리의 일본인 창고, 황등의 정착촌, 송학동 변전소 주위, 소라단 주변 등 수많은 피난민들은 이리 사람들과 부대끼면서 몸을 추슬러 살 곳을 찾아 떠났다. 모두 일제 적산의 흔적이었다. 이리역에는 시커먼 카쿠란[学蘭] 교복을 입은 학생들이 아침저녁으로 광장을 채웠다. 그리고 1973년에는 이리수출자유지역이 들어선다. 쌍방울과 태창으로 대표되는 여성노동력 중심의 섬유공업의 근원 역시 조선면화 이리공장 그리고 마면공장 등이었을 것이다.

이리의 속살을 아는 데는 역사기록물 외에 이 동네 사람들의 이야기를 다룬 서사적 예술작품에도 주목해야 한다고 믿는다. 이리를 이해하는 데 중요한 문학작품으로는 채만식의 유작 『소년은 자란다』에서 해방 이후의 이리역, 또 한국전쟁 이후부터 이리역화약열차폭발사고까지의 이리라는 도시를 들여다본 윤흥길의 소설 『소라단 가는 길』이 한국문학 평단에서 주목을 받은 작품들이었기에 깊이있게 들여다 보았다.

또한 2008년에 제작된 장률감독의 영화 〈이리〉는 30년간 잊혀진 도시를 다루었다. 이리역화약열차폭발사고를 소재로 하였기에 제목이 〈이리〉이다. 익산에 사는 태웅의 동생 진서에게는 정신장애가 있는데 진서가 장애를 가진 이유는 1977년 이리역화약열차폭발사고 때문에 어머니가 놀라 조산으로 태어났기 때문이란 설정이 의미심장하다.

## 개방성과 혼융성

이 책이 나오기까지 고마운 분들이 많다. 종걸 스님은 오하시 소쿠죠가 간행한 회고록 『駐鮮三十六ヶ年』을 발굴하였고 많은 사진을 전해주었다. 양은용 교수님은 『이리안내』와 오하시 소쿠죠의 회고록 『조선주재 36년』을 종교인의 고아한 언어로 번역해 주셨다. 이종진 선생님을 통해서는 만경강과 대간선수로로 대표되는 수리농업을 배울 수 있었다. 경험 속 직관을 논리로 승화시키는 작업에 힘을 준 분은 조성환 교수님이었다. 그는 또한 쉽게 풀어 쓰라는 말을 보탰고 거기에 충실하려 노력했다. 내게 필요한 것은 학문적 절제였음을 알려주고 문학적 감성을 논리적으로 변화하는 과정을 지켜봐 준 원도연 교수님에게 고마움을 전한다. 그리고 익산문화도시지원센터 이명진 박사를 비롯해 여러분이 도움을 주셨다. 최정호 선생, 윤찬영 선생은 원고의 놓치기 쉬운 허점과 꼼꼼한 부분을 챙겨주셨다. 도서출판 '모시는사람들'의 편집진 여러분께서 좋은 책을 만들어주셨다.

일본인들에 의해 기획되어 기능적이고 실용적인 이유로 발전한 이 도시는 오래도록 개방성과 혼융성을 가진 채로 발전하였다. 그 도시의 익산(이리)역 뒤쪽 모현동에 살고 있다. 부모님이 물려주신 집이다. 여기서 자동차로 10분이면 만경강에 접근한다. 지는 해는 가끔 장엄한 일몰을 만든다. 하늘이 주황색으로 물드는 낭만적인 모습을 가진 만경강은 종교와 문물교류의 역사가 있는 강이다. 그 곁을 동무들과 자주 걸었다. 걷다보니 서해안으로 나아가게 되었다. 사소한 운동으로 시작한 것이 이동까지 경험하게 되었다. 봄날 해안선을 따라가며 일본인들이 건설하다 쫓겨난 평야를 만났다. 일본인 아베가 만든 김제시 광활면 동진(東進)농조의 보리밭은 눈이 부시게 푸르렀다. 이 책이 나올 즈음에는 나주 가까운 해안 쪽을 걷고 있을 듯하다.

2025년 새해 벽두 익산에서 신귀백

차례

# 이리, 잊혀진 도시
裡里

## 일러두기

1. 본 연구에 등장하는 500여 명의 일본인 인명의 성은 가장 일반적인 한글로 옮겼다. 또한 이름은 음독 내지, 일반적인 읽기를 기준으로 한다. 요컨대 일본인 인명 읽기는 소리 나는 대로 명시하되 괄호 안에 한자 이름을 밝힌다.

2. 본문 사진 중 현대적인 사진은 필자가 찍은 것이 많다. 일제강점기 이리 관련 사진 대부분은 종걸 스님 제공이다. 감사를 표한다.

# I
# 裡里의 탄생과 발전

군산항의 쌀 이출 장면. 이리를 중심으로 한 농촌의 쌀들은
열차를 통해서 군산항 부두로 실려가 멀리 오사카에 부려졌다.

## 1. 왜 이리인가?

### 익산 백제와 근대 이리의 결합

북쪽으로 금강, 남쪽으로 만경강에 깃든 익산 사람들은 미륵사지 석탑으로 대표되는 백제 양식이라 할 만한 역동적인 문화를 조성하였다. 평성과 궁궐, 방어를 위한 산성과 왕족과 민중을 위한 절터를 다 갖춘 도읍의 시절은 짧았다. 세월은 흘러 근대에 들어오면서 익산 사람들은 역동적이고 실용적인 문화를 만들어냈다.

2015년 '익산 백제'는 그 영화를 국제적으로 공인받아 미륵사지와 왕궁리유적을 비롯한 백제역사유적이 유네스코 세계문화유산에 등재되어 자랑스러운 역사도시가 되었다. 또한 '근대 이리'의 출발점인 철도는 KTX로 이어져 접근성을 한층 강화하여 통일 이후의 유라시아로 진출하는 관문으로서 희망을 키우고 있다. 그렇지만 '이리'는 아직도 익산지역에서 통용되는 도시 개념[1]으로 이리의 근대 역사를 떠올리면 자연스레 식민지 시절로 연결된다. 일본인의 철도건설을 통해 시작된 도시이기 때문이다.

---

[1]  아직도 익산시에는 이리초등학교, 이리중학교, 이리고등학교, 이리여자고등학교를 비롯하여 많은 학교 명칭과 교회 등 단체 명칭 그리고 상호에 '이리'를 사용하고 있다. 또한 익산 시내에 사는 중장년층은 "이리에 산다."라고 말하는 경향이 있다. 또한 외지인들 역시 이리역을 비롯해 이리역화약열차폭발사고와 이리수출자유지역 등 이리에 대한 기억이 혼재한다.

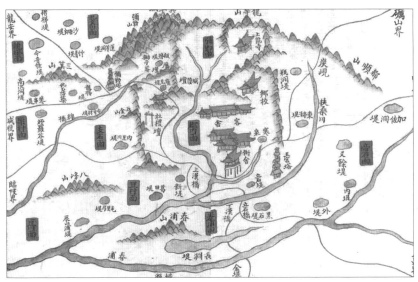

그림1. '1871년 호남읍지에 수록된 익산군' 지도.
미륵산 아래 익산의 읍치 금마지역의 객사와 향교, 아래쪽 왕궁탑이 드러난다.
현재의 물길과 달리 익산천이 보이지 않고 왕궁천과 부상천이 보인다.
만경강의 옛 물길을 알 수 있는 귀중한 지도이다.

　　익산과 결합된 이리는 원래 다른 행정구역이었다. '솜리'의 한자식 표기인 이리의 주요 공간은 '전주부 남일면'이었다. 익산군은 금마(金馬)와 함열(咸悅), 여산(礪山), 용안(龍安)을 품은 호남 북부의 주요 군이었고 2천 년의 자랑스러운 역사는 오롯이 익산군의 영화였다. 익산은 김제와 경계를 이루는 만경강과 충청남도의 경계인 금강 사이, 동북 내륙 쪽이 산악이고 서남쪽이 평야로 평균 해발고도가 200m 미만인 구릉으로 깔린 농업에 적합한 지역이었다. 천년의 탑 미륵사지 석탑과 왕궁리5층석탑이 서 있는 익산은 경주, 공주, 부여와 더불어 유네스코에서 인정한 역사고도 중 하나이다. 백제 무왕시기, 주 통로인 금강의 물길을 통해 새로운 도시 익산 왕도를 설립하는 짧은 실험은 미륵사지와 왕궁리유적들을 남긴 채 근세 100년에서 뜻하지 않게 강제로 솜리 아닌 '이리 시대'를 연다.

오늘의 익산시는 전통적 농촌 공간에 100여 년 전 일제강점기에 탄생한 '이리(裡里)'라는 신흥도시가 결합된 도농복합도시이다. 1995년 이리시와 익산군은 주민들의 선택으로 도농통합이라는 새로운 형태의 복합도시를 탄생시켰다. 이로써 호남의 3대 도시라는 위상을 오래도록 유지해왔지만 '익산백제'의 전통 공간과 '근대 이리'라는 통합의 문제는 도시와 농촌의 화학적 결합 등 많은 문제점을 노정하고 있다.

이는 일제강점기 이리라는 신흥도시가 탄생할 때부터 전통과 근대, 해양과 농경문화의 마찰 접점에 자리한 입지적 문제점에다 거대농장과 수리조합으로 대표되는 식민지 경영과 척식이라는 이름으로 자행된 개발에 대한 갈등으로 나타나는 소작쟁의 등은 일본으로부터 조선인의 자주성을 찾으려는 저항의 과정이기에 그 '거침'은 자연스러운 일이었다. 오사카와 군산을 잇는 제국주의 식민지 교통라인 속에서 내륙 농촌 배후도시로 탄생한, 정거장을 중심으로 한 이리라는 공간은 과거의 촌락 입지와는 전혀 다른 새로운 형태의 도시였다.

그림2. 1910년대 촬영된 사진으로 현재 원불교수도원이 자리한 동산동 언덕 부근에서 바라본 이리의 모습으로 멀리 배산(盃山)이 보인다.

시대에 적응하는 유연함의 도시, 이리

일본인들이 물러간 후 80여 년의 역사를 검토하면 해방 후 이리는 이리공
대와 이리농대, 이리방송국의 전주 이전과 더불어 지역 중심의 이동을 맞는
다. 1970년대 이후, 고속도로 건설은 철도도시 이리 중심에서 전주 중심의
변화를 가져오기에 이른 것. 이리수출자유지역의 땀과 희생도 있었지만 잊
을 수 없는 것은 1977년 이리역화약열차폭발사고[2]의 기억이다. 철도로 시작
하고 철도로 성장한 도시이면서 폭격과 폭발로 인해 시민의 많은 희생을 가
져왔지만 이리 사람들은 특유의 강인함으로 사고를 극복하고 새로운 도시
의 발전을 가져왔다. 근대 식민지 모순과 자본주의 모순이 점철된 철길의 비

그림3. 1977년 이리역화약열차폭발사고를 다룬 동아일보 기사

2  1977년 11월 11일, 이리역 구내에서 한국화약 회사의 다이너마이트를 실은 화약열차가
   폭발하여 당시 이리역에는 지름 30m, 깊이 10m의 거대한 웅덩이가 파였고 이리시청 앞
   까지 파편이 날아갔다. 사망자는 59명, 부상자는 1,343명에 달하였다. 이 중 철도인 16명
   이 순직하였다.

극은 한 시대의 종말과도 같은 사건이었다.

　그래도 이리 시민은 비극을 극복하면서 수출자유지역을 통한 섬유산업의 호황으로 도시의 체면을 유지했다. 저임금 노동을 바탕으로 한 경공업 위주 수출공단의 위기와 농업의 경시라는 시대적 상황에서 이리시의 발전이 한계에 다다르자 지방자치 원년을 기점으로 1995년 이리시는 익산군과의 통합을 거쳐 익산시의 탄생을 이끌어낸다. 그렇지만 익산시에는 아직도 이리라는 도시 명칭을 사용하는 사람들이 많다. 익산역(이리역)에서 불과 오 분 거리, 익산시 평화동에 자리한 중학교를 배경으로 쓴 안도현의 시 「이리중학교」[3]를 보자.

> 어느 때 묻지 않은 손이 닦아 놓았나
> 유리창을 열면
>
> 군산선 화물열차가
> 바다에서 돌아오는 곳
> 운동장 앞으로는 목포 여수 서울로
> 호남선과 전라선이 달리는 곳
> 짓궂은 아이들이 그래서 기차길 옆 오막살이라 부르기도 하는
> 이리중학교…

　이리 사람들이 갖는 시대에 적응하는 유연함의 바탕에는 이리라는 도시

---

3　시집 『외롭고 높고 쓸쓸한』(1989, 창비)에서. 안도현(安度眩, 1961~)은 원광대학교 국문과를 졸업하고 1985년 3월부터 1994년 2월까지 이리중학교에서 국어교사로 근무했다.

그림4. 1950년 7월 11일 B26의 이리역 오폭사건

명칭의 폐기가 커다란 밑그림이 되었다. 도시의 명칭은 도시의 정체성일 텐데, 명칭 변경에 쉽게 동의한 이리 시민들의 내면에는 식민도시로서의 부끄러움과 이리역화약열차폭발사고라는 미증유의 통탄한 경험 등이 작용했을 것이다. 철도 교통도시가 갖는 안타까운 역사적 경험으로 1950년 한국전쟁 당시 미군에 의한 이리역오폭사건[4]도 있었다.

그런데 21세기가 20년도 더 지난 시점에서 익산시 함라면 장점마을 사태[5]는

---

4  2010년 '진실·화해를위한과거사정리위원회'는 사건 발생 60년 만에 "한국전쟁 발발 보름 후인 1950년 7월 11일 오후 2시부터 2시 30분 사이 당시 전북 이리시 철인동에 위치한 이리역과 평화동 변전소 인근 만경강 철교 등에 미 극동 공군 소속 B-26 중폭격기 2대가 폭탄을 투하해 철도 근무자와 승객, 인근 거주민 등 수백 명이 집단 희생된 사실이 규명됐다."라고 결론을 내렸다.(B29라는 설도 있다)

5  2000년 초부터 전라북도 익산시 함라면 장점마을 비료공장에서 연초박을 태우면서 마을 주민들 40여 명이 암에 걸려 20여 명이 사망하는 사고로 이어졌는데, 2020년 역학조사 결과 환경오염이 직접적 원인이라는 인과관계가 밝혀졌다.

폐비료공장의 스모그가 주민들의 암 집단발병 원인이란 암울한 뉴스로 또 낭산면 폐석산 불법폐기물매립문제[6] 같은 환경의 첨예한 문제로 고통받고 있다. 이는 폭주하는 기관차처럼 성장을 향해 달려온 이리의 근대화 과정 속 '식민지 유산의 미진한 정리'가 원인의 한 부분이라 믿는다. 그래서 식민유산의 구체적 증거물로 일본인이 저술한 저작물을 검토하게 된 것이다. 전통 공간으로서 농촌인 익산군과 근대 식민지경영이 만든 도시 이리의 역사적인 맥락의 연구를 통해서 익산 사람들의 정체성을 정립할 수 있다고 믿기에 이 연구를 시작하게 되었다.

## 일본인이 쓴 익산 시사(市史)?

인간은 도시를 만든다. 도시는 또한 인간을 만든다. 오늘날 전라북도 익산시의 근간을 이루는 이리는 일제강점기 일본인 이민자[7]에 의해 형성된 도시다. 일본인이 물러간 지 80년 가까운 세월이 흘렀지만 익산역(이리역) 앞 소위 영정통에는 아직도 일제강점기 건축물들이 산재해 있다.

인간은 기록을 남긴다. 기록은 의무이자 본능이다. 이 본능은 존재의 확인

---

6　전북 익산시 낭산면의 석산개발현장은 석재를 채취한 자리에 맹독성 비소가 포함된 불법 폐기물 3만 톤을 매립하여 그 결과로 방출되는 침출수로 인해 인근 주민들이 커다란 고통을 받는 사회 문제로 비화되어 현재 진행 중이다.

7　국제연합(United Nations)에서 이민(移民)의 정의는 '3개월 이상 삶의 근거지를 옮겨 타국에 터를 잡고 살아가는 행위'를 말한다. 일제는 조선을 안정적인 식량공급지로 확보하기 위하여 일본인 농업 이민자를 수용하였다. 조선농촌을 장악하여 식량의 안정적 공급이라는 병참기지화에 다름 아니었다. 대표적으로 동양척식회사의 농업이민계획은 경제적인 목적보다도 오히려 정치적인 목적에서 이루어졌다. 이리지역은 러일전쟁 전후로 대지주 농장이 설립되고 일본인 이민자들이 몰려왔다. 본 연구에서 이민자는 제국의 식민지 침략의 수탈이 총독부를 비롯한 국가권력과 대지주들 위시한 민간인이 결합하여 총체적으로 수행된 공간인 이리지역에서의 재조 일본인을 의미한다.

을 넘어 타자와의 비교를 통해서 자연적 재해와 인간적 고난 등 어려운 환경을 극복하고 그들이 성취한 문명과 문화를 후손에게 물려주는 것이 바로 역사와 연결된다. 20세기 초 조선 땅 이리에 건너온 일본인들 역시 기록을 남긴다. 일본인이 형성한 도시를 연구함에 있어 일본인이 남긴 기록과 저작물을 들여다보는 것은 자연스러운 연구작업을 넘어서 의무이다.

한국근현대사를 연구하는 학자들은 솜리를 모태로 시작된 이리의 탄생과 발전에 주목한다. 부분을 보면 전체를 아는 데 도움이 되는 것처럼 식민지 근대도시의 형성을 이해하는 지점에서 만경강 주위 지역 연구는 근대 지역연구의 중요한 단초이다. 식민도시 경험 속 농촌배후도시, 종교도시, 교육도시, 교통의 결절점으로 철도도시에 대한 연구는 진행 중이다. 또한 1950년 이리역 미군 오폭 사건과 1977년의 이리역화약열차폭발사고는 일제에 의해 이식된 '탐욕'의 근대가 만든 재난에 대처하는 국가주의의 모델 연구에도 주목되는 테마이기도 하다. 일본인들은 왜 이 땅에 집착하여 이민족을 통제하고 수탈하였을까 하는 고민, 즉 이리라는 도시 공간의 성립과정이 한국근현대사의 일제의 식민지 경험을 다루는 중요 포인트라 할 때, 여기 발을 붙이고 사는(살던) '사람들의 이야기'에 대한 선행연구가 매우 부족한 것은 당혹스러운 일이었다.

이 책의 절반 이상은 일제강점기 중 1912년 호남선과 이리역의 탄생 전, 의병활동에서부터 해방 이후 3천여 명의 일본인의 인양(引揚) 완료까지의 이리와 익산을 중심으로 지배계층을 형성한 일본인들이 남긴 저작물에 대한 연구이다. 우선 『이리시사』와 『익산시사』를 들여다 보았다.

2001년 발간된 『익산시사』[8]의 일제강점기 1910년부터 1945년까지의 역사

---

8  1981년 발간된 『익산군지』와 1989년 출간된 『이리시사』를 통합한 것이다. 1995년 익산

를 보자. 일제강점기 이 시절의 기록은 과거 『이리시사』의 재탕으로 '일본인으로 하여 도시가 형성되고 발전하였다'는 식의 서술이 보이는데, 이는 야마시타 에이지(山下英爾)의 『이리안내(裡里案內)』(1915)의 논조와 매우 유사하다.

초기 익산 발전에 중추적인 역할을 한 것은 일본인들이었으니, 그들은 익산을 이상적인 도시로 가꾸어 가려고 합병을 한 다음 해인 1911년 2월 15일 대교(大橋)농장 대표 지길원신(枝吉元信)과 선미조(扇米助), 전중부차랑(田中富次郎) 등이 발기하고 고천천대길(古川千大吉), 삼도무웅(森島武雄), 전중수일(田中數一) 등의 협조를 구하고 거주자 34인의 찬성을 얻어 조직한 익산번영조합이 그 모체가 되었던 것이니, 그들은 15개 조의 규약을 만들어 조합장엔 지길원신, 부조합장엔 전중수일, 간사에 선미조, 평의원에 전중부차랑, 고천천대길, 삼호제차(三好諸次) 등을 뽑고 매월 조합비를 거출하여 제반 사무에 충당하였으니, 곧 시가의 계획, 도로의 개착, 교육 경비기관 등의 시설 기타 관공서의 이전운동 등에 공헌한 바가 많았다.[9]

대장촌(大場村)에는 1904년 7월 전판좌삼랑(全坂佐三郎)이 전판(全坂)농장을 세웠고, 그해 9월에는 후작가(侯爵家) 세천호립(細川護立)이 세천(細川)농장을 세워 그 부근의 소유토지만으로도 1,500정보 이상에 달하였으며, 1906년 3월에 금촌일차랑(今村一次郎)은 금촌(今村)농장을 설립하여 약 2,000정보 이상의 토

시의 통합에 맞추어 2001년 출간된 『익산시사』는 모두 2천6백 쪽 분량으로 상·중·하 세 권으로 편찬되었다.
9  『익산시사』 제2편, 2001, 423-424쪽.

지를 소유하여, 자운영(紫雲英)의 재배, 볍씨의 개량, 농기구의 개선, 농가 부업에 이르기까지 농업운동가다운 활동이 있었다고 한다.[10]

위의 『익산시사』에서 발췌한 내용은 식민지 당대 이리의 도시발전을 두고 일본인 농장주에 대한 객관적 분석이라기보다는 벙벙한 인용에 그치고 있다. 아니 역사를 보는 관(觀) 자체가 빠져 있다. 이는 1915년 일본인에 의해 발간된 『이리안내』의 번역과 무분별한 인용이 원인일 것이다. 과연 일제강점기 이 땅에 살았던 역사의 실체는 무엇일까? 라는 의문에서 착안하여 일본인이 편찬·간행한 이리지역의 저작물의 연구는 시작된다. 이리지역은 강제된 도시 중심의 이동으로 인한 전통과 근대의 단절, 근대적 도시발달이 자율적 방향이 아닌 일제의 타율성에 있음에 착안한 이 연구는 '타자의 시선으로 탐색'된 이리라는 일제강점기 도시의 형성과 발달 그리고 침체와 거기에 따른 조선인들과 일본인 이민자의 삶의 모습인 사회상을 밝히고자 한다. 그러니 이 책은 일제강점기 일본인들이 남긴 저서와 지도 그리고 사진 등 저작물에 대한 연구를 통한 이리라는 '잊혀진 도시'의 탄생과 발전과정의 답사이다. 도시의 형성과정을 알아야 도시의 정체성을 알 수 있는 것은 당연한 일이다.

### 裡里의 탄생과 발전에 주목하는 이유

20세기에 이곳에 이주한 일본인들은 금마나 함라 같은 조선인 중심지와 갈등이 비교적 적은, 펄 땅의 이리에 새로운 도시를 형성해나갔다. 1912년 이리역 설치 이후 역 앞에 신시가가 조성되었고 솜리지역은 구시가(구 이리)

---

10 『익산시사』 제2편, 2001, 426쪽, 『익산시사』의 원문에 충실하게 일본인 이름을 그대로 두었다.

그림5. 아직도 익산시에는 옛 이름 '솜리'나 '이리'를 붙인 가게들이 자리한다.

가 되었는데, 신시가지는 명칭에는 정(町)을 사용했고, 구시가지는 리(里)를 사용했다. 청부업자와 토건세력들이 성장하기 좋은 환경 속 일본인 이민의 유입과 조선인 노동자의 유입으로 빠르게 인구가 증가한 이리는 1917년 지정면(指定面)이 되었다. 수원, 광주, 대전, 강경, 전주 등과 함께 전국 23개 지정면 가운데 하나가 될 정도로 이리는 신흥도시 대열에 진입했다. 1931년 읍으로 성장한 이리는 해방 후, 이리부(1947)와 이리시(1949)를 거쳐 1995년 익산군과 통합[11]하면서 그 이름을 잃는다.

신흥도시 이리의 표상으로 열차와 정거장을 꼽는 데 주저하지 않는다. 그뿐만 아니라 이리의 도시 정체성과 관련한 근대유산으로 100년의 역사 속 이리역은 호남의 관문임을 자랑한다. '쌀의 보고' 그리고 그것을 실어나를 열

11  1995년 5월 법률 제4948호「경기도 평택시 등 5개 도농복합 형태의 시 설치 등에 관한 법률」이 제정되어 모두 41개 시와 39개 군이 통합되어 40개의 새로운 도농복합시가 탄생했다. 평택시, 천안시, 사천시, 김해시와 함께 익산도 도농통합시로 출범한다.

차와 철로의 역동성에 반응한 일본에서 유입된 이민자들과 호남과 전국 각 지역에서 농민과 노동자의 삶을 선택한 조선인 계층이 모여든 도시가 이리이다. 농경문화의 배후도시이면서 안전하고 빠른 '터미널'로 상징되는 교통도시가 갖는 숙명적 문제로서 정주성의 부족은 이리의 정체성을 되묻는 근원적 숙제이다.

이리·익산은 통합된 지 30년 가까운 시간이 흘렀지만 이리라는 식민지 근대의 내재된 경험이 익산 백제의 전통적 공간과 공유되기보다는 충돌하고 길항작용을 한다. 황등제로 대표되는 거대한 수리시설을 건설하고 운영한 이들이 마한세력이었고 백제는 이를 계승해 미륵사지와 왕도를 건설하였다. 20세기 초에 일본에서 건너온 세력들 역시 이곳이 쌀의 무한한 보고임을 인지하고 황등제 등 수리시설을 복원 건설한다. 동시에 수리조합을 조직하고 대아댐과 대간선수로[12] 건설에 따른 이해관계를 정리한다. 또한 1938년 완공된 만경강 개수(직강)공사[13]에 이르는 수많은 인프라 공사가 진행된다. 이리지역은 끊임없이 모여드는 백성을 먹여 살리는 땅이었다.

이리의 역사는 일제가 건설한 호남선의 철길과 함께 1912년 이리 정거장에서 시작되어 1995년 익산군과 이리시 통합 때까지 84년간 이어진다. 한일병탄 이전에 이웃 도시 군산은 이미 1899년에 개항이 되었고 전통도시 전주

---

12 1922년 완성된 67km에 달하는 근대 수리 시설로 대아댐에서부터 군산 옥구저수지까지의 농업용 수로를 말한다. 2024년 현재 익산시민의 66%가 음용하는 상수도의 젖줄이기도 하다.

13 조선총독부 이리토목출장소에서 제공한 『조선직할하천공사연보』(1938) 중 '만경 강개수공사' 부분에는 1925년부터 1935년까지 구불구불한 자연하천 만경강의 직선화와 홍수예방을 위한 호안 및 수문을 축조하고 제방을 도로로 이용하는 대공사로 표현하고 있다. 총공사비가 9,664,114엔으로 기술하고 있다.

그림6. 1912년 최초로 설립된 이리역.
만경강 주변 사람들은 밀물과 썰물의 시간에서 열차의 시간에 삶을 맞추면서 근대에 적응해갔다.

의 성벽은 1907년에 주저앉았다. 폐성령(廢城領)[14]이 그것이고 전주성 성벽이 헐린 곳을 시작으로 대장촌과 목천포를 거쳐 군산까지 1908년 10월에 신작로가 났으니 바로 전군도로다. 그 중간에 새로운 도시 이리가 있다. 일찍이 간첩대를 선발하여 호남지역의 지도를 제작한 일본은 만경강과 동진강을 낀 호남평야가 '쌀의 보고'임을 깨닫고 1912년 호남선 철도를 건설함으로 강경에서 이리 그리고 군산과 이리를 연결시킨다. 철도공사를 시작으로 수리시설 관련 인공수로인 대간선수로 공사와 만경강 직강공사 등 끊임없이 공사가 벌어지는 중심공간 이리의 근대를 향한 실험은 1950년 한국전쟁과 군사정권기까지 이어진다.

14 1907년 조선통감부의 폐성령에 의해 전주부성 4대문 중 풍남문만 제외한 3대문이 동시에 철거되는데 성이 헐린 자리에 신작로가 들어서 군산으로 이어지는 전군가도가 된다.

그림7. 이리 역 앞에 자리한 '메이지여관'과 '아사히여관'의 상표

　1995년 익산군과의 통합을 결정할 때, 식민의 기억을 지워버리고 싶은 이리 시민들은 도농통합을 명분 삼아 기꺼이 그 도시의 이름 '이리(裡里)'를 내려놓는다. 통합 당시 농업기반도시로서 함열과 강경, 김제와 임피, 삼례와 봉동에 이르는 권역중심도시, 산업화 시대에 땀과 눈물을 경험한 수출자유지역도시 이리시는 도시의 명칭을 미련 없이 익산군에 양보한다.

　이리지역은 역사적으로 1914년 4월 1일에, 읍면은 1931년 4월 1일에 강제 도농통합의 경험이 있다. 조선총독부는 조선의 공동체를 해체하고 일본의 지방제도를 조선에 도입하기 위해 행정구역을 개편, 일본의 기초지방자치단체인 시정촌에 대응하는 행정기관으로 부, 읍, 면(府, 邑, 面) 제도를 실시했다. 일제강점기 이리에서 일본인에 의해 발행된 최초의 지방지 '성격'의 『호남보고 이리안내(湖南寶庫 裡里案內)-근접지사정(近接地事情)』(1915)[15]에서의 주소 양식을 보면 전라북도 익산군 익산면이 아닌 '호남선 이리 영정통(湖南

---

15　山下英爾, 『湖南寶庫 裡里案內, 附 近接地 事情』, 益山: 惠美須屋書店(1915), 본고에서는 양은용 역, 『호남보고 이리안내』(1915) 번역본으로 사용한다.

線 裡里 榮町通)<sup>16</sup> 아무개' 식의 주소를 선호하는 모습을 보인다. 일제는 역 앞에 도시를 건설하면서 새로운 이주민을 받아들였는데 상수도로서 수원(水源)이 없었다는 한계가 있었지만 비즈니스를 위한 여관과 은행, 농장사무소 등이 설치되었다. 이리는 미곡의 집산시장에 이어 정미, 양조업이 융성하고 제사(製絲) 등 기타 공업이 발흥했다. 식산은행, 동양척식주식회사 등 지점이 설치되고 서민금융기관으로서 이리·익산의 두 금융조합, 이리무진회사(裡里無盡會社)가 있던 이리는 해방 이후 일본인은 빠져나갔지만 교육과 교통의 도시로서의 위상은 유지했다.

식민도시 이리 관련 기존의 연구들은 대개 철도부설에 따른 종속적 식민도시 형성을 다루었다. 더불어 친일파의 호남선 역세권 개발과 만경강 직강공사 등 도시 안팎의 외형적 발달과 일제의 경제적 수탈 측면의 연구들이 많다. 최근에는 이리역화약열차폭발사고를 조명하면서 그 사고의 정치적 이면과 재난관리적 측면의 후유증에도 접근하고 있다. 이리라는 도시 공간의 성립과정이 한국 근현대사의 일제 식민지 경험을 다루는 중요 포인트라 할 때, 여기 발을 붙이고 살아온 '사람들의 이야기'에 초점을 맞추고 이 연구를 시작한다.

---

16 아직도 '영정통'이라 부르는 이곳은 익산시 중앙동에 소재하는데 현재 문화예술의 거리로, 2019년 일제강점기의 三山醫院 건물을 이전하여 익산 근대역사관으로 개관하였다.

## 2. 이리와 익산의 범위

일제는 이곳에 역과 도시를 건설했고 한국의 4대 종교로 성장한 원불교[17] 도 이리지역에 자리를 잡고 뿌리를 내렸다. 그러나 엄청난 화약열차가 1977 년 이리역에서 폭발했고 이리시는 1995년 도농통합과정에서 쉽게 도시 명 칭을 버렸다. 철도도시 혹은 호남의 관문으로서 문화교류는 활발하지만 반 대로 '중간 터미널적 정서'가 짙은 나머지 돈을 벌면 익산을 떠나려는 정주성 의 문제 또 도시의 자긍심에 대한 문제를 거론하지 않을 수 없다. 바로 이 의 문 역시 이리를 깊이 있게 들여다본 계기 중의 하나이다.

저작(著作)이란 예술이나 학문에 관한 책이나 작품 따위를 지음 또는 그 책 이나 작품을 이른다. 영어식 표현을 빌리면 저작물을 'Publications' 혹은 우 리에게 익숙한 '콘텐츠'라 할 것이다. 이 글은 이리지역의 식민지 근대에 관 한 역사적 성격의 규명에 초점을 두기에 자연스럽게 일제강점기에 제작된 전라북도 이리와 익산을 다룬 저작물의 범주로 첫째, 출간된 서적, 둘째, 출 판된 지도 그리고 사진엽서를 다루고자 한다. 물론 신문의 기사 역시 보조자

---

17 소태산(少太山) 박중빈(朴重彬, 1891-1943)이 오랜 구도(求道)끝에 1916년 4월 28일 대 각(大覺)을 이루어 창립하였다. 1924년 裡里 普光寺에서 창립총회를 개최하고, 같은 해 현지인 익산시 익산대로 501(신룡동 344-2)에 중앙총부를 건설하여 오늘에 이른다.(원불 교정화사, 『원불교교사』, 1975)

료로 활용할 것이다.

식민도시 이리 이민사회의 시작은 보통 1912년 이리역의 설립으로 설정하는데 이 글에서는 1904년 후지이 간타로(藤井寬太郞)의 이리 서쪽 오산리 진입과 대장촌의 호소카와 농장 진입도 같은 해였기에 이때를 그 '출발 시기'로[18]로 정하고 그 끝을 일본의 패망(1945)으로 인한 소위 '인양(引揚)'[19]까지로 한정한다. 공간적 범위로서 이 연구에서 '이리'라는 공간적 용어는 이리시와 익산군을 포괄하고자 한다. 이리의 범주를 『이리안내』(1915)에서 이리를 둘러싼 소위 '근접지'로서 목

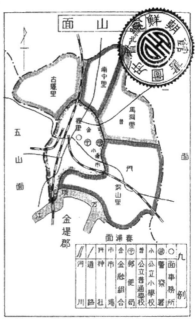

그림8. 『이리안내』(1915)에 보이는 裡里 지역의 범위

천포, 오산리, 대장촌, 목천포, 황등과 함열 부근으로 한정한 것과 같은 이유이기도 하다.[20] 협의(俠義)의 이리는 솜리에서 시작된 마을에서부터 1995년 익산(益山)시로 통합되기 전의 이리시를 말하는 경향이 있고, 광의의 의미로서 이리는 익산을 포함하고 있다. 또한 '일제강점기 이리'의 위성도시 공간인

---

18 『裡里案內』(1915)에는 1906년 다나카 도미지로(田中富次郞)의 이리 진입을 일본인 이민의 시작으로 보고 있다. 그러나 이는 한계와 문제점이 있다. 차후 3장에서 논하고자 한다.
19 태평양전쟁 패전으로 본국 일본으로 돌아가는 귀환자(引揚者)를 '히키아게샤(ひきあげしゃ)'라 한다. 1868년 메이지 유신 이후 1945년 일본제국의 패망까지 일본의 식민지였던 조선, 만주, 대만 등에서 거주했다가 귀국한 일본인을 이르는 표현이다.
20 『裡里案內』에는 '옥구평야'도 들어있으나 현재 군산지역인 관계로 제외한다.

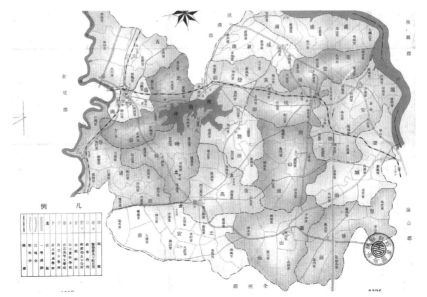

그림9. 『益山郡事情』(1927)에 실린 익산군의 범위

'근접지(近接地)'로서 대장촌이나 오산은 말할 것 없고 황등이나 함열지역도 이 연구 속에서 이리에 포함시키기로 한다. 이러한 개념을 잘 드러내는 자료가 기하라 히사시(木原 壽)의 『익산군사정(益山郡事情)』(1928)[21]에 수록된 지도로, [그림 8]은 익산면을 나타낸다. 이 지도에 나타난 공간을 협의의 이리로 본다면, 이리역을 중심으로 하는 익산면 전체는 곧 이리라는 중의의 개념으로 볼 수 있다.

[그림 9]는 같은 책에 수록된 익산군의 영역[22]으로, 곧 현재의 익산시 전체

21 木原 壽, 『益山郡事情』, 益山郡, 1928, 본고에서는 양은용 역, 『益山郡事情』(1928), 未刊本을 텍스트로 사용하기로 한다.
22 『益山郡事情』(1928), 101쪽, 도로와 철도, 하천을 기본으로 면과 리가 표현되어 있고 면

를 나타낸 지도인데, 이 역시 일제강점기에는 익산을 포함한 이리라는 넓은 개념으로 사용되었다. 특이한 점은 [그림 9]에는 지금 충청남도로 편입된 황화면(皇華面) 등을 포함하고 있다. [그림 8]이 철도와 도로를 중심으로 표시했다면, [그림 9]는 금강과 만경강, 철도와 도로, 지금은 폐호개답(廢湖開畓)된 황등호수 등 자세한 사항을 담고 있다. [그림 9]는 특이하게도 만경강 즉 남쪽이 왼편에 자리하고 금강이 오른쪽에 자리하고 황등호가 중간에 자리한 모습을 보여주고 있다.

## 일본인이 남긴 텍스트

이 글은 일제강점기 식민도시인 이리를 대상으로 한다. 주권을 빼앗고 식민지를 형성하고 경영한 자들이 남긴 저서를 비롯해 보조자료로서 신문과 잡지 그리고 사진과 지도 등 그들이 남긴 자료를 통해 구체적으로 다음 사항을 다루고자 한다.

첫째, 일제강점기에 저술된 이리 관련 저술 자료를 한데 모아 분석하는 일이다. 당시 일본인들의 직접적인 저작은 위의 『이리안내』(1915)와 『익산군사정(益山郡事情)』(1928) 외에 『이리안내』의 개정·증보 성격의 제2판이라 할 수 있는 야마시타 에이지의 『호남보고 이리안내, 일명 익산발전사(湖南寶庫 裡里案內, 一名 益山發展史)』(1927)[23]와 오하시 소쿠죠(大橋卽淨)의 회고록 『駐鮮三十六ヶ年』[24](1954, 이하 『조선주재 36년』이라 칭함)이 있다. 본 연구에서는 이

---

사무소, 경찰서, 공립소학교, 공립보통학교, 우편국, 금융조합, 시장, 神社 등이 보인다.

23 山下英爾, 『湖南寶庫 裡里案內, 一名 益山發展史』, 文化商會, 1927, 이하 '『裡里案內』(1927)'로 약칭한다.

24 大橋卽淨, 『駐鮮三十六ヶ年』, 手記本, 이는 같은 이름으로 그의 아들 오하시 구니마사(大橋邦正)에 의해 印刷局朝陽會에서 1984년 간행되었다.

책들을 기본자료로 삼을 것이다.

둘째, 이들 정보는 타 도시 지방지와 비교했을 때 기본 정보의 변화와 함께 출판 의도를 파악하여 시기별로 차이점을 밝히고자 한다. 같은 시기에 여러 지방에서 비슷한 형태의 저작이 다수 이루어지고, 전라북도의 부분으로서 이리에 관한 사항을 다루는 경우도 있기 때문이다. 이들을 시기적으로 구분하면 시대상 등이 확연하게 드러날 것으로 본다.

셋째, 이리 관련 저작들은 어떤 특징을 보여주며, 시기별로 차이점이 어떤가를 밝히기 위해 내용분석(Content Analysis)이란 방법론을 사용하고자 한다. 문헌적 원천에서 얻은 자료를 기록하고 분석하는 서지학적 접근과 사회학적 연구방법을 융합하는 통시적인 연구를 진행할 것이다.

본 연구가 저본으로 삼고 있는 기준으로 ① 이리에 거주한 일본인들의 기록으로서 공적 사적 기록이나 일기·편지·회고록 등 개인 문서를 포함한다. ② 이들 개인 문서의 보조자료로서 타 기관의 조사보고, 구체적으로 일본영사관의 보고자료와 ③ 인용자료로서 원자료나 조사자료 중에서 부분적으로 인용 전재한 자료들을 연구하는 방식을 사용하고자 한다.

일본인들은 식민통치 10년과 20년을 정리하면서 조선반도 전역에서 수많은 역사서와 지방지들을 출판하였고 이리라는 도시 역시 예외는 아니었다. 이 글에서는 『이리안내』라는 지방지를 남긴 이들이 어떤 이상과 가치를 실현하기 위해서 어떤 관점을 가졌는지, 집필의 동기와 이유를 살펴볼 것이다.

또한 왜 그 시점에 그 저작물이 탄생했는지 저작의 배경과 목적을 공간과 역사성 속에서 교차 검증할 것이다. 구체적으로, 이리는 과연 그들이 말한 '가난하고 쓸쓸한 마을'인 '한촌(寒村)'에서 교통도시로 발전하였는지 추적하면서 일본인들의 도시형성 속에서 조선인들의 저항에 대한 자료를 찾아볼 것이다. 위의 네 권의 텍스트 전체를 대상으로 내용분석을 실시하면서 지방지에 실린 홍보 내용과 광고까지 시대의 의미와 사회상으로 분석하고 분석의 전문성과 해석의 일관성을 유지하기 위하여 저작물로서 이리를 담은 일본인들이 발행한 사진과 지도 역시 분석 대상으로 삼는다.

안타까운 지점으로 익산(이리)이라는 도시는 전주 근세사의 종합총서인 『전주부사(全州府史)』[25]나 군산의 『군산부사(群山府史)』[26]와 같은 제대로 된 도시사에 관한 책을 출간하지 못했다는 점이다. 이리지역에는 공식적으로 소기영(蘇祈永)이 1932년에 발행한 인문 지리지 『익산군지』가 있지만 사찬(私撰)이라는 한계와 조선시대에 편찬된 읍지의 일반적인 구성을 보이고 있어 식민지 당대를 알기 어렵다는 아쉬운 부분이 있다.

일제가 이리지역에 진출하면서 정찰한 기록 속의 이리는 1906년 이전 전주군 남일면에 속해 있던 '솜리'라는 인구 700여 명의 꽤 활발한 마을이었다. 이후 1914년 4월 지방행정구역 개편에 따라 익산군 남일면과 동일면을 합하여 이리를 익산군 익산면에 편입하였다.[27] 1917년 면제가 시행되면서 이리·동산리·마동리·남중리·고현리를 제외한 나머지 리는 인접 면으로 편입되었다. 이후 1931년 익산면이 익산읍으로 승격되는데, 같은 해 이리읍으로 개칭되었다.

---

25 「전주부사(全州府史)」는 전주의 종합역사책으로 1933년 일제에 의해 전주부제가 실시되면서 1936년 착수해 1942년에 완성되었다. 2009년에 한글로 번역되었다.

26 『군산부사』는 1935년 군산 부(府)에서 발간한 책으로 1899년 개항 시기부터 1934년까지의 군산의 정치·사회·경제 등 군산에 대한 거의 대부분의 정보가 기술되었다.

27 당시 익산면의 행정구역은 목천리, 이리, 동산리, 마동리, 석탄리, 대장촌리, 금강리, 신흥리 등 8개 里로 구성되어 있었다. 1916년에는 북일면 남중리와 고현리를 편입시키면서 행정구역이 확대되었다.

## 이리지역의 명칭 변화

이리지역의 공간 명칭 변화를 살펴보면, 익산의 원류는 익주(益州)로, 고려 충혜왕 5년(1343) 원 순황후 기(奇) 씨의 외향(外鄕)에 연유하여 붙여졌고,[28] 익산이라는 이름은 조선초인 1413년에 처음 행정구역으로 불리었다. 이리는 1789년 처음 '이리(裏里)'라는 이름으로 등장한다. 리리(裏里)나 리리(裡里)가 모두 '속 마을'을 뜻하는 솜리로 불리었음이 분명해진다. 이 이리가 일제 강점기의 도시화를 통해 이리읍으로 승격된 다음 이리부-이리시·익산군 시대를 거쳐 1995년에 익산시로 통합되어 오늘에 이르고 있다. 이들 이리·익산의 문헌에 나타난 지명 표기를 정리해 보면 다음과 같다.

[표 1] 서책에 보이는 이리지역의 지명 표기

| 명칭 | 시대 | 서책 | 특징 |
|---|---|---|---|
| 익산(益山) | 1413 | 『태종실록』 | 익산 지명의 첫 사례 |
| 익산(益山) | 1530 | 『新增東國輿地勝覽』 | 익산, 함열, 용안, 여산이 독립된 군현으로 표기 |
| 이리(裏里) | 1789 | 『戶口總數』 | '이리'가 최초 등장 |
| 이리(裡里) | 1897 | 『구한말한반도지형도』 | |
| 이리(裡里) | 1915 | 『裡里案內』 | 1912년 기차역에 '이리' 정거장<br>1914년 행정구역 개편 |
| 이리(裡里) | 1928 | 『益山郡事情』 | 1917년 指定面 지정 |
| 이리(裡里) | 1932 | 『益山郡誌』 | 이리읍 |
| RIRI | 1945 | 『Special Report』 | 맥아더 보고서 |
| 이리(裡里)시 | 1981 | 『이리시사』 | 이리부, 이리시 |
| 익산시 | 2001 | 『익산시사』 | 1995년 이리시와 익산군 통합 |

---

28 "忠惠王午年 以元順皇后奇氏外鄕 陞爲益州"『益山郡誌』(1959).

조선시대 이래로 중앙에서 지방에 대한 통치와 교화를 위해 지역별로 지지(地誌)를 편찬했다. 각 지역의 건치 연혁과 행정적 위상, 호구, 토지, 중요 시설물 명승, 인물 등에 관한 사항과 자연 인문지리적 상황과 시세, 관청 및 문화적 시설과 주요 인물을 제시하는 성격이었다. 관찬(官撰) 지방사는 전문 역사가가 집필하지만 사찬(私撰) 지방사는 지역 유지나 촉탁(囑託)에 의해 집필된다. 본 연구는『이리안내』를 비롯한 일제강점기 유력 인사들에 의해 간행된 저작물이 이리라는 도시 형성의 결과적 관점에서만 인용되는 기존 연구 지형에 문제를 제기하고자 한다.

전술한 바와 같이, 일제강점기를 통틀어 발행된 이리 관련 서적 4권, 즉 야마시타 에이지(山下英爾)가 쓴 두 권의『호남보고 이리안내(湖南寶庫 裡里案內)』시리즈와 일본인 저작이 이리지역의 일본인 사회를 정리하고 새로운 이민자를 홍보하는 수단이었다면, 해방 후 저술된『조선주재 36년』은 온전하게 이리지역을 담은 지식인의 회고라는 점에서 분석 대상으로 큰 무리가 없을 것으로 판단했다. 그러면 이 네 권의 메인 텍스트는 어떤 성격을 가지고 있는가? 우선 이 텍스트의 서지적 성격을 정리해 보면 [표 2]와 같다.

[표 2] 이리지역을 다룬 메인 텍스트의 특징

| 서적 | 『湖南寶庫裡里案內 -近接地事情』 | 『湖南寶庫裡里案內 一名, 益山發展史』 | 『益山郡 事情』 | 『駐鮮三十六ケ年』 |
|---|---|---|---|---|
| 발간 년도 | 1915 | 1927 | 1928 | 1954(1984년 출판) |
| 저(편)자 | 야마시타 에이지(山下英爾) | 야마시타 에이지 (필명 山下春圃) | 기하라 히사시 (木原 壽) [編] | 오하시 소쿠죠 (大橋郎淨) |
| 출판사 | 惠美須屋書店(이리) | 文化商會(이리) | 조선인쇄주식회사(경성) | 일본. 익산 |
| 갈래 및 찬 | 지리지 私撰 | 지리지 私撰 | 지리지, 官撰 (全羅北道益山郡廳) | 회고록 私撰 |
| 서문 | 미에 히데후미 (三枝英文) 외 | 저자 본인 (山下春圃) 서문 | 후지이 간타로 (藤井寬太郎) | 마스다 니치엔 (增田日遠)[29] |
| 본문 구성 | 16장 215쪽 | 22장 213쪽 | 350쪽 | 수고본 172쪽 |

| 간행 목적 | 이리지역 정보 및 이민 정보제공 | 초판 개정·증보 확장, 투사와 이민 상려 | 이리 익산 통계 정보 세승 | 이리에서의 생활 |
|---|---|---|---|---|
| 사진 | 10매 | 45매, 인물 35인 | 사진 1매 지도, 각 面별 지도 | 그림 3매[30] |
| 광고 | 광고 있음 협찬자 소개 | 광고가 거의 없고 사진으로 홍보 | 협찬자 소개 | 협찬 없음 |
| 정가 | 45錢 | 二圓 | 비매품 | 비매품 |
| 성격 | 통계와 서술 혼용 | 통계보다 서술 | 통계자료 중시 | 회고, 한탄 |
| 특징 | 이리 중심에 근접지 목천포·오산리·대장촌·옥구평야·황등·함열 소개 | 이리 중심에 황등·대장촌·오산리·목천포·함열 소개 | 익산면 이리와 익산군의 18개면 상황 수록 | 이리 중심 개인의 사회적 활동상 |

위 표를 보면, 각 서적의 특징이 분명해진다. 다만 해방 이후 일본에서 간행된 『조선주재 36년』은 일제강점기의 全 시대를 다루고 있으므로, 앞의 3책을 보완하는 성격을 지니고 있다.

아울러 보조 텍스트로 우즈키 하츠사부로(宇津木初三郎)가 지은 『조선의 보고 전라북도발전사(朝鮮の寶庫 全羅北道發展史 一名, 全北案內)』(1928), 『전주부사(全州府史)』(1942), 『군산부사(群山府史)』(1935),[31] 『익산군지(益山郡誌)』(1932)를 함께 살펴보고자 한다. 지방사의 정리에 있어 사(史)와 지(誌), 안내와 요람의 구분을 볼 때, 안내서는 특별한 목적으로 발행되기에 역사서로 넣기에 애매함이 있다. 그래서 이 연구에는 지방지 '성격'이란 표현을 사용한다. 또한 일제강점기 일본인들이 촬영하고 기록하여 배포한 사진엽서와 지

---

29 일련종 관장 대승정(1954년 판 기준).

30 사찰 영국사, 이리무진회사, 가족사진 등은 대한불교조계종 宗杰 스님이 발굴하여 양은용 번역본에 삽입하였다.

31 『群山府史』는 1935년에 발행되었다. 참고로 『木浦府史』는 1930년, 『仁川府史』는 1932년, 『大丘府史』는 1943년에 발행되었다.

도 역시 연구 보조자료로 활용하고자 한다. 그리고 이리에서 활약한 일본인과 조선인의 친일 행적을 밝히기 위해 표창자를 기록한『조선총독부시정이십오주년기념표창자명감(朝鮮總督府施政二十五周年記念表彰者名鑑)』(1935)과 소위 '조선공로자'를 기록한『조선공로자명감(朝鮮功勞者銘鑑)』(1935)을 서브텍스트로 삼고자 한다. 참고로『조선의 인물과 사업-호남편(제1편)』(1936)에는 393명이 등장하는데 조선인 83명 중 이리 익산 관련 인물을 검증할 것이다.[32] 자료 표기에서 1910년 8월 이전 국호는 '한국'으로, 1910년 8월 이후 국호는 '조선'으로 적는다. 단 일부 구분이 애매한 부분이나 한반도를 통칭하는 부분은 '조선'으로 옮기기로 한다.

---

32 1936년《實業之朝鮮》社의 기획물 총서이다.

## 3. 그동안의 이리 연구

식민도시를 개념적으로 정리하기는 쉽지 않지만 일단 '식민지에 있는 도시'를 말한다. 이를 식민도시로 개념 규정하는 데는 별 이의가 없는 이유는 식민시대의 시작과 도시의 건설이 거의 비슷한 시기에 이루어졌기 때문이다. 식민도시는 문화적 인공물로서의 도시보다도 외래적 이질집단에 의해 이루어진 토착민에 대한 지배라는 권력현상으로 정의된다. 식민지도시에 관한 기존의 연구성과를 종합하여 가장 포괄적인 정의를 시도한 것이 텔캄프의 연구[33]인데, 당시까지 축적된 선행연구를 통하여 식민지 특징들을 총망라하고 있다. 텔캄프(Telkamp)의 이론 중 30가지 식민도시의 특징 목록표를 기준으로 이리에 적응되는 몇 가지 특질들을 정리하면 [표 3]과 같다.

[표 3] 텔캄프(Telkamp)의 이론으로 본 이리의 식민도시적 특징

| 주요 범주 | 이리의 특징 |
|---|---|
| 지정학적 특징 | 오사카와 군산 이리로 이어지는 교통체계 |
| 기능적 특성 | 이리지역(익산군) 행정 중심<br>은행, 대리점 농장사무소 기능수행<br>역과 농장, 수리조합이라는 경제적 매개체 |

---

33 G. J. Telkamp, 『Urban and European expansion』, Univercity of Leiden, (1978)의 원전과 김백영의 『지배와 공간』(문학과지성사, 2009), 제1장, 「네트워크로서의 제국주의와 식민주의」에서 발췌.

| 경제적 특징 | 일본인이 지배하는 이중경제 |
| --- | --- |
| | 일본인 위주의 왜곡된 예산 지출 |
| 정치적 특징 | 토착농업 부문과의 기생적 관계 |
| | 유지정치 네트워크와 조합을 통한 간접적 통치 |
| 사회적 특징 | 일본인 상층 정착민과 토착 조선인 간의 양극화 |
| | 이주노동자 집단과 민족에 따른 거주지 차별 |
| 민족적 특징 | 일련종 등 종교와 신사(神社) |
| | 민족에 따른 직업의 계층화 |
| 물리 공간적 특징 | 격자형 도시계획 |
| | 식민지 엘리트 지역과 조선인 지역의 인구밀도 차이 |

텔캄프의 유럽의 전형적 식민주의에 대한 일반화된 논리를 식민도시 이리 지역의 세분화된 특징들과 대입해 보았을 때 전형성과 특수성에서 수용가 능한 부분이 꽤 많다.

텔캄프가 식민주의에 대해서 총체적 특징을 망라했다면 이리와 익산을 비 롯한 호남지역 식민지 관련 연구는 주로 경제사를 통한 수탈의 체계를 들여 다보는 연구들이 주를 이룬다. 경제가 역사를 움직이는 토대가 되고 정치와 사회를 이해하는 근간으로 철도교통과 수리조합에 대한 연구가 진행되었는 데, 김경남은 전략도시 이리 신도시 개발은 전북지역의 전통적인 세력(전주) 과 새롭게 부상하는 세력(일본)과의 대결 현장이었다고 본다. 일본제국과 해 로를 통한 체계적 연결로서 일제강점기 식민지 수탈을 위한 항구지역 전략 도시가 부산·제물포·원산·목포·여수·군산이라면 내륙 최초 전략도시는 이 리라고 보았다. 더불어 조선총독부의 신도시 건설 사례로서 전북평야의 이 리지역 교통거점 도시화 전략의 식민지적 성격을 명확하게 하였다. 전북평 야의 쌀 수탈을 위한 교통정책은 일본 본토 철도-관부연락선-부산항-군산항- 군산선-이리역-호남선 및 전북경편철도로 이어지는 제국과 식민지의 교통

체계를 정비하였고 이리 식민도시 건설 작업을 추진한 것으로 보았다.[34]

정승진은 이리가 가진 기능적 특질을 종속적 식민도시 내지는 제국의 말단 도시로 이해한다. 더불어 '철도도시', 도농복합의 '농업도시', 세련된 '위생도시', 그리고 일본인 중심의 '이민자 도시' 등으로 설명한다. 만경강변 농촌지역인 목천포, 대장촌 등을 이리의 영향권으로 보았고, 이리역을 중심으로 부설된 호남선과 전라선 철도가 밀접한 연관이 있는데 이리의 성장배경에는 군산이 국제무역을 통해 성장함에 따라 이리가 군산의 '종속적 도시화' 현상을 보인다고 하였다. 또한 이리의 일본인 사회에 관한 심화된 연구로서 정승진은 이리를 포함한 전북 내 일본인 사회가 학교조합을 통해 어떻게 식민지배 권력을 확보해 나갔는지에 대해 분석하였다. 이리 내 학교조합의 설립은 주요 관공서와 각종 단체 및 조합들과 협력관계를 형성하는 지대한 역할을 하면서 다목적 관변단체로 확대되었음을 밝혔다. 더불어 학교조합이 재조 일본인 사회에서 그들만의 폐쇄적인 식민지 공공영역을 설정하고, 지역사회의 공공사업과 개발사업을 농단했음을 지적했다.[35]

---

34 김경남의 논지를 부연하면, 일본내각과 조선총독부는 식민지에 이민자를 늘리기 위해 일본 본토와 식민지 조선의 교통체계를 연결하는 정책을 취하였다. 총독부는 종래 군산과 전주에 있던 일본인들의 철도정차장 유치 갈등을 해소하고, 토지배상금 절감을 위하여 한산하던 이리를 신도시로 결정하였다. 또한 친일인사 박영철을 익산군수로 기용하여 이리의 일본인들은 익산군청, 이리면청 등을 유치하고 1922년 동양척식회사 전북지점을 김제에서 이전시켜 이리역 중심으로 재편하였고, 이리에는 철도원, 상업, 농업 등에 종사하는 인구가 집중하게 되었다. 더욱이 일본내각과 조선총독부의 보조금 교통정책은 이리를 교통거점도시로 도약하는데 결정적인 역할을 하는데 일본해운, 오사카상선 등에 대한 보조금정책으로 관부연락선에서 군산항을 연결하였고, 다시 이리역을 기점으로 군산선, 호남선, 전라선이 교차하는 지점을 전북평야 물산 집산의 중심지로 변화시켰다.

35 정승진, 「식민지기 학교조합과 호남의 일본인 이민자 사회」, 『대동문화연구』 제90호, 성균관대학교 대동문화연구원, 2015.

이경찬은 도시구조와 도시경관을 철도와 연관지어 이리의 도시화 과정과 시가지 구조에 주목했다. 그는 철도 부설의 결과 이리는 역 건설로 제국주의적 도시경관이 창출되면서 신시가지와 전통적 공간이 단절되었고 조선인-일본인 공간의 이중적 도시구조를 잉태했다고 보았다.[36] 이경찬의 도시공학적 연구로서 이리가 철도를 중심으로 도시공간이 형성되었다는 점은 매우 의미 있으나 일본인과 조선인의 잡거가 아닌 분리를 논한 부분은 세심한 연구가 필요할 것이다.

진실의 연구는[37] 학위논문 최초로 『이리안내』(1915)의 해제 역할을 한 연구로서 가치를 가진다. 그는 내용분석을 시도하고 있는데, 시대적 혹은 타도시와의 공간적 비교가 아닌 하나의 텍스트를 통해서 이리를 바라보는 방법이어서 도출된 결과가 해석에 심화를 가져오기 어려운 감이 없지 않다.

교육 방면에서 마츠모토 다케노리(松本武祝)는 이리농림학교가 지역사회에 미친 영향을 분석하였다. 학교설립 청원에 앞장섰던 일본인 대지주들의 활동에 대해 면밀히 분석하여 이들이 왜 이리에 농림학교를 유치하려 했는지에 대해 주의 깊게 살펴보았다.[38] 원도연은 익산지역의 근대농업과 이리농림학교가 지역사회에서 차지했던 역할에 대해 분석했다.[39]

김귀성은 일제강점기 이리 익산지역의 교육인프라와 조선인교육 중 사학

36 이경찬, 「철도시설과 연계한 이리 도시구조와 도시경관의 근대성 해석」, 『건축역사연구』 21(6), 한국건축역사학회, 2012.
37 진실, 「일제강점 초기 일본인의 이리 이주와 도시형성」, 전북대학교 석사학위논문, 2014.
38 마츠모토 다케노리, 「식민지 조선의 농업학교와 지역사회」, 『역사문화연구』 59, 한국외국어대학교 역사문화연구소, 2016.
39 원도연, 「일제강점기 익산의 근대농업과 이리농림학교의 사회사」, 『열린정신 인문학연구』 20(3), 원광대학교 인문학연구소, 2019.

(私學)운동에 대한 연구를 제출하였다.[40] 정승진·마츠모토 다케노리의 연구가 공립학교와 이리농림학교 등 제도권 내의 이리 익산지역의 교육에 대한 연구임에 반하여 김귀성은 조선인 사회에서 민간자본으로 진행된 사립학교와 야학 및 사설강습회 및 개량서당 등 누구도 주목하지 않은 조선인이 주체가 된 교육운동을 조명하여 오늘날의 교육과 단절되지 않고 교육의 공공성의 공유지대를 면면히 이어온 과정을 밝혔다는 점에서 의미가 깊다.[41]

오대록은 1920년대 익산지역 사회운동의 전개 양상을 분석했다. 그는 사회운동의 핵심세력을 사회주의자들로 보았는데, 이리가 가진 사회경제적 조건과 일제의 농업수탈이라는 지역적 특수성을 기반으로 익산의 지식인들이 사회주의 사상을 수용한 것으로 보았다.[42]

이명진과 원도연은 1920년대 익산에서 활동했던 사회주의자들에 대한 연구를 통해 이리지역 내에서 사회주의 사상의 유입경로를 밝혔다. 익산지역에 사회주의자들이 왕성하게 활동할 수 있었던 배경을 도시적 특성 속 신흥도시라는 측면에서 지역유지 층이 전통도시에 비해 상대적으로 적었기 때문에 새로운 사회주의 사상이 식민도시 이리에 쉽게 유입[43]되었다고 설명하면서 조선인의 저항을 다룬 점은 매우 의미 있는 연구라 할 것이다. 양은용은 익산학의 정립을 두고 익산지역의 역사 속 덕성창의 중요성과 익산의 농

---

40 제5회 익산학연구 심포지움, 『익산, 근대사상과 교육』, 원광대학교 익산학연구소, 2019. 11.7.

41 김귀성, 「일제강점기 익산지역의 교육 인프라와 사학(私學)운동」, 『열린정신 인문학연구』20(3), 원광대학교 인문학연구소, 2019.

42 오대록, 「1920년대 익산지역 사회운동의 전개 양상과 성격」, 『원불교사상과 종교문화』82, 원광대학교 원불교사상연구원, 2019.

43 이명진·원도연, 「1920년대 익산지역의 사회주의자와 그 활동」, 『지방사와지방문화』22(2), 역사문화학회, 2019.

업기반을 중심으로 한 문화정체성에 대하여 논하고,[44] 오하시 소쿠죠의 익산에서 승려로서 식민지 지배의 종교적 이용과 일본 패전 후 귀환 즉 인양(引揚) 과정을 통해서 해방 전후 이리의 사회상에 대해 분석하였다.[45]

기존의 연구들은 대개 철도부설에 따른 종속적 식민도시 형성 속 친일파의 호남선에 따른 역세권 개발과 만경강개수공사에 따른 도시의 외형적 발달과 일제의 경제적 수탈 측면의 연구들이 많았는데 최근에는 이리역폭발사고를 조명[46]하면서 그 사고의 정치적 이면과 재난 관리적 측면의 후유증에도 접근하고 있다. 곧 이리는 대한민국이 가진 지역문제의 전형적 공간인 것이다. 일본인이 건설한 도시가 갖는 식민의 모순과 수출자유지역이 갖는 근대화의 모순은 1977년 이리역화약열차폭발사고를 통해 말 그대로 '폭발'한다.

44 양은용, 「익산의 농업기반과 문화정체성」, 『열린정신 인문학연구』 19, 원광대학교 인문학연구소, 2018.

45 양은용, 「오하시 소쿠죠와 익산주재 36년」, 『일본불교문화연구』 18, 일본불교문화학회, 2018. 양은용, 「오하시 소쿠죠의 引揚歸國」, 『일본불교문화연구』 19, 일본불교문화학회, 2019.

46 양아기·정호기 외 「1970년대 후반 사회재난의 인식과 피해복구의 논리: '이리역 폭발사고'를 중심으로」, 『시민사회와 NGO』 제15권 제2호, 한양대학교 제3섹터연구소, 2017.

# II

# 타자의 시선으로 본 이리

他 者

1920년 대아댐 착공을 앞두고 모인 익옥수리조합 간부들.
중앙, 지팡이를 짚은 사람이 조합장 후지이 간타로이다. 뒷산은 운암산이다.

# 1. 조선 이주 안내서 편찬 붐

일본에서의 조선 이주에 대한 관심은 일본 내의 폭발적인 인구증가와 식량 문제에 대한 절박함에서 시작했다. 이에 일본은 '무한한 보고(寶庫)'인 조선으로 도항을 권유하는 안내서를 간행하는데 각 지역별로 지역 민단이나 조합을 대표해서 언론인이 안내서를 저술한다. 그 목적은 ① 일본인들의 조선 실정에 대한 무지와 정보 부족의 해소, ② 일본 민족의 팽창을 위한 '이익선' 확장과 한국에의 도항 장려, ③ 러일전쟁 이후 '보호국'이 된 한국을 '지도' 하기 위해, ④ 동양의 보고인 한국의 부원을 개척하여 한국을 식민지로 경영하기 위해서였다.[1]

일본에서는 개항 전후부터 조선 진출을 위한 안내 책자가 발간되기 시작하였다. 소위 조선 사정 '안내서'는 러일전쟁 발발 이전까지는 개인보다 단체를 중심으로 나오는데 한일병탄 후 일본인들의 정착이 수월해지고 그들의 도한(渡韓) 이후의 과정을 정리하려는 목적에서 1910년대에는 이리만이 아니라 강경, 조치원, 김천, 대전 등 일본인이 진입한 신흥타운에서는 일본인의 조선 이주 안내서와 견문기 간행이 붐을 이루었다. 식민지 초기 역사와 통계의 정리라는 외피 안에는 결국 이민자들이 진입해서 식민주의를 정당

---

1  최혜주, 「1900년대 일본인의 조선 이주 안내서 간행과 조선인식」, 『한국민족운동사연구』, 2013, 43-92쪽.

화하고 조선인을 역사에서 지우고 일본인을 찬양하는 교묘한 신화 만들기
의 홍보와 선전이 이어진다.

## 1) 『이리안내(裡里案內)』의 편찬 배경과 목적

야마시타 에이지(山下英爾)[2]에 의해 1915년과 1927년, 두 번에 걸쳐 발행된
『이리안내(裡里案內)』[3]는 일본인이 처음으로 이리에 진출한 이후 일본인의
연혁 및 사회, 경제, 정치를 넘어 유지(有志)와 네트워크 그리고 소소한 생활
에 이르기까지 지역에 관해 상세하게 서술한 식민도시 이리의 도시 형성사
및 조선 거주 일본인사회 연구를 위한 1차적인 참고자료이다. 일본인의 이
리 이주와 도시형성과정을 알 수 있기에 연구자들에게 자주 인용되는 중요
한 자료이다.

### 전군도로와 호남선 이리역

1899년 군산의 개항과 더불어 1900년 8월 일본 본토와의 직교역이 가능한
오사카(大阪)-군산 직항로가 개설된다. 1908년 목천포를 지나는 전주-군산
간 전군도로가 완성되고 1910년 10월부터 시작된 대전에서 목포를 잇는 호
남선 261.3㎞의 철도가 1914년 1월에 완성되었다. 물론 호남의 쌀과 각지에
서 수탈한 각종 물자들을 일본으로 가져가기 위함이었다. 이리는 전통도시

---

2  《湖南日報》지국주임으로 야마시타 슌보(山下春圃)는 필명이다. 자세한 약력이 없는 것
   으로 보아 한미한 저널리스트로 보인다. 식민통치하의 언론은 제국일본이나 조선총독부
   와 통치상의 관점에서 불가분의 관계였다.
3  1989년에 영인본 『韓國地理風俗誌叢書 富之群山, 裡里案內』가 출판된다. Yamashita
   Eizi(山下英爾), 『Repository of Honam Guidebook of Iri』, Ebisuya Shoten, 1915.

그림10. 1908년 개통되어 전주에서 군산까지 쌀을 실어나르던 전군가도
중간에 목천포가 있어 이리지역을 지난다.

전주와 신흥 개항장 군산의 중간에 위치한 지리적 이점에 강경·옥구·삼례·
김제 등 호남평야에서 생산된 농업생산물 수탈로 이익을 최대화하기 위한
전초기지 역할을 위해 새롭게 설립된 도시였다.

　1904년 러일전쟁 이후 1906년 통감부가 설치되는 국내외의 번다한 정세
속에서 이리지역에는 후지이 간타로와 호소카와가 은밀하게 농장의 토지
를 매입하고 있었다. 농장 설립과 관련하여 이리지역에는 일본인들의 대거
유입에 이어 외국인 노동자와 호남의 타 지역 조선인들도 속속 몰려들었다.
이는 철도건설과 새롭게 들어선 농장의 노동력 수요와 관계가 있다. 1912년
3월에는 이리에서 군산으로 이어지는 24.8㎞의 철로까지 완공하였으니 이
리는 동서의 도로와 남북의 철길을 갖춘 교통의 요지로 급부상하게 되었다.
익산 사람들은 만경강으로 이어지는 바다가 주는 사리 조금의 시간이 아닌
세계의 시간대 속 특히나 기차역이 정하는 절대적인 시간관념 속으로 들어
갔다.

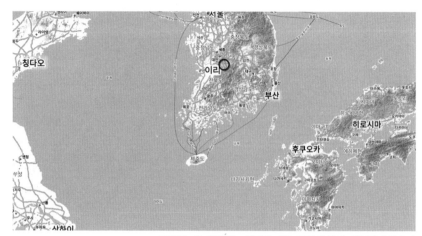

그림11. 이리(익산)는 한국의 서울, 중국의 상해, 일본의 후쿠오카 그 어디에도 접근하기 쉬운 중심지역임을 알 수 있다.

이리는 1914년 조선총독부의 행정구역 개편 때 여산·함열·용안과 합하여 익산군이 되었는데, 이리의 옛 이름은 '솜리'다. 만경강 북쪽 영등의 언덕 아래쪽 바가지같이 움푹한 곳에 자리한 '속 마을'을 한자로 표현하면 '리리(裡里)'인데 한글의 특성인 두음법칙으로 '이리'가 된다. 이리는 익산군이 아닌 전주군 남일면(南一面)에 속했다. 그러나 1906년 익산군에 편입된 이리지역은 일찍부터 지리적 측면에서 주목받은 땅이었다. 익산은 북서쪽으로 금강과 남쪽으로 만경강 사이에 위치하고 금강을 통해 군산항이라는 양항(良港)과 강경(江景)이라는 포구로 접근하기에 용이한 고장이었다. 항로로 중국대륙이나 일본의 후쿠오카(福岡)에 가깝고 호남선의 부설은 경성에서 신의주, 대전에서 부산을 향하는 주요 거점으로 쌀의 생산지이자 중개거점으로 최적의 조건을 갖춘 땅이었다. 이러한 익산의 지리적 이점에 주목한 일제는 이리라는 신도시를 건설하기에 이른다.

## 이리지역의 농장주

이리에 일본인이 처음 진출한 시기를 『이리안내(裡里案內)』(1915)에서는 군산에서 미곡중개인을 하던 다나카 도미지로(田中富次郎)⁴가 이리지역에 주목한 일본인들을 상대로 여관업과 신문지국을 경영하기 위해 이리에 진출한 1906년을 효시로 잡는데, [표 4]를 보면 이미 1900년 초기부터 일본인이 농장을 세우고 1904년, 후지이 간타로의 불이흥업주식회사가 오산면에, 호소카와(細川)농장이 대장촌에 창립하였음이 드러난다. 단, 동척의 설립이 1908년인 것으로 보아 익산면 이리의 1904년 동양척식주식회사수납소의 창립은 이 책을 쓰던 시점에 비추어 오류로 판단된다. 『이리안내(裡里案內)』(1915)에 나타난 당시 이리 부근의 대지주 농장을 정리하면 아래와 같다.

[표 4] 1915년 이전 이리 부근의 대지주 및 농장

| 경영자 | 소재지 | 창립 | 경영자 | 소재지 | 창립 |
|---|---|---|---|---|---|
| 大橋농장 | 익산면 이리 | 1907.9 | 白南信 농장지부 | 익산면 이리 | 1911.11 |
| 森谷농장 | 옥구군 서수면 신기리 | 1906.6 | 倉田농장 | 익산면 동산리 | 1912 |
| 細川농장 | 익산군 대장촌 | 1904.9 | 今村농장 | 익산군 대장촌 | 1906.3 |
| 岡崎상회농장 | 익산군 목천포 | 1900.4 | 扇 米助 | 익산면 이리 | 1909 |
| 東洋拓植주식회사수납소 | 익산면 이리 | 1904.2 | 眞田농장 | 오산면 학곤리 | 1903.9 |
| 櫻井농장 | 오산면 광지리 | 1913.9 | 不二흥업주식회사농장 | 동 오산리 | 1904.6 |
| 片桐농장 | 북일면 보산리 | 1907.4 | 光岡농장 | 함열면 와리 | 1911.9 |
| 長谷川농장 | 춘포면 사천리 | 1909.11 | 島谷농장 | 옥구군 개정면 하장리 | 1911.1 |

---

4  1915년 당시 《全北日日新聞》의 이리지국 주임으로 1906년 군산에서 흘러온 인물로 이리에서 신문지국을 경영하면서 여관업과 미곡중개를 겸하면서 초기 학교조합에 관여하였다. 『이리안내(裡里案內)』의 저자 야마시타 에이지와 매우 밀접한 관련을 보여주는 인물이다.

| 川崎농장 | 옥구군 서수면 | 1905.4 | 楠田농장 | 동 남이면 삼길리 | 1904.3 |
|---|---|---|---|---|---|
| 森島莊次郎 | 익산면 이리 | 1908 | 靜川 昇 | 익산군 목천로 | 1912 |

## 간장이 얼 정도의 추위

이 책에는 이리지역의 산업·종교·문화·고적 등이 담겨 있다. 즉 일본인이 이리지역에 진출한 시점부터 1914년 전라북도 익산군 이리로 행정구역이 개편되는 과정을 다룬 '읍지(邑誌) 성격'의 지역 인문지리서로 볼 수 있다. 철도교통과 농업배후도시로 바뀌게 되는 과정과 1912년 호남선 개통에 따른 이리역 설치 전후 증가하는 일본인 수와 출신 지역도 비교적 자세하게 서술하고 있다.

군산에 가까운 이리에는 호남선 설치 이전에 자본이 투입되어 농장이 들어섰다. 자고로 이민을 계획하는 외지인들은 접근성으로서의 철도와 도로, 무엇보다도 이국적 기후에 따른 물과 위생을 중시한다. 생산수단으로서 일거리와 치안유지로 경찰행정, 미래로서의 학교를 걱정한다. 『이리안내(裡里案內)』에는 이러한 걱정을 불식시키고 미래를 예비하는 안내서 역할을 넘어 한 도시를 기록하고 또한 기억하며 비전을 제시하는 임무가 주어졌지만 본질은 홍보였다.

이들은 외래인이기에 우선 당장 기후를 설명하고 있다. 대표적으로 겨울의 추위에 대해 걱정하고 있다. 『군산부사(群山府史)』에서는 '간장이 얼 정도의 추위'라는 묘사가 있긴 해도 그들은 삼한사온(三寒四溫) 현상으로 그리 춥지 않다는 것과 여름은 일본보다 덥지 않음을 강조한다.

## 수탈을 위한 '원료공급지'로서의 기반

열차라는 새로운 교통체계의 등장은 한반도 교통체계의 패러다임의 전환을 의미한다. 이리가 호남지역의 대표도시가 된 것은 1912년부터이다. 열차와 기차역이라는 기존에 없던 새로운 교통체계의 등장으로 도시가 형성되고 인구가 증가하며 새로운 중심이 형성되기 시작하였다. 이후 교통망의 확장은 호남선과 군산선에 이어 전라선의 전신인 전북경편철도가 완성되고 그 덕분에 신선식품의 신속한 이동과 출퇴근 등 이용객의 편의성이 큰 폭으로 증가하였고 전주와 군산 주민까지 그 혜택을 충분히 누리게 되었다. 기차역을 갖는 건 하역부두를 갖는 것과 같은 일이다. 지금까지 경험해보지 못했던 급격한 변화와 함께 산업, 경제, 일자리, 부동산 등 많은 변화가 찾아왔다.

이리에는 기차역이 들어서기 전부터 오하시농장과 대장촌의 호소카와농장 그리고 오산리의 후지이농장 등 대단위 농장이 들어선다. 이후 수리조합의 설립으로 농촌의 엄청난 변화를 가져왔다. 1910년 한일병탄이 이루어지고 1912년 3월 이리에는 호남선 개통과 함께 후발 농장의 정착이 계속되면

그림12. 이리에서 가장 많은 땅을 소유한 오하시농장의 정문.
1919년 이리 사람들은 4월 4일 장날 이 농장 앞에서 만세를 불렀고
일본헌병들은 성벽 위에서 총을 쏘았다.

서 일본인들이 쏟아져 들어왔다. 세계적으로는 1914년 제1차 세계대전이 발발하여 전쟁의 특수기를 누리는 시절이었다. 총독부는 1,800여 개 면을 줄이는 행정통폐합을 통하여, 면의 숫자를 거의 반감시켜서 그것으로 재정의 정리를 꾀하는데 이 행정변화는 일본 패망 이후에도 거의 100년을 유지한다. 식민지 경영의 자신감을 갖게 된 일본인들은 1914년 전주에서 전북물산공진회(全北物産共進會)를 개최하였다. 이러한 물산공진회는 '조선 산업의 진흥과 장려'에 목적을 두었지만 그것은 조선에서 '경제적 수탈'을 위한 '원료공급지'로서의 기반을 닦기 위한 것이었다.[5]

조선물산공진회를 위한 안내서

1915년은 서울 경복궁에서 전국 단위의 시정 5주년 기념 조선물산공진회(始政五周年記念 朝鮮物産共進會)[6]라는 박람회가 개최된 시점이다. 일본 각지에서 생산된 상품을 전시하면서 식민통치의 성과를 미화하고 각종 통계자료를 통해 조선총독부의 정당성을 부여하기 위한 행사였다. 조선인의 자주성을 훼손하는 거대한 행사가 경성에서 벌어졌고 지방에서는 그들의 업적을 찬양하는 역사적 정리가 필요했다. 또한 1912년 7월 메이지(明治) 시대가 끝나고 새로운 왕의 출현 역시 일본인의 이리 진입 10년을 정리하고 자축하는 한편 새로운 수요를 창출하기 위한 안내서가 필요한 시점이었다.

『이리안내(裡里案內)』(1915)는 이리에 일본인이 진출한 시점부터 이리의 정

5  정윤희, 「1910년대 지방 물산공진회 연구」. 한양대 석사학위논문, 016.
6  무단통치를 위장하기 위해 조선과 일본의 '공진(共進)'이라는 명칭을 사용했다. 일본제국이 조선 식민지배를 정당화하기 위해 한일병탄 5주년을 기념하는 사업으로 벌인 일종의 지역구 박람회다. 일제는 왕궁인 경복궁을 헐고 9월 11일부터 10월 31일까지 진행하였는데 후일 전시공간에 조선총독부 청사를 건립한다.

치·사회·경제 등 당시 이리에 대한 많은 정보가 기술된 일종의 장소 발견의 가이드북으로 판촉물은 아니지만 여관과 상업공간의 광고가 잡지처럼 자리한다. 관광 목적이나 경관의 아름다움 혹은 세속적 근대관광을 위한 '지라시(散らし)'가 아니라 '신도시에 진입해서 낮은 지가의 토지를 구입하여 부를 축적하는 기회를 잡으라'는 메시지를 담고 있다. 구체적으로 선발대의 주소와 출신 그리고 업종 공개와 더불어 조선인의 저임금과 인프라를 소개하면서 이민 후발대가 와서 그 확장성을 구조화시키라는 선전 선동의 메시지를 담고 있다.

총설 파트의 '위치와 지세'에서 야마시타 에이지(山下英爾)의 출판 의도가 명백히 드러난다. 이리는 '전라북도 고급관청의 이전지로서, 장차 병영 건설지로서 실로 가장 좋은 곳이다. 이 평야가 곧 호남의 보고이며, 세칭 군산미로 부르는 양질의 미곡은 대부분 이 평야에서 산출하는 것이다.'라며 타 신흥도시와의 경쟁관계 속 새로운 유효수요의 창출을 위한 의도는 물론 숨기고 있다. 서문을 쓴 미에 히데후미(三枝英文)[7]가 "이번 가을 총독의 시정 5년 기념공진회(記念共進會)를 기하여 한국에 오는 일본의 문필가이자 지도자인 각 신문·잡지 기자단원 등의 시찰에 맞이하여 이리를 살펴볼 수 있는 특별한 기념물이 없었으니…"라 남긴 서문에서 신흥도시 이리의 조바심이 읽힌다. 이 책자는 기자들에게 보여주는 하나의 성과물 혹은 홍보물이었음을 반증하는 것이다.

---

7  미에 히데후미(三枝英文)는 야마나시(山梨)현 출신으로 中央대학 졸업후 도쿄에서 정치 잡지를 발간했다. 이리에서 《경성일보》·《매일신보》·《조선공론》등의 지국 주임 겸 미에(三枝)약점을 경영한다. 야마시타 에이지와 매우 돈독한 사이로 보인다.

(1) 『호남보고 이리안내(湖南寶庫 裡里案內) - 근접지 사정(近接地 事情)』 (1915)

『이리안내(裡里案內)』(1915)는 일본어 저술로, 판형은 신국판이며, 광고를 포함한 총 182쪽인데, 들판을 가르는 철로 위로 기차가 연기를 뿜고 다가서는 표지 그림의 우측에는 일본식 건물의 도시 모습과 좌측에는 논밭과 산이 펼쳐진 모습을 보여준다.

이 책은 안내서의 성격에 충실하게 지방 통치를 위한 정보를 확보하기 위해 간행되었다. 승람(勝覽) 즉 보기 좋은 경치와 명승지를 서술하고 있고 익산 군수 박영철과 요코미치 다다노쓰케(橫道只之助),

그림13. 이리 관련 최초의 일본인 서적

미에 히데후미에 이어 저자 서문이 이어진다. 당시 익산군수 박영철은 종6위 훈5등 관직을 밝히며 일본어 형식이 아닌 한문 형식의 서문을 게재했는데 본인이 직접 작성한 것으로 보인다.

기준왕의 도읍부터 시작해 경편철도와 농장 창립을 서술하면서 이 책이 읍지(邑誌)[8]임을 표시하고 있다. 이 책은 이리지역의 지배층으로 자리잡은 일본인들의 사회적 정치적 욕구를 발현한 기록물이지만 인상비평과 광고가 많은 것은 이 책이 말 그대로 '가이드'에 머무는 한계와 그 증거이다. 많은 광고와 인물에 대한 주관적 판단 등이 바로 읍지라 확언하기 어려운 장애물이다.

---

8  당시 군수 박영철(종6위 훈5등)은 이 책을 읍지(邑誌)로 규정하고 있다. '내가 군수가 된 지 4년(1912)째라 매양 읍지를 엮는데 뜻을 둔 지 오래이다. 공사가 많아서 그 겨를을 얻지 못했는데, 마침 야마시타 에이지(山下英爾) 씨를 만났더니 읍지를 인쇄할 준비가 되어 있어서, 자료를 보충하여 책을 편찬하게 되었으니, 읍의 형세가 크게 발달하고 이익을 창출할 기회가 넓어졌다.' 라고 서문에서 한문으로 기록하고 있다.

이 책은 당시 이리에 있던 에비스야서점(惠美須屋書店)에서 출판하였는데 편찬과 간행 경위를 살피자면 전라북도 곡창지대의 중심지인 이리와 인근의 황등, 대장촌, 오산리, 목천리, 함열 그리고 옥구지역 등에 관한 정보를 제공하고 안내하여, 일본인들의 상륙 정착에 도움을 주고 이리를 널리 알리는 데에 목적을 두고 있다고 서문에서 이야기한다. 구성을 보면 책머리에는 이리 지역과 관련된 사진을 다

그림14. 『이리안내』 1. 2를 쓴 야마시타 에이지

섯 쪽에 걸쳐 실었다. 그리고 저자 본인이 쓴 서문에 이어 본문은 16개 장으로 나누었고 '근접지 사정'이라는 제목의 부록이 붙어 있는데 그 구체적인 내용은 [표 5]와 같다.[9]

[표 5] 『이리안내(裡里案內)』(1915)의 수록 체계

| 장 | 분야 | 내용 |
|---|---|---|
| | 서문 | 서문/익산군수 박영철: 읍지(邑誌)로 표현<br>서문/요코미치 다다노쓰케(橫道只之助): 전북평야 보고의 관건<br>서문/미에 히데후미(三枝英文): 시정 5년 記念 共進會 선물<br>저자서문/山下英爾: 호남의 보고인 이리를 널리 소개 |
| 1장 | 總說 | 위치와 지세, 2. 풍토와 기후, 3. 연혁, 4. 호구 |
| 2장 | 官公衙, 團體 | 1. 익산군청, 2. 이리헌병분대, 3. 이리보선구사무소, 4. 이리역, 5. 대전기관고 이리분고, 6. 이리우편소, 7. 이리학교조합, 8. 제국재향군인회 이리분회, 9. 이리조합, 10. 이리소방조, 11. 이리번영조합, 12. 이리을묘회, 13. 이리청년회, 14. 익산면사무소 |
| 3장 | 敎育 | 1. 이리심상고등소학교, 2. 이리공립보통학교 |
| 4장 | 宗敎 | 1. 본원사포교소, 2. 일련종포교소, 3. 이리신사 |
| 5장 | 衞生 | 이리위생조합, 도수장, 피병사, 공동묘지, 의원, 산파, 약종매약점, 탕옥 |

---

9  보통 전통적인 읍지의 항목 순서는 地圖-建置沿革-郡名-官職-姓氏 등으로 시작해 山川-風俗-坊里-戶口수를 보여준다.

| 6장 | 運輸 交通 | 도로, 호남철도, 전북경철, 만경강 수운, 자동차, 자전차운송업자 |
|---|---|---|
| 7장 | 通信 | 이리우편소 |
| 8장 | 水利 | 임익남부, 임익, 전익, 각 수리조합 예산 |
| 9장 | 農業 | 경지의 가격 및 수확, 자작농자의 수지, 연초의 재배, 각 수리조합 예산 |
| 10장 | 商業 | 이리시장 - 어문옥 |
| 11장 | 工業 | 정미업 - 양조업 - 기타의 공업, 공업가 |
| 12장 | 金融 | 이리우편소 취급금고 - 익산지방 금융조합, 대금업, 금융업자 |
| 13장 | 新聞雜誌 | 신문잡지, 신문지국주임, 대변업자 |
| 14장 | 娛樂界 | 이리구락부, 철도구락부, 호남구락부, 철도대합소, 이리정구회, 이리좌 |
| 15장 | 旅館 | 여관 - 요리점 |
| 16장 | 名勝古蹟 | 1. 미륵탑, 2. 왕궁탑 |
| 부록 1장 | 近接地 事情 | 1. 목천포, 2. 오산리, 3. 대장촌, 4. 옥구평야, 5. 황등, 6. 함열 |
| 2장 | 戶谷孝照 | 이리 발전책 사의 |
| 3장 | 123명 | 찬조자 방명 |

 

이 책이 읍지의 성격을 부여받지 못하는 측면으로 찬조자 명단과 광고가 30면이나 차지한다. 차례에 이어 협찬 광고를 초반부터 10매를 할애하고 있다. 앞장 10면, 광고 2장 3장 사이에 6면의 광고, 중간 8면 광고, 후면 10면 광고를 이루고 있다. 담배를 비롯하여 여관과 사진관, 술과 소매점, 고물상, 여관, 생명보험, 과자, 건어 청과물, 맥주 광고에 주소를 보통 '호남(湖南)선 이리 영정'으로 표시한다. 주로 군산에 본점이 있고 이리에 지점이 있는 광고도 보인다. 옥구 가와사키(川崎)농장과 대장신사(大場神社)와 호소카와(細川)농장, 이리의 시가지, 이리소학교와 헌병분대, 명승고적으로 왕궁리오층석탑과 미륵사지석탑이 실려 있다. 광고적 성격으로 후루가와(古川)상점(아사히, 삿포로 맥주 광고 간판) 등을 싣고 있는데 『이리안내(裡里案內)』(1915)에 나타난 광고를 분석하면 [표 6]과 같다.

[표 6] 『이리안내(裡里案內)』(1915)에 나타난 광고 분석

| 광고 | 내용 |
|---|---|
| 초반 광고 10쪽 | 담배로 시작해 맥주로 끝난다. 조선은행군산출장소. 사진관과 시계점, 의류, 식료품(양조, 장류, 과자, 건어), 석탄, 석유, 대서업, 생명보험, 여관 등<br>특징: '湖南線 裡里 榮町'이라는 주소로 통한다. |
| 중반 광고 6쪽<br>(69-75) | 당구장, 토목 건축업, 치과, 미곡상과 화장품, 수리조합과 학교장, 정미소 전면광고, 삼례의 청부업, 이리역 구내매점의 만두과 과자, 문방구, 신문잡지 |
| 후반 광고 8쪽<br>(161-168) | 선남근업주식회사 영농 묘포, 미간지 간척, 비료농구, 특용작물, 자금대부, 통운, 고천상점에서 국채신탁을 비롯 아사히신문 마이니치신문 등 각종 산업잡지와 여성잡지 판매, 구두와 양복점 등 각종 상점, 여관과 요릿집, 목욕탕 신축 |
| 말미 광고 10쪽<br>(205-214) | 정천농원, 여관, 인쇄소, 자전차 판매, 용달, 청과와 건어물, 양식 요릿집, 미곡상, 철도화물 취급, 군산의 여관과 전북경편철도주식회사 소개 |

『이리안내(裡里案內)』(1915)는 만경강 유역의 곡창지대에 자리 잡은 이리를 호남선 철도가 부설된 신흥도시로 소개하면서 1915년 당시 이리지역의 일본인은 2,035명, 한국인 1,367명, 외국인 40명으로 기록하여 일본인이 조선인보다 많았던 것으로 기록하고 있다. 또한 각 직업에 따른 사업체와 인물을 소개하고, 각종 현황을 분석·정리하였기에 근대 호남지역을 연구하는 역사가들에게 아주 많이 인용되는 저작물이다. 이 책은 일본제국의 식민(植民) 이민이라는 국가정책 목표에 부합하는 조선으로 진출하는 데에 실질적으로 필요한 정보 안내가 실린 책으로 조선반도 특히 호남지역으로 이민을 계획하거나 이민자를 위한 생활밀착형 안내서의 성격을 띠고 있다.

지역과 인적 네트워크 소개서

이민자 사회답게 일본인들은 출신 지역에 따라 연결된 인연, 고향이 같은 사람들끼리 뭉쳐서 파벌을 이루었고 재향군인회 역시 중요한 인맥의 원천이었다. 그래서 이리지역에서 성공한 사람의 지연과 학연 혹은 군대 인연에 이어 주소와 전화번호까지 서비스한다. 1915년 당시 이리지역의 농장주인

유지(有志)들과 상업계를 대표하는 회사·상점과 그 경영자 및 기타 여관과 음식점에 이르는 자영업자의 정보까지 실려 있다. 통계자료와 유망직종 그리고 일본인을 위한 인명록으로서 활용이 가능하게 공적인 직함과 출신지와 경력을 넘어 편찬자가 느낀 개인의 인간적인 면모나 세간의 평판까지 기록하고 있어 주관성이 강한 측면이 있지만 이리번영조합을 비롯한 일본인 자치조직의 연혁과 주요한 간부 등을 기록해 당시 일본인사회의 네트워크로서 지도적 위치에 있었던 명망가·유지 계층의 면면도 파악할 수 있는 자료이다.

토지가 부가가치를 생산하는 신흥도시 이리는 기차역을 통해서 물자와 사람들이 들고나면서 상업이 발달하게 되었다. 오복점(포목점)이 늘고 사진관이 여러 곳 들어선다. 새로운 형태의 건축으로 이리농림이나 이리역과 같은 큰 건물 말고도 식산은행과 동척이리지점 등은 자부심을 세워주기에 충분했다. 이리는 철도시스템의 개발기에서 곧바로 시장 진입기에 들어섰다. 우편소가 은행 역할을 하던 시절을 지나 은행이 들어섰다. 은행도 중학교도 없던 시절의 이리는 은행일을 보려면 전주나 군산으로 나가야 하는데 '계(契)'에서 '은행'이라는 금융기관의 신질서의 세계로 들어선 것이다. 이리 정거장에서 내린 인근 농촌 사람이 몇 걸음 걸어서 금융기관에 도달할 거리에 식산은행이 들어섰다. 돈을 소지하지 않아도 타도시에서 찾을 수 있는 은행이라는 금융서비스를 경험한 사람들에게는 새로운 세계관이 형성되는 것이다.

곧게 뻗은 신작로와 새로운 도시계획에 의한 도시의 영정통에는 전면이 짧고 내부공간이 긴 장옥(長屋)들이 들어섰다. 행정기관이 늘면서 공무원과 교사집단도 늘어났다. 새롭게 이민대열에 뛰어들 후세대에게 학교와 병원이 갖추어진 도시, 행정관청과 사회안전망이 갖추어졌다고 선전한다. 좋은 미래가 기다리고 있다는 과잉 홍보인 것이다.

그림15. 사진 속 1906년 대장촌에 자리잡은 구마모토 교사 출신 이마무라 이치지로 농장주의 사무라이 복장은 조선사회의 적응이 끝난 교만한 자세를 보여주고 있다.

### 익산군수 박영철

이 책에 수록된 리더들이 거의 일본인인데, 군수 박영철이라는 조선인 리더는 일본에서의 학습경험을 가진 인물이라는 사실, 일본인 스타일의 세상의 평판까지 기록한 흥신록에 프로필이 실려 있다. 수록 인물을 직업별로 살펴보면, 대부분이 오하시를 비롯한 일본인 농장주와 공적 영역의 공무 담당자와 재계의 인물 등인데 출신지와 학력, 군경력까지 다루고 있다. 이 같은 인물 선정의 특징은 이후 새로운 이민 대열에 합류하게 될 일본인을 위한 1910년대 초중반의 상황을 반영하고 있는 것으로 판단된다.

이민 기획자의 시각으로 보면, 이 책에는 이민자의 무용담과 수고의 기록으로 조선사람들의 강력한 저항과 비협조를 뚫고 그들이 이룩한 업적에 대한 사연이 담겨 있다. 무엇보다도 이곳은 미개척지이기에 호남의 중심 이리 지역을 염두에 둔 사람들이라는 가상의 독자들을 유혹하는 메시지가 있다.

그림16. 군인 시절의 박영철과 참여관 시절의 박영철

책을 출판하는 데는 정밀한 조사와 비용이 든다. 관에서 비용을 지불하지 않는 한 협찬이라는 명분으로 방명(芳名)하고 광고 유치로 지역의 준조세에 가깝게 비용을 마련하여 책을 출판하였을 것이다. 유지들의 비위에 상하지 않게 어디까지 담고 어디를 생략할 것인가 하는 고민도 읽힌다. 과거 전통적 조선의 지방지에 수록되는 열녀와 효녀 그리고 그동안의 수령방백들의 업적에 대해서는 다루지 않고 그저 돈이 될 정보를 담는다. 물론 과장이 있을 것이다.

### 고리대금(貸金)업의 기회공간 이리

이리의 장점 중 특히 대금업의 성공담을 자랑하는 데 이어 일본보다 땅값이 싸다는 것을 강조한다. 지리지에 호구, 군정, 조세 항목을 담는 것은 정상이다. 그들은 이곳을 토지의 환금성 그리고 질옥(質屋) 같은 돈놀이에 유용한 공간임을 대놓고 서술하고 있다.

연초나 과수농사, 종묘원, 양잠 유망, 농장 토질의 우수성, 학교 등 기반시설을 강조하면서 도축, 묘지 등 위생시설이 구비되었으니 안심하고 이민 대열에 참여하라고 선전한다. 또한 여가와 요정과 놀거리가 많음을 강조한다.

예컨대 이리좌(裡里座)[10]라는 현대식 극장시설과 운수 교통으로 도로와 철도의 편리점을 강조한다. 신개지 이리에는 안전을 위한 경찰과 헌병이 있고 건강과 위생을 위해서는 의사가 있고 여가를 위해서는 레스토랑과 극장 그리고 당구장이 있다는 식이니 거의 카탈로그 수준이다. 대놓고 '공식 지정' 이런 식으로 여관 등을 광고한다. 또한 철도와 이리역 그리고 양조장, 사진관과 인쇄소의 성공에 대해 홍보한다. 또한 후지이 간타로 등 선발대의 특별한 성공담을 늘어놓는다. 친일파 백작 이완용(李完用), 도지사 이두황

그림17. 조선상업은행장 시절 박영철의 금물의 헌납을 보여주는 신문기사

(李斗璜)에 대한 감사와 조선인 농장주 백인기에 대한 홍보와 찬조자 방명록을 보면 활자화된 인물 소개를 위한 협찬 성격의 지역 저널리즘의 형태를 보인다. 100년 전의 이민자들을 위한 이 안내서는 일제의 수탈에 대해 연구자에게 양질의 저작물이지만 이리지역에서 살아가는 시민들에게는 아픈 역사다.

---

10 裡里座는 이리 유일의 극장으로 1914년 4월 《조선신문》 취차로 전주에 터를 잡던 오카하시 츄타(岡橋忠太)가 창설, 신축하였다. 『이리안내(裡里案内)』(1915)에 따르면, '초기 인구가 희박하였던 이리에서는 최초 경영이 어려웠다. 오늘날에는 모든 흥행가에 알려져, 군산, 전주의 극장에 들어가는 흥행물을 들여오고, 점점 흥행회수는 두 곳을 능가하는 형세이다. 그 수용할 수 있는 인원은 약 4백 명이다.'라고 서술하고 있다.

## (2) 차세대 이주민을 위한 안내서

―『湖南寶庫 裡里案內, 一名 益山發展史』(1927)

1920년대 중반 간행된 전라북도 이리와 익산군에 관한 인문지리서적으로 『이리안내(裡里案內)』(1915)의 개정·증보판 성격이다. 12년 뒤 통계를 덧붙여 재판을 찍은 일종의 '신증(新增) 이리 안내'라 할 것이다. 야마시타 에이지가 새롭게 증편한 이 신도시 안내서는 야마시타 에이지가 '야마시타 슌보(山下春圃)'라는 필명으로 저술했고 100여 컷의 사진자료가 실려 있다. 특징이라면, 토지나 군사 대신 인물을 비중 있게 기록하였다.

판형은 신국판으로 1권과 달리 광고가 적고 협찬자 명단이 보이지 않는다. 아마도 부정적 내용에 따른 유지들의 압력으로 판단된다. 부제로 '일명

그림18. 1958년의 이리극장. 김지미의 데뷔작 〈황혼열차〉가 걸려 있다.
400명 수용의 극장 이리좌는 시민공회당 혹은 문화회관의 기능을 갖고 있었다.
여학교 설립 청원 촉구대회, 장병 환송대회가 열리기도 했다.
1990년대 전북에서 유명한 '무랑루즈'라는 스탠드바로 변신했는데 지금은 헐렸다.

익산발전사'라 하였고 내용은 초판을 보정하고 확장하였는데 당시 이리에 있던 출판사 문화상회에서 출간하였다. 이리의 중요한 발전사항으로 1922년 관립이리농림학교가 개교하고 수많은 농장과 회사들이 정착하던 1920년대 중반까지의 이리 사정을 개관하고 있다.

## 차세대 이주민을 위한 안내서

출판의 목적으로 서문에서 '호남보고로 최고의 요충지인 이리 및 근접지인 황등·대장촌·오산리·목천포·함열 등을 널리 사회에 소개하고 그 유망한 사실을 잘 알리는 데 있다. 그리하여 조선땅에 이주의 뜻이 있는 일본인들에게 참고로 제공함과 동시에 발전촉진의 일조가 되게 하고자 함에 있다'고 소개하는 것으로 보아 초판 성격과 같이 일본인 이주민을 위한 안내서 성격임을 알 수 있다.

책머리에는 이리 관련 공공기관과 인물 사진 100여 컷을 실은 다음에 저자 서문을 실었다. 본문은 스물두 개의 장으로 나뉘는데, 1. 총설, 2. 관공서, 단체, 3. 교육, 4. 위생기관, 5. 사사(寺社) 및 교회, 6. 교통 운수 및 통신, 7. 농업, 8. 수리, 9. 상업, 10. 공업, 11. 금융, 12. 오락 기관, 13. 신문 및 잡지, 14. 여관, 요릿집 및 음식점, 15. 명승, 고적, 16. 이리의 장래에 대한 소견, 17. 이리의 저명한 인물 및 각종 기관, 18. 황등, 19. 대장촌, 20. 오산리, 21. 목천리, 22. 함열로 구성되어 있다. 당시의 시설 기관 인사들까지 구체적으로 밝히고 있어서 이리의 변화상을 살펴볼 수 있다.

특히 농업 관련 홍보 성격이 강한데 익옥수리조합(益沃水利組合), 동산리 수문(水門), 이리역, 이리농림(裡里農林)학교, 동양척식(東洋拓殖)주식회사이리지점, 삼중(三重)농장, 화성(華星)농장, 대교(大橋)농장과 지배인 山崎增平, 일고(日高)정미소, 국하(國賀)농원, 황등제호, 익옥수리조합, 황등 편동(片桐)

농장, 대장촌 금촌(今村)농장, 오산리 불이(不二)농장, 송학리 진전(眞田)농장, 황등 서성(西成)농장, 함열 삼성(三成)농장, 함열 관(關)농장, 함열 성화(咸和)농장, 함열 다목(多木)농장, 함열 촌정(村井)정미소, 함열 전중(田中)정미소, 함열 산구(山口)정미소, 함열 삼정(森井)정미소 등이 실려 있다. 관공서를 제외하면 대부분 농장 경영 내지 미곡 생산과 관련된 사업체이다.

구체적으로 살펴보면, 저자 야마시타 에이지의 저술 태도에서 다나카 도미지로(田中富次郎)와 요코미치 다다노츠케(橫道只之助)에 대한 객관성이 의심된다. 이 책의 서문을 쓴 요코미치는 야마구치현 출신으로 요코미치(橫道)상점을 경영하는 사람으로 '경영에 관계하며 이리에 있어서 대상점이다. 잡화·장신구·철물·문방구 등 일품으로 구비되지 않은 것이 없다. 어느 때나 창고에 가득 쌓아두고 있다.'라고 별 특징도 없는데 상찬한다. 학교조합에서 주요 인물로 활동하는 다나카와 요코미치 두 사람에 대한 자세한 설명을 보면 학교조합이 주체가 되어 『이리안내(裡里案內)』라는 지방지를 쓰게 한 추동 요인이라 짐작할 수 있는 대목이다.

사실 1915년 당시 이리에는 기차역은 있지만 은행도 없고 수도시설이 없었다. 전주, 군산, 김제에는 도서관이 있으나[11] 이리는 도서관이나 중학교 그리고 공원도 없는 도시에 여관과 술집이 즐비하고 오락시설이 먼저 들어선 도시인데도 홍보의 뻔뻔함을 보여주는 태도는 지적받을 만하다.

---

11 全羅北道, 『全羅北道要覽』(1927).

[표 7] 『이리안내(裡里案內)』 1915년 판과 1927년 판의 특징

| 제목 | 『(湖南寶庫)裡里案內, 近接地 事情』 | 『(湖南寶庫)裡里案內, 一名, 益山發展史』 |
|---|---|---|
| 출판 년도 | 1915 | 1927 |
| 페이지 | 172쪽 | 162쪽(광고 양의 현저한 감소) |
| 편집 · 발행자 | 야마시타 에이지(山下英爾) | 야마시타 에이지(필명 山下春圃) |
| 발행소 | 惠美須屋書店(익산면 이리) | 文化商會(익산면 이리) |
| 가격 | 45錢 | 2圓 |
| 사진 | 10매 | 95매(인물정보 사진이 많음) |
| 광고 | 총 24쪽(초반 10쪽, 중간 6쪽, 후미 8쪽) | 1쪽(매월당 등 5개 상점) 광고가 거의 없음 |
| 출판 목적 | 1915 시정 5년 기념공진회 신문잡지기자단원의 기념물,[12] 이리를 널리 알림 | 조선 땅에 이주 희망 일본인들에게 참고로 제공, 발전 촉진의 일조 |
| 서언 | 익산군수 박영철 외 | 저자 서문 |
| 총설 | 풍토와 기후 연혁<br>호구와 인구 | 1925년 말 일본인 887호 3,947명, 한국인 1,981호 9,263명 |
| 관공서단체 | 익산군청과 박영철, 이리헌병분대, 이리역, 이리번영조합, 이리학교조합, 제국재향군인회이리분회, 익산면사무소<br>조선인 유지로 이인철, 김병희, 오인근, 유대근, 박노흡, 오시영, 하동호, 박병철 등 | 익산군청 · 익산군농회 · 이리경찰서 · 이리우편국 · 이리역 · 이리보선구 · 이리기관구 · 내무국이리토목출장소 · 전매국이리출장소 · 익산면사무소 · 이리학교조합 · 전라북도곡물검사소이리지부 · 전주지방법원이리출장소 · 재향군인회이리분사 · 이리소방조 · 이리번영조합 등 |
| 교육 | 이리공립심상고등소학교<br>이리공립보통학교 | 이리농림학교<br>이리공립고등여학교 |
| 종교 | 동본원사 포교소<br>일련종, 이리신사(1913) | 동본원사 포교소, 日蓮宗 榮閣寺, 이리신사, 천리교, 기독교 |
| 위생 | 위생조합, 도살장과 피병사 공동묘지, 의원과 치과, 양점과 목욕탕 | 이리철도병원 등 의원 9개(치과의 3인), 산파 5인 |
| 운수교통 | 전주군산1등도로, 호남철도, 전북경편철도, 만경강 수운, 자동차, 자전거 등 | 이리에는 자동차 1대, 인력거 21대, 자전거 513대, 우마차 38대, 화물차 132대 |
| 통신 | 이리우편소 | 이리우편국 |
| 수리 | 임익, 임익남부, 전익수리조합 | 임익수리조합, 대아리저수지<br>수로사업 이후 땅값 앙등 |
| 농업 | 일본인 경지면적은 5,000정보. 오하시농장, 不二흥업주식회사, 이마무라농장, 가타기리농장, 白南信농장 지부 | 경지의 정확한 가격 및 수확량 제시, 양잠과 면화, 오하시농장 등 30개소 소개(조선인 농장 6개소) |
| 상업 | 이리시장, 도매상[13] | 이리시장 및 도매업, 100여 상점 |

| | | |
|---|---|---|
| 공업 | 정미업[14] 양조 사진관, 비료제조와 잠사업 유밍사입 | 정미 양조 생사, 제비(製肥)사업, 공장 및 공 무짐 30개소 소개 |
| 금융 | 이리우편소, 익산금융조합, 이타이 신조(板井信藏) 등 금융대부업자 7인 소개 | 식산은행이리지점, 동척이리지점, 삼남은행 이리지점 전북상사, 이리금융조합, 익산금 융조합 외 13개 지점 |
| 신문잡지 · 대변업 | 재판소가 없이 대변업자가 활약 湖南日報지국주임으로 山下春圃 全北日日新聞의 田中富次郎 | 군산일보, 전북일보, 경성일보, 조선신문, 호 남일보, 부산일보, 조선일보, 동아일보, 오사 카아사히신문, 오사카매일신문 |
| 오락계 | 철도구락부와 당구장, 오카하시 츄타(岡橋忠太)[15] 裡里座 개설 | 철도 · 東拓구락부 · 裡里座 · 당구장 · 裡里 心友會. 공회당이 없음. |
| 여관 및 요리점 | 메이지(明治)여관, 아사히야(朝日屋)여관과 요리점과 요정 소개 | 설비가 불완전, 불결 또는 불친절. 9개 여관, 12곳 요리점과 음식점 |
| 명승고적 | 요교제 이리신사 미륵사지 왕궁탑 등 이리 8 경 | 보덕 성지, 월담, 시녀제(侍女堤), 고현리 저 수지 등 |
| 목천포 | 전군 도로상 교통 요로 동양척식회사 수납소 | 익산군 오산면 부속 목천리로 소개 동양척식회사 갑종 이민집단 |
| 오산리 | 후지이 간타로의 소상한 서술 | 후지이 간타로 서술 없음 |
| 대장촌 | 모범농촌, 경편철도, 호소카와 후작, 이마무라의 자운영농법 | 전익수리조합, 대장역, 대장신사의 화려함, 호소카와농장, 이마무라농장 사진 |
| 옥구평야 | 농업유망지로 소개[16] | 생략 |
| 황등 | 요교제, 황등평야 소개 | 임옥수리조합, 요교제, 농장주 가타기리, 달 관산 채석장 |
| 함열 | 일본인 150여 명 동척 이민 10여 호 | 비료왕 오키(多木)농장, 이배원, 김병순 농 장, 동척 이민 12호 49명, 야마구치(山口)정 미소, 전북곡물검사지소 등 |
| 찬조자 | 이완용, 이두황 등 123명 혹은 기관 표시(지 역 조선인 12명) | 찬조자 없음 |
| 이리 장래 소견 | 이리 발전책으로 운하 건설 설파 | 이리 농장주 이리 거주 호소. 이리의 지명 변 경. 거주자의 일치협력 강조, 물 부족 강조 등 매우 비판적임 |
| 특징 | 통계자료는 표를 사용하여 설명 | 통계자료를 문장으로 서술 |

12 『裡里案內』(1915), 3쪽.

13 이리는 중계지로서 유망하고 도매상의 위치로서 가능성이 가장 큰 곳이다.

14 위의 책, 117쪽에 '이리 부근에 집산하는 모든 벼를 제곡하는 것은 도저히 불가능하므로,

## 이리, 도시 사용법

이렇게 보면 '호남의 보고'인 '이리의 안내'라는 주제 아래 쓰인 『이리안내 (裡里案內)』 두 책은 사찬(私撰)인 만큼 야마시타 에이지라는 개인의 눈으로 본 이리관(裡里觀)인 셈인데, 12년간에 걸친 도시형성에 따른 시가지의 전개 양상과 그 세력이 드러나고, 지역발전을 가로막는 부분과 대책 등이 드러나고 있다. 출판과 관련한 광고 등이 출판 당시의 여건을 말해준다면 저자가 소개하는 인물의 면모를 통해 당시의 시대상이 드러나는 특징을 보이고 있다.

야마시타 에이지는 '이 책을 간행하는 주된 뜻은 호남의 보고인 우리 이리를 널리 사회에 소개하고, 그 유망한 사실을 잘 알리는 데 있다. 따라서 이들 기사는 주도면밀하게 주의를 기울여 정확한 통계를 기초로 하였다.'[17] 과장하지 않고 사실에 바탕하고 있다고 썼지만 홍보 성격은 부인할 수 없는 사실이다. 식민과 이민의 도시로 떠오른 '호남의 보고'라 선전되는 이리에서의 활동을 위한 안내서다. 전통 공간으로 조선인보다 일본인이 적은 전주와 선발대의 기반이 공고한 군산보다는 도시의 일본인 인구 비율이 상대적으로 높은 신흥도시 이리의 매력을 선전하는 안내서 정보에 따라 이리에 진출하려는 목적을 가진 후발대의 가치판단이 달라질 것이다. 『이리안내(裡里案內)』

아직 정미업은 확실한 신사업의 하나이다.'라고 표현하고 있다.
15 《朝鮮新聞》取次 역.
16 『裡里案內』(1915) 160쪽에 '옥구평야는 땅이 비옥하고, 교통 또한 편리하여 농사경영지로서 실로 유망한 곳이다. 더구나 남아있는 땅이 아직 충분하고 땅값 또한 비교적 저렴하여 한국의 농사경영에 뜻을 가진 사람은 아마도 이 땅을 입각지로 할 일이다.' 가와사키(川崎)농장 · 모리타니(森谷)농장 · 구스다(楠田)농장 · 시마타니(島谷)농장 등이 9장 농업 면에 소개되어 있다.
17 『이리안내(裡里案內)』(1915), 저자 서문.

는 넘쳐나는 인구와 지역의 농촌문제를 해결하기 위한 일본 본토 내의 일본인 이민을 위한 정보와 네트워크를 위한 안내이기에 문제가 발생할 때 동원할 수 있는 인적자원의 소개를 넘어 네트워크 즉 인맥 쌓기라는 일본인 특유의 모습을 보여준다. 거기다 이 도시를 지배하는 것이 일본인이라는 사실 그리고 선발대에게는 성공에 대한 인정욕구의 반영과 내재적 보상의 의미를 담고 있고 개인으로서는 미래방향에 대한 목표의식, 식민당국으로서는 성과창출 그리고 후발주자들에게는 산업활동과 취업의 기회를 설명해 준다. 이 책은 치적 홍보 위주이기에 법규 같은 법적 효력에 관한 문서들이 없다. 예를 들면 도시의 의결과 집행기관인 번영조합에 관한 구체적이고 법률적 근거가 없는 것은 편찬자의 법률적 지식의 부족 혹은 이 책을 소비하거나 향수하는 사람 위주로 지어진 서적이기 때문일 것이다.

## 2) 관찬 지방지와 회고록

기하라 히사시(木原 壽)가 편찬한 『익산군사정(益山郡事情)』(1928)은 1920년대 전라북도 익산군의 익산면을 비롯한 18개 읍면에 관한 통계자료를 기록한 군지(郡誌) 성격의 지역 인문지리서적이다. 조선총독부는 1920년대에 지금의 전라북도 익산시에 해당하는 익산군에 대하여 조사하였는데, 당시 조사한 사항으로는 각 읍면의 인구 수, 행정기관, 교육기관, 금융기관, 종교기관, 양곡 생산량 등이 있다. 익산군청 촉탁인 기하라 히사시가 1928년에 그 통계자료를 일목요연하게 정리한 것이다.

이리를 온전히 담은 회고록 『조선주재 36년』의 저자인 오하시 소쿠죠(大橋即淨)는 일련종 승려로 1912년 조선 이리에 파견되어 종교인으로서 또는 경제인으로서 1945년까지 사회활동을 하였다. 패망 후 일본으로 돌아가 1954

년에 회고록을 집필하였다. 1912년 호남선 개통에서부터 1945년 일본의 패망까지 일본 승려 오하시의 종교활동과 경제활동 그리고 1930년대 이후의 사회상을 다룬 회고록[18]으로 이리의 부동산 상황을 비롯하여 전쟁 준비로 인한 군도화(軍都化)[19] 진행상황을 알 수 있다.

### (1) 관찬 지방지, 『익산군사정(益山郡事情)』(1928)

책의 표제는 세로글씨 한문 인쇄체로 '익산군사정(益山郡事情)'이라 되어 있다. 책의 내용은 일본어로 쓰였으며 삽화와 지도가 수록되어 있다. 쇼와 3년(1928) 12월 26일에 인쇄 납본을 하고 12월 29일에 발행하였다. 발행소는 전라북도 익산군청이고 255쪽 비매품으로 경성부 조선인쇄주식회사에서 인쇄하였다.[20] 책의 앞부분에는 추천사와 머리말, 편찬에 도움을 준 사람에 대한 감사인사, 1926년 쇼와(昭和) 일왕의 등극과 관련하여 지방 사찬(賜饌)에 참석한 사람들의 명단 등이 적혀 있다.

편자 서문 바로 뒤에 협찬한 49명의 유지들의 이름이 나오는데 이리와 익

---

18 1945년 일본으로 귀국하여 규슈 구마모토현으로 귀농하였다. 오하시는 1954년(70세) 병상에서 회고록『駐鮮三十六ケ年』을 탈고한다. 1955년 71세의 일기로 입적하였는데 이 회고록은 그의 3남인 오하시 구니마사(大橋邦正)가 보강하여 1987년 일본에서 같은 이름의 활자본을 발간한 것을 종걸 스님이 발굴하였다. 手稿本(1954)과 大橋卽淨 저, 오하시 구니마사(大橋邦正)편, 일본에서 출판된 〈株〉印刷局朝陽會 인쇄, 1987년 비매품으로 출판된 것을 2020년 양은용이 번역하였다. 표제는『조선주재 36년』으로 삽화와 사진이 들어 있고 뒷부분에 수고본과 영인본을 포함 269쪽으로 출간되었다.
19 '軍都化'는 오하시 소쿠죠의 표현을 따르기로 한다. 원래 軍都는 군항이나 병영시설을 중심으로 발전한 도시 즉 계룡이나 진해, 송탄, 의정부 등 군사적인 기능을 갖는 도시를 말하는데, 오하시는 '이리가 점차 군사도시화 되어 간다.'라는 의미로 사용하였다.
20 현재 국립중앙도서관과 원광대학교 도서관에 영인본이 소장되어 있다. 국립중앙도서관 홈페이지에서는 전자책으로 열람이 가능하다.

산지역을 움직이는 힘은 여전히 농장주로 대표되는 지역유지에게 있음을 보여주고 있다. 첫 번째가 조선의 비료왕 오키 구메지로(多木久米次郎)이고 뒤를 이어 대장촌의 농장주 이마무라 이치지로(今村一次郎)가 나오는데 이마무라의 양복을 입은 커다란 프로필 사진이 한 페이지를 차지하고 있다. 그리고 황등의 농장주 가타기리 가주죠(片桐和三) 등이 뒤를 잇는다. 49명의 협찬자 가운데 일본인이 43명인데 반해 한국인은 6명뿐인데 이는 마치 도시의 권력 순위로 느껴진다. 다음에 익산군내 사찬(賜饌) 참여자 유지 포함 모두 117명이 등장하는데 거대 농장주들의 협찬과 농장의 규모에 따른 순서로 보인다. 다음으로 농장의 지배인과 이사들이 이사들의 소개에 이어 정미소와 양조업 청부업자들이 뒤를 잇고 있다. 농장주 파트와 소방조 파트에서도 유지들은 여러 차례 이름을 올리고 있다. 지역의 소방조의 반두(班頭)로 공적인 이름을 올리는 것은 그 지역 유지의 정점에 있음을 시사하는 것이다.

이타이 신조가 이름을 올리고 황등에 가타기리가 등재된 것은 이민 1세대가 저물고 보다 젊은 세대들이 이리지역의 주역으로 성장했음을 보여준다. 책의 내용은 익산군의 역대 군수와 군청 직원, 위치, 익산군의 연혁, 지세, 기후, 교육시설, 종교시설, 인구, 농업·임업·공업·상업, 교통, 재정, 토지 면적, 그리고 전라북도의 현황과 우리나라 주요 도시 인구표까지 수록되어 있다. 대부록으로 편성된 익산군 내 18개 면(익산면, 오산면, 북일면, 황등면, 함라면, 웅포면, 성당면, 용안면, 함열면, 낭산면, 망성면, 황화면, 여산면, 금마면, 왕궁면, 춘포면, 팔봉면, 삼기면 등) 부분의 설명은 각각의 형세에 대한 정보를 보여준다. 구체적으로 인구, 도로, 학교, 금융기관, 서당, 관공서, 토지, 종교기관, 양곡 종류 및 생산량, 행정기관, 출생표 및 사망표 등에 관한 통계 내용이 주를 이룬다. 통계 내용 이전에는 지도를 기준으로 각 읍면에 설치된 면사무소, 경찰 주재소, 공립 보통학교, 도로, 우체국, 사찰, 시장, 하천 등의 위치를 설명한다.

이 책은 명승지를 제외하고는 철저하게 마치 연감(年鑑)적 성격인 통계 위주로 편집되어 있는데 편자 기하라 히사시가정리한 책 속에 '모두통계표로, 혹은 무미건조하여 보기에 어려운 점이없지 않을 것이다.' 라고 코멘트하고 있다. 이는 관의 통제가 강했음을 스스로 드러낸 것으로 해석된다. 철저히 주관을 배제하고 통계자료에 충실한 이 책은 1920년대 익산 지역에서 진행되던 도시화의 면모를 각 면에 통계자료를 보조할 책임자를 두고 총체적으로 그리고 있다. 소위 『이리안내(裡里案內)』1915년의 초판과 1927년 재판이 놓치고 있는 이리지역 전체를 볼 수 있는 중요한 역사적 자료를 제공한다. 이 책을 작성함에 있어 객관성을 담보하기 위한 통계주임 명부를 밝히는데, 주로 면사무소의 조선사람이 맡았다. 또 당시 수리조합을 창설하고 대아댐과 대간선수로를 개설한 후지이 간타로(藤井寬太郞)[21]가 서문을 썼는데 '오산 농부(鰲山[22]農夫)'라 표현하는 그는 책에 표기된 대로 단순한 '농부'가 아니었다. 그는 일명 '조선의 수리왕(水利王)'으로 불리기도 하였으나, 조선의 입장에서 그는 한국 토지침탈의 주역이었다.

---

21 이규수, 「20세기 초 일본인 농업이민의 한국이주」,『대동문화연구』 43, (2003)에 의하면 1915년 전후 후지이 간타로의 부의 축적 과정이 서술되어 있다. 관개설비가 충분하지 않은 미간지를 중심으로 토지를 집적했기 때문에 농사 개량보다는 수리사업을 중심으로 하는 토지개량에 관심이 많아 매년 관개구역 내의 토지에 조합비를 부과하여 상환하고 그 일부는 경영비에 충당하기로 하여 수리조합의 몽리구역에 가지고 있던 토지의 수확량이 증가함으로써 막대한 이득을 얻을 수 있었다. 不二興業會社의 사장으로 영업종목은 농장개간·부동산신탁업·쌀 수출업 이외에도 불이농촌으로 대표되는 이민사업 등이다.

22 익산면 오산리를 말한다. 일본인들의 한자 간소화로 현재는 '五山'으로 표기하는데, 전라북도 익산시 오산면으로 식민지 시절 不二농장과 농척이민촌이 자리했고 2021년 현재도 '동척길'이라는 안내판이 붙어있는 동네다.

그림19. 도쿠시마(德島) 출신 후지이 간타로는 대아댐을 쌓고 대간선수로를 놓고
불이농촌을 건설했지만 공황과 함께 은행으로부터 퇴출되었다
그림20. 경성에 사는 후지이 간타로에게 배달된 엽서

사방에서 부는 바람을 잠재우는 황화만지(皇化萬地)에 널리 오직 국위를 선양
하는 이때에 천황즉위를 위한 칙전(勅田)의 미곡도 풍요롭게 영글어 기름진 위
에 산들바람이 천대(千代)·팔천대(八千代)를 건너는 가을이 깊어지고 있다. 경
외롭게도 일찍이 없던 성전의례(盛典儀禮)를 거행하게 되는 계절이다.

서문에 보이는 시대적 상황으로 새로운 일왕 쇼와(昭和)시대의 출범을 알
리고 있다. 과거 『이리안내(裡里案內)』가 이리지역 자체의 통계를 보여주었
다면, 1928년에 간행된 『익산군사정(益山郡事情)』의 특이한 점은 전라북도 내
에서의 위상을 살펴 통계 작성에 이어 '조선 주요도시 인구일람표'를 실었다
는 점이다. 이는 이리가 신생도시로서 안정과 질서유지를 넘어 전국 26위[23]

23 이리는 1927년 조선의 45개 도시 중 26위를 차지할 정도로 인구성장이 나타난다. 제1위
  경성(306,363인), 2위 평양(109,285인), 3위 부산(106,323인), 4위 대구(77,263인), 5위 인
  천 (53,741인), 10위 목포(27,521인), 12위 군산(23,071인), 15위 전주(21,851인), 22위 대

인구를 자랑하는 자신감의 표현이었다.


## (2) 식민지 종교의 침투와 『조선주재 36년(駐鮮三十六ヶ年)』

오하시는 일제강점기의 전 기간을 익산에서 포교활동한 승려로, 이리 최초의 일련종사립 이리보통학교(日蓮宗私立裡里普通學校, 현 이리초등학교 전신)를 설립하고 행정·교육·금융 등 여러 방면에서 활동하던 인물인데, 이 책은 그가 1954년에 집필한 회고록으로 원제목은 『駐鮮三十六ヶ年』이다. 『조선주재 36년』은 1912년 이리지역으로 파견상황부터 교육과 종교활동, 경제와 후방 전쟁 비호활동으로 1935년 조선사

그림21. 오하시 소쿠죠가 간행한 필사본 『조선주재 36년』

단(朝鮮師團) 추계연습 시 군대환영위원 활동과 징용에 대한 활동 등은 눈여겨 볼 필요가 있다. 1945년 11월 29일 귀국선에 승선하기까지의 과정은 해방 전후 사정을 탐색할 수 있는 사료적 가치가 매우 높은 소중한 자료다. 1915년판 『이리안내』의 일련종포교소 현 주임 오하시의 평가는 다음과 같다.

> 오하시 군은 현대 종교가에 진력을 다하고, 기개심이 있는 사람으로 부지를 매수하고, 포교소 건립 등 신도의 가사에 기탁하지 않고, 자비를 들여서 완성시킨 것이다. 또한 노력하여 조선어를 공부하여, 조선인을 대상으로 성공적으로 포교하는 동시에, 한쪽에서는 기근의 인가를 받아 사립보통학교를 세워 주로 조선인 아동의 교육에 진력하였다. 현재 이리공립보통학교의 전신이 바로

───

전(15,904인), 그리고 제26위 이리(14,735인) 순이다.

그것으로, 裡里靑年會[24]가 조직된 것도 역시 그가 노력한 결과이다.[25]

1927년판 『이리안내(裡里案內)』에는 일련종은 101명의 남자 신도와 98명의 여신도가 있다고 기록되어 있다. 1935년 조선총독부에서 간행한 『조선공로자명감(朝鮮功勞者銘鑑)』(1935)[26]에는 오하시에 대한 25년간의 이리에서의 종교인, 경영인 또 사회활동가로서의 공적 평가가 실려있는데 반도 종교계의 탁월한 인물이라면서 전라북도 이리 일련종 영국사 주지 오하시를 서술하고 있다.

그는 이리무진(裡里無盡)주식회사의 창립을 도모했다. 1932(쇼와 7)년, 목적을 이루어 전무대표이사 사장에 취임하여 이것으로 절을 경제적으로 檀信徒로부터 독립시켜 호법전도의 이상에 약진하고 있다. 그 사이에 영국사 본당, 창고 개축과 기타 시설에 사비를 합쳐서 1만 원을 투자하여 재향군인회관 겸 공회당 건설에 참여하고, 마을 總代, 진흥실행회장, 재향군인분회 평의원 등으로, 공직을 위해 헌신한 것도 매우 많아서 일련종 管長 4회, 이리읍장 1회, 이리재향군인분회 표창을 받은 적도 있고, 心田개발 行者로서 開敎에 새로운 분야를 개척한 사람으로서, 그의 공적은 위대하다.[27]

24 1925년 4월 11일 사회주의 활동가 임종환이 조직한 '이리청년회'와는 전혀 다른 성격의 별개 조직이다.
25 『이리안내(裡里案內)』(1915), 52쪽.
26 1935년에 조선총독부에서 1910년~1935년 사이 식민통치에 협력한 사업가, 종교인, 교육자 및 언론인, 고위관료 등 민관 공로 인물들을 직접 선정, 일본인 2,560명과 조선인 353명 등 모두 2,913명의 친일 행적이 기록되어 있다.
27 『朝鮮功勞者銘鑑』 681쪽에는 오하시 소쿠죠의 공적과 사진이 한 페이지 정도의 분량으로 실려 있다.

3개의 장으로 구성된 책의 앞부분에는 저자 서문과 찬사(讚辭)에 이어 조선에서의 한국어 습득과정의 생활을 담고 있다. 이어 종교인의 생활과 자녀들의 죽음에 이르는 가족관계 그리고 언론 발표 글 모음으로 구성되었다. 책의 내용을 살펴보면 오하시는 영국사라는 사찰을 열고 이리공립보통학교 전신인 종립보통학교를 설립했다. 부동산 구입과정과 대금업에 뛰어들어 시민들 사이에 성행하고 있던 뇌모자강(賴母子講)에 가입하여 총대(總代)로, 때로는 간사로, 일본식 '계(契)'의 시대를 열고 1928년 계 파산 문제를 해결한다. 또한 1932년 이리무진(無盡)주식회사를 설립하는 소도시의 경제적 상황을 보여주는 한편, 대동아전쟁 당시 이를 지지하는 국민운동으로 민간인의 활약과 일본으로 인양되기까지의 자세한 상황을 담고 있다.

## 2. 이리 바깥에서 본 이리

　이리연구에서 가장 중요한 텍스트는 위에서 살펴본 이리에서 발행된 두 권의『이리안내(裡里案內)』와『익산군사정(益山郡事情)』그리고 회고록『駐鮮三十六ケ年』이다. 그러나 위 저작물의 객관성을 담보하기 위해 이리 관외에서 발간한 책들을 함께 분석하여 교차 검증을 진행할 필요가 있다. 더불어 도시 형성의 이면을 살펴보기 위해 당대 발간한 신문 검색의 방법 속 '이리'라는 키워드를 넣고 참고자료로 살피는데 1920년도 이전 기사는《대한매일신보》와《군산일보》를 살펴보고 1920년도에서 1940년도의 기사는《동아일보》를 중심으로 하되《경성일보》도 참조하고 1940년대 이후는《매일신보》등의 신문 기사를 참조하였다. 이밖에도「관보」, 공문서의 경우 국가기록원에서 소장 중인 행정구역 관련 자료, 통계자료, 조사보고 자료, 회의록 등을 참고하였다.

### 1) 전라북도 관련 도서

　이리 관련 일본인들이 간행한 보조저작물로서『전라북도요람(全羅北道要覽)』(1913),『전라북도안내(全羅北道案內)』(1914),『전라북도발전사(全羅北道發展史)』(1928) 등을 들여다 보고자 한다. 주로 전라북도청에서 신문사에 용역을 주어 출판한 책으로 다른 저작들과 통계의 차이는 대동소이하고 각 지역

그림22. 1932년 간행된 익산군지 인쇄판(사진 왼쪽), 붉은 줄로 엑스 자가 그려진 부분은 조선총독부가 검열하여 다시 작성하게 한 익산군지 제출본이다.(사진 오른쪽)

유지들의 인물평이 실려 있다.

조선인이 편찬한 책으로는 1932년 익산군청에서 오직 한문으로만 인쇄된 판형으로 『익산군지(益山郡誌)』[28]를 출간하였는데 익산군의 지리, 연혁, 인물, 풍속, 토지, 건물 등에 관한 사항을 기록하고 있다. 또한 『조선위생요람(朝鮮衛生要覽)』(1929), 『전북지위생(全北之衛生)』(1932)을 비롯해 이리 관련 통계와 자료가 보이는 책자는 아래와 같다.

(1) 『군산이사청 관내상황(群山理事廳 官內狀況)』

1905년에 보고된 『군산이사청 관내상황(群山理事廳 官內狀況)』[29]은 일본 목

---

28 益山邑誌重刊事務所. 1932년에 신연활자본으로 간행한 5권 2책 완질본으로 『익산군지』의 편집 겸 발행인 소기영(蘇祈永)이 서문을 썼다. 이밖에 정희석(鄭熙碩), 최정용(崔正容)의 서문과 정희면(鄭熙冕), 남궁욱(南宮煜), 김용철(金容喆), 강기형(姜基馨)의 발문과 권5의 뒷부분으로는 군지 편찬에 관여한 80여 명 임원 명단이 실려 있다.

29 『강제병합 이전의 전라북도 및 군산지역 상황』, 전북연구원, 2020.

포영사관 군산 분관이 작성하여 외무대신에게 보고한 자료이다. 일제가 군산지역을 수탈하기 위하여 군산 개항 이후 경제상황을 상세히 파악한 자료로 군산의 지세와 의식주, 무역, 사업, 시장, 금융, 교통, 교육, 종교, 공동단체 등 많은 현황을 망라하고 있다. 특별히 군산과 이웃한 이리에 대해 민가의 호수가 100호에 700여 명이 사는 촌민이 부유한 마을로 표현하고 있다.

### (2) 『전라북도안내』

《전북일일신문사(全北日日新聞社)》에서 발행한 『전라북도안내(全羅北道案內)』는 1914년 11월 17일에 열린 제1회 전라북도물산공진회에 맞추어 전라북도의 산업과 물산을 홍보하기 위해 기획 제작된 도서이다. 전반부에는 행정시스템, 후반부에는 각 군별 산업에 대해 소개하고 있다. 전라북도장관 이두황(李斗璜)[30]을 비롯하여 각 군의 간단한 연혁에 이어 산업 중 주로 농업 관련 정보가 많고 통계표가 잘 되어 있다. 당시 관료들의 사진을 많이 게시하고 있으며 협찬 광고가 많은 것으로 보아 취재한 자료보다는 의뢰한 정보를 제공한 기사를 실어주는 편집이 읽힌다. 제1회 전라북도물산공진회는 일종의 전북 '엑스포'로 '조선 각 도와 일본 각 부 현을 비롯하여 북해도, 대만, 만주 등에서 상품 수천 점이 출품되었다.'라고 홍보하고 있다. 편집 겸 발행인은 전라북도 전주 다가동의 모리나가 신조(守永新三)로 정가는 1원이고 인쇄

---

30 이두황(李斗璜, 1858-1916)은 조선과 대한제국의 무신이자 군인으로 한일합방조약 직후 전라북도 도장관이 되었다. 을미사변 당시 도성 훈련대 제2대 대장으로 있었으며, 명성황후 암살의 조선인 고위 협력자 중의 한 사람으로 대한제국기에는 전라북도 관찰사를 거쳐 동학농민운동 당시 내포, 신창, 해미, 전주, 공주 우금치 등에서 동학 농민군과 교전하였다. 2007년 대한민국 친일반민족행위진상규명위원회가 발표한 친일반민족행위 195인 명단에 들어 있다.

는 시모노세키(下關) 쥰보사(舜報社)로 되어 있다. 마지막에는 협찬자가 들어 있고 광고 페이지에서 사진과 주소 그리고 관련자 성명이 있다.

특이한 점은 토지매매가격표에 지역별, 상중하로 나누어 지세와 매매가격이 나타나 있다. 산업을 상업 및 교통업, 공무 및 자유업, 농업, 목축, 임업, 제조업, 어업, 광업 및 공업 기타로 나누고 남녀별 직업과 무직으로 나누었다. 각 군별 참사(慘事)로 조선인이 몇 있지만 거의 일본인 관료와 일본인 기관과 업체로만 되어 있으며 금산군(錦山郡)[31]이 전라북도로 표현되어 있다. '구이리에 자산가가 많고 신이리에는 상인이 많다.'라고 표현하고 있다. 부록으로 제1회 전라북도물산공진회에 출품된 물품에 대한 정보가 실려 있다.

### 황등 석산 소개

익산군 소개 끝부분에 '이리의 과거 현재 미래' 란에, '이리는 과거 군산과 전주 중앙에 위치하여 지방의 숙역(宿驛) 전군도로 개통에 이어 호남선과 군산지선의 분기점으로 내지인의 이주가 많아 천여 명을 넘는다.'라고 소개하고 있다. 소위 전주평야 중앙에 위치한 관계로 부의 원료가 풍부하고 교통편이 좋은데 노임은 저렴하고 위치가 좋고 유망한 상업지와 공업지라면서 장래 매우 희망적인 곳으로 표현하고 있다.

황등에 자리한 가타기리(片桐)농장을 자세히 서술하는데, '황등 석산 채굴로 전북의 명산이며 임익수리조합을 완성하여 미질과 수확이 증가했으며 은배·금배를 수상하고 연초 경작이 유망하여 내지인 50여 명이 함께하고 있

---

31  1914년 3월 1일 진산군이 금산군에 통합되었다. 그후 1962년 12월 12일 도, 군, 구의 관할구역 변경에 관한 법률(법률 제 1172호)에 의한 행정구역 개편에 따라 전라북도에서 충청남도로 편입되었다.

그림23. 달관산의 석재 채취 현장.
황등석은 최고의 화강암으로 조선총독부, 고려대학교, 전동성당 등에 사용되었다.
처음에 청나라 사람이 개발했지만 가타기리가 인수하였다.
2024년 현재 땅속 100m 이상 파들어 간 상태다.

다'고 밝히고 있다. 다음으로 토목청부업자들에 대한 홍보가 많고 이리의 화
성농장 전신인 백남신농장이 전주 편에 크게 소개되어 있다. 소작인 7천여
명에 사음(舍音) 70여 명, '전주진위대장과 내선융화에 힘쓰고 군인후원회에
기부하고 있다'고 서술하고 있으니 친일의 구체적 증거라 하겠다.

전북경편철도주식회사에 3쪽을 할애하고 있는데 의외로 이리 익산지역의
유지인 후지이 간타로나 호소카와농장, 오하시농장에 대한 정보가 보이지
않음은 매우 특이한 일이 아닐 수 없다.[32] 사진 화보가 많은데, 호남선 제2노
령구간 터널에 이어 기준성·보덕성지·미륵사지·왕궁탑·쌍릉·석물·인석·

---

32 협찬이나 찬조금 문제 혹은 정보제공을 하지 않았을 수가 있고 조선총독부의 입장 속에
서 유지들을 견제하는 의도가 있을 수 있다.

사자암 등 익산지역 명승고적을 많이 삽입한 것으로 보아 이리지역의 언론인 다나카 도미지로의 저술로 판단된다.

### (3) 『전라북도요람(全羅北道要覽)』

1927년 전라북도에서 편찬한 『전라북도요람』은 통계자료집 형태를 취하고 있다. 제1장 연혁, 제2장 지지, 제3장 교통, 제4장 통신 및 전기, 제5장 지방행정, 제6장 사회사업 및 지방개량, 제7장 교육, 제8장 종교 및 형사, 제9장 재정 급 금융, 제10장 농업, 제11장 상업, 제12장 공업, 제13장 무역, 제14장 림업, 제15장 광업, 제16장 수산, 제17장 경찰, 제18장 위생을 다루고 있다. 1927년 이리지역 인구로 일본인 936호에 4,004명, 조선인 1,128호에 5,371명, 총인구는 9,509명으로 기록하고 있다.[33] 임익수리조합과 전익수리조합 자료와 이리공립농림학교 자료를 볼 수 있다.

### (4) 『조선의 보고 전라북도발전사(朝鮮の寶庫 全羅北道發展史)』

1928년에 발간된 『조선의 보고 전라북도발전사, 일명 전북안내』는 우즈키하츠사부로가 저술하여 익산군 익산면 이리 500번지, 인쇄인 야마우치 아키라(山內 哲)로 이리에 자리한 문화상회(文化商會)에서 발간하였는데, 473쪽으로 정가는 5원이다.

익산군과 이리를 따로 분리해서 서술하고 있으며 익옥수리조합과 임익수리조합의 사업에 대해 설명하는데, 이리 익산지역의 실업가들의 위상을 편찬자의 서술과 광고를 통해 확인할 수 있다. 또한 고산천 상류의 대아댐 사진을 게재하고 익옥수리조합의 사업에 대해 상세하게 서술하면서 동산리에

---

33 『全羅北道要覽』, 14쪽.

서 목천포로 흘러가는 수로 등을 무려 10쪽을 할애하여 자세하게 설명하고 있다. 임익수리조합 부분에서는 후지이 간타로의 역할과 이마무라의 '자운영 재배농법'에 대해서도 기술하고 있다.

철도교차점인 '이리는 한촌이었는데 욱일승천(旭日昇天)의 세를 보여준다'[34]라면서 이리를 호남지방의 상공업의 중심지로 표현하고 있다. 동척(東拓)이리지점과 화성(華星)농장, 우곤(右近)상사주식회사남선출장소, 주식회사 오하시농장, 대장촌의 호소카와농장과 다사카 사사부로(田坂佐三郎), 황등의 가타기리(片桐)농장과 전북축산주식회사, 함라면의 김병순(金炳順) 등이 소개되고 있다. 이리통송합자회사, 삼남은행이리지점, 『이리안내』 1927년 판을 인쇄한 문화상회의 야마우치 아키라(山內哲), 이리금융조합, 식산은행이리지점, 이리 천성당의원 등이 나타난다. 이리지역 기자가 글을 쓰고 사진자료를 활용하였으며 인쇄소 또한 이리였으니 이리지역에 대한 평가가 후한 편이다.

## (5) 『전라북도 산업사』

『전라북도 산업사』[35]는 1930년에 이리에 소재한 출판사인 朝鮮之産業社에서 비매품으로 발행한 책이다. 발행 겸 편집인은 우즈키 하츠사부로로 전라북도의 산업을 농업, 축산업, 임업, 수산업으로 구분했으며 공업은 거의 다루지 않았다. 마지막에는 전라북도 산업계의 공로자와 경영자를 소개하고 있다.

---

34 『朝鮮の寶庫 全羅北道發展史, 一名 全北案內』(1928), 43쪽의 내용은 「전라도 북부상황(全羅道北部狀況)」(1900)에서 보여준 부유한 이리와는 완전히 다른 편견으로 가득 차 있다.
35 宇津木初三郎, 合資會社 朝鮮之産業社(益山), 1930.

## (6) 이리 각 기관의 위상이 드러난 『전북안내(全北案內)』

1933년에 발간된 『전북안내』[36]에서는 이리지역을 익산군 파트로 묶어 약 15쪽 분량을 할애하고 있다. 이리읍이 표기되어 있으며, 익산군의 연혁, 지세, 인구, 토지면적, 교육, 농업, 잠업, 축산, 상공업 명승고적[37]을 서술하였다. 리동표(里洞表)의 이리읍의 지명은 혼쵸(本町), 아사히쵸(旭町) 등 쵸(町)으로 되어 있다.

이 책에는 명승고적, 관공서, 은행, 회사명 및 대표자 명단, 익산군청과 이리읍사무소, 이리경찰서에 이어 (주)동척 이리지점, (주)우곤(右近)상사, 오키(多木)농장, 호소카와(細川)농장, (주)불이(不二)흥업전북농장, (주)오하시(大橋)농장으로 표현하는데 거대농장들이 주식회사로 전환되었음을 알 수 있다. 사나다(眞田)농장, 이마무라(今村)농장, 가타기리(片桐)농장, 이타이(板井)농장에 이어 전북축산주식회사, 함열의 김병순, 이배원 농장 그리고 이리학교조합과 각급 학교조합에 이어 학교 순으로 계속된다. 이어서 면사무소, 수리조합, 리리신사(裡里神社)에 이어 각급 출장소와 우편국과 우편소, 각급 주재소 순으로 되어 있다. 인구수 정보를 제외하면 각급기관의 대표와 위상 정도를 알 수 있는 책이다. 잠업(蠶業) 부문에서 가격하락으로 인한 부진한 상황을 보여준다는 부분이 눈에 띈다.

---

36 《全北日報社》 발행, 1933. 262쪽. 비매품.
37 명승고적 항목이 두 차례 편집되어 있다. 첫 부분에는 腰橋堤(황등호수)를 싣고, 둘째 부분에는 彌勒塔 등을 실었다. 편집 실수로 보인다.

## 2) 지도와 사진엽서에 보이는 근대 이리의 표상

지도는 공간의 배치를 의미체계로 해석하고 공간을 매개로 사회현상을 설명할 수 있다. 이리(익산)지역을 다룬 최초의 지도개황은 『신증동국여지승람(新增東國輿地勝覽)』(1530)을 통해 [그림 24][38]와 같이 확인할 수 있다. 북서쪽으로 금강이 표현되어 있고 오늘의 익산시를 이룬 곳에 함열, 용안, 여산, 익산 아래로 전주에 이어지는 만경강이 표현되어 있다. 또한 익산의 중심이었던 금마(金馬)의 진산으로 용화산이 표기되어 있다. 미륵산 아래 자리한 금마는 옛 마한(馬韓)의 도읍지이자 백제의 왕도 터전이었다. 용화산과 미륵산을 중심으로 오른쪽으로는 부상천(扶桑川)과 왼쪽으로는 옥룡천(玉龍川)을 두고 넓은 평야를 끼고 있는 천혜의 땅이므로 넓고 풍요로웠던 이 땅이 백제 무왕 때 수도로 기능하게 된 것으로 보인다. 1899년 군산개항에 이어 1908년 전군가도(全群街道)가 열리기 전까지 금마는 전주와 강경 사이에 가장 크고

그림24. 이리지역의 개황도,
『新增東國輿地勝覽』(1530)에는 함열, 용안, 여산, 익산(금마) 아래로 전주에 이어지는
만경강과 북서쪽으로 금강이 표현되어 있다. 익산의 진산으로 용화산(미륵산)이 표기되어 있다.

---

38 李荇 외, 『新增東國輿地勝覽』권 33, 益山.

번성한 익산의 중심이었다. 함열(咸悅)도 구익산의 중요한 근거지였다.

조선시대에는 금강 연안의 여산 나암창과 후일 성당창이 있어 이곳의 곡식을 경창(京倉)으로 운반했다. 함열은 이 금강 줄기를 타고 새로운 문명이 들어서는 입구의 역할을 했다. 망성면의 나바위성당과 성당면의 두동교회는 의미있는 종교유적이고 함라 삼부잣집은 농업유산의 풍요를 나타내는 역사자원이다.

조선후기 정조대인 1789년 발행된『호구총수(戶口總數)』에 '이리'가 지명으로 처음 등장하는데 '남일면 이리(南一面 裏里)'로 나타난다.[39] 1872년 전주부 지방지도에서도 남일면에 이리가 표기되어 있는 것을 확인할 수 있다. 그리고 1897년 간행된『구한말한반도지형도』에 '이리(裡里)'가 지명으로 표기된다. 만경강 주위 속 마을 내지는 안 마을을 나타내는 '솝리'의 다른 이름을 한자로 표기한 것이다. 이리는 1895년 전주군 남일면에 속했으나 1906년 익산군으로 귀속되었다. 1912년 3월 6일에는 호남선 개통과 함께 지금의 자리에 이리역이 개설되면서 독립된 행정구역으로서의 이리의 역사가 시작된다. 1914년 일본에 의해 행정구역이 개편되면서 익산군은 북으로는 용안, 여산, 함열까지 포괄하게 되었고, 1917년 전주, 정읍과 함께 지정면(指定面)이 되었다.

구이리(혹은 원이리)는 이리역 중심의 중앙동에서 동남향으로 1km 거리에 있는 곳으로 전주-삼례에서 개항장 군산에 이르는 중간지점이다. 이곳은 본래 전주와 군산을 오가는 보부상과 상인들이 잠시 머무는 곳이었는데, 1899년 군산 개항 이후 점차 더 많은 객주와 보부상들이 이곳을 다니면서 시장이

---

39 속을 뜻하는 '솝'마을 솝리가, '솝리'라고 불리던 것이 한자 지명인 이리(裡里)로 정착된 것으로 보인다. '갈대가 솝 같다'는 '(노화십리)蘆花十里'라는 표현은 민간어원설로 판단된다.

더욱 커졌다. 이곳이 바로 솜리시장, 과거 이리시장 혹은 구시장으로 불렸던 지금의 남부시장이다.

## (1) 지도로 본 근대 이리의 표상

일본인이 제작한 지도의 중요성은 일본 제국주의가 조선을 구체적으로 지배하기 위한 중요한 데이터로서 그리고 활용의 강력한 수단으로 기능함은 주지의 사실이다. 일본은 동아시아 침략 준비의 하나로 조선의 각종 정보를 확보하기 위해 주도면밀한 계획에 따라 조선국토의 정탐을 진행하였다. 일본의 참모본부(參謀本部)[40]는 조선을 식민지로 삼기 위한 사전작업으로 조선 지리정보의 파악을 주도했다.

일제강점기에 발간된 이리지역 관련 지도를 들여다보면 호남선 철도건설과 수로와 요교호(腰橋湖)의 유무와 만경강의 곡선과 직강(直江) 여부, 저수지와 수리조합 관개(灌漑)지의 구분을 통해 제작연도를 유추해 볼 수 있다. 또한 이리의 각 기관의 설립 역시 확인할 수 있다. 지금까지 확인된 일제강점기 이리시내 지도는 10여 종이 있는데 조선총독부에서 공식 발행한 1917년판 이리지도[41]는 철도와 수로와 만경강 구강(舊江) 표기 등 유용하게 검토할 부분이 많다. 조선총독부의 1935년 「이리지도」에는 당시 일본인이 대거 거주하던 이리의 지명이 일본식으로 나타난다.[42] 히노데쵸(日出町), 도도로

---

40 1871년 7월부터 1945년 11월 30일까지 있었던 일본 제국 육군의 참모 본부 기관이다. 1875년에 제작된 아세아동부여지도(亞細亞東部輿地圖)에 이어 1876년 일본 육군참모국은 조선전도(朝鮮全圖)를 제작했다.
41 국토지리정보원 소장으로 일제강점기 조선총독부 육지측량부가 제작한 지도이다. 측량은 1916년에 이루어졌고 지도가 발단된 시기로 1917년판, 1919년판도 있다.
42 일제의 정(町)이름이 1933년 12월 1일 시행됨에 따라 붙여진 것이다.

기쵸(轟町), 사카에쵸(榮町), 쇼와쵸(昭和町), 사쿠라쵸(櫻町), 센카쵸(仙花町), 메이지쵸(明治町), 다이쇼쵸(大正町), 코토부키쵸(壽町), 기누쵸(羅町), 쿄쵸(京町), 아사히쵸(旭町), 혼쵸(本町) 등으로 명명되어 확인된다. 『익산군사정』(1928)에는 익산군의 지도와 함께 각 장별로 익산군내 각 면을 약도 형태로 표기하고 있다.

　본 연구에서는 10여 장 넘는 지도 가운데 조선총독부 발행 지도 2장과 익산군청 발행 지도와 전북일보사에서 발행한 지도 그리고 1934년 축산경진대회에서의 실용지도와 특별히 일제강점기 이리에서 살던 일본인 타무라토시코(田村敏子)가 근래에 익산시에 돌아와서 1940년대의 기억으로 작성한 손 지도(手記地圖)를 통해 현재 익산시 원도심의 역사와 변화 과정도 들여다볼 것이다.

[표 8] 이리 익산의 지도 일람

| 제판년도 | 축적 | 측정, 수정과 발행 | 특징 및 시사점 |
|---|---|---|---|
| 1913년 익산 |  | 조선총독부 육지측량부 | 아직 철도 표기가 없다. 동과 리 표기 뒤에 일본어로 표기하고 있다. |
| 1917년 이리 | 1:10,000 | 조선총독부 육지측량부 | 역 뒤편 수영장 같은 증기기관차 물탱크, 헌병분대 등이 표현되어 있고 경편철도 이설 전 노선 표기이다. |
| 1921년 이리 | 1:50,000 |  | 1916년 축도 1921년 수정. 황등호를 비롯한 물길과 철길이 표현되어 있다. |
| 1925년 이리 | 1:20,000 | 전북일보사 | 전라북도를 5만분의 1 지도로 표기하고 전주, 이리, 군산을 따로 2만분의 1 지도로 표기. 이리역을 중심으로 격자형 도로에 농림학교, 이리신사, 내무국토목출장소, 동척이리지점, 식산은행이리지점, 도수장과 격리병사, 전주 이리 경전철 노선이 정거장 앞쪽에 표기되어 있다. |
| 1928년 익산 |  | 익산군청 | 만경강이 서쪽, 금강이 동북쪽에 위치하고 호남선 철도가 횡으로 표현되어 있다. |
| 1931년 이리 | 1:10,000 | 조선총독부 육지측량부 | 이리읍 표기. 익산군 오산면의 익옥수리조합 관개지 신기마을 단지가 그림으로 나타나 있다. |

| | | | |
|---|---|---|---|
| 1934년 이리시가 | 수기지도 | 축산공진회 | 축산공진회장 안내 약도로 주요 여관 및 요정, 읍립병원, 오하시농장 겸 파출소, 일본인 여관과 조선인 여관 따로 표기되어 있다. |
| 1935년 이리 | 1:20,000 | 동 아 일 보 사 특선 | 조선도별 현세 지도. 상업은행 이리지점 표기, 정(町)으로 표기되어 있다. |
| 1935년 이리 | 1:50,000 | | 수로와 수리조합 상황이 자세하다. 요교호(황등호)를 '임익수리조합저수지'라고 크게 표현하고 있다. |
| 1930년대 이리 | 1:10,000 | | 이리방송국(1938 개국)과 이리비행장이 표기되어 있다. |
| 1940년대 이리시가 | 수기지도 | 田村敏子 | 2008년에 제작한 손 지도. 이리신사를 중심으로 표현하고 있다. |
| 1945년 RIRI | Mile 축적 | U. S. | 「Special Report」에 RIRI로 표기. 미군이 제작한 지도로 도로와 철도, 다리, 역과 읍사무소와 우편국, 헌병대 등이 표기되어 있다. |

가. 1917년 이리지도(大正 5年 測圖, 同 6年 製版, 1:10,000)

1917년 이리지도[43]는 조선총독부 육지측량부에서 발행한 지도로 이리와 구이리를 따로 표기하고 지도 남쪽으로는 임익부수리조합식수로(臨益部水利組合食水路)를 표기하고 있다. 일단 만경강의 곡류가 심하고 '농림학교 방죽'이라는 '시녀제(侍女提)'와 '설래방죽'이라 하는 '금곡제'가 표기되어 있다. 여러 군데의 우물 표기가 많으며, 수월리(水越里)는 한자 표기와 함께 '무네미'라는 가타카나 표기를 하고 있다. 전체적으로 보면 기차역을 중심으로 헌병분대, 우편소, 군청, 이리신사, 오하시(大橋)농장, 사나다(眞田)농장, 화장터, 피병사,[44] 화약고도 보인다. 전주선이라는 표기, 철도관련 시설의 철도관사와 구락부가 표기되어 있다. 이리역 앞 사카에쵸(榮町)를 제외하고는 시내

---

43 朝鮮總督府 제작이다. 육지측량부 인쇄겸 발행자로, 정가 18전(錢)이다. 1916년(大正 5) 측도하여 이듬해인 1917년에 제판하였다.

44 전염병 환자를 격리하고 치료하기 위한 공간으로 염병, 콜레라, 폐창(廢瘡) 등 전염병이 타인에게 전염되지 않도록 인가에서 일정한 거리를 두고 설치되었는데, 이리지도에 서북쪽에 위치한 것으로 보인다.

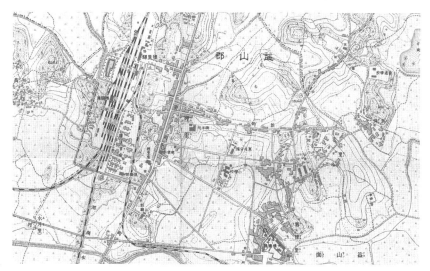

그림25. 1917년 이리지도를 보면 시가지가 이리역 앞과
옛 동이리역 앞에 집중되어 있음을 알 수 있다.

중심은 주로 논밭이다. 이리역 주변으로 이리역 기관고가 표기되고 호남본
선과 군산선 경편철도와 구이리역(동이리역)이 표기되어 있다. 경편철도는
현재 익산시의 익산대로를 가로질러 건설되었음을 알 수 있다. 역 뒤쪽에는
증기기관차를 위한 직사각형에 가까운 거대한 저수조와 이리좌와 정미소가
보인다. 구이리역 주변으로도 건물이 많이 보이는데 농장으로는 유일하게
오하시농장(大橋農場)이 크게 표시되어 있고 가까운 곳에 금융조합이 드러난
다. 조선인이 다니는 학교는 보통학교(현 이리초등학교)로 표기된 반면에 일
본인 학교는 소학교(小學校, 현 이리중앙초등학교)로 표기되어 있다.


　나. 1925년 이리지도(1:20,000, 전북일보사)

　전북일보사에서 제작한 1925년판 이리지도는 이리역을 중심으로 격자형
도로를 볼 수 있다. 주소명이 사카에쵸(榮町), 사쿠라쵸(櫻町), 아사히쵸(旭町)

등 정(町) 표기로 되어 있다. 동양척식회사 이리지점과 식산은행이리지점, 이리금융조합, 내무국토목출장소, 이리농림학교가 들어섰다. 고등여학교는 소학교와 함께 사용하고 있지만 우편소가 우편국으로 승격되었다. 아직 전북경편철도가 과거 노선을 견지하고 있다. 경찰서와 함께 정거장 앞에 경찰 관출장소가 보인다. 격리병사와 도수장 그리고 시장도 보인다.


다. 1928년 익산군지도(익산군청)

1928년 익산군지도는 『익산군사정(益山郡事情)』(1928)에 게재된 지도로 익산군만 표기되어 있다. 수계 중심으로 좌측(서쪽)에 만경강, 우측(동쪽)에 금강이 표기되어 있고 옥구군이 북쪽, 김제군이 서쪽, 논산군이 동쪽으로 표기되어 있는 데다 요교호가 거의 하나의 면 크기로 표현되어 있다. 익산면에는 이리를 비롯하여 남중리·고현리·마동리·동산리 등이 표현되어 있다. 철도노선과 1등도로 등 도로 표기가 상세하다. 고적으로 쌍릉과 미륵탑 그리고 왕궁탑이 보인다. 익산면에는 경찰서와 면사무소, 우편국, 금융조합과 공립농림학교, 공립고등여학교 등이 표기되어 있다. 함열, 황등, 여산 등에도 금융조합이 보인다.


라. 1931년 이리지도

1931년 이리지도[45]는 일찍이 1916년(대정 5)의 측도로, 1931년(昭和 6년) 수정판이다.[46] 이 지도에는 등고선 표기와 도로 표기 군산선과 경전북부선로

45 저작권소유자는 조선총독부, 인쇄 겸 발행자는 육지측량부로 되어 있다.
46 朝鮮總督府 제작, 육지측량부 인쇄 겸 발행. 1916년(대정 5) 측도, 1931년(소화 6) 수정판이므로 [그림25]의 1917년판이 母本으로 보인다.

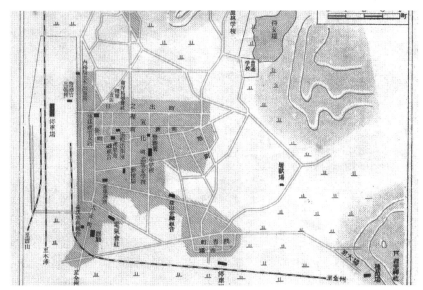

그림26. 1925년 이리지도.
전라선(경편철도) 열차노선이 현재의 익산대로에 위치함을 알 수 있다.

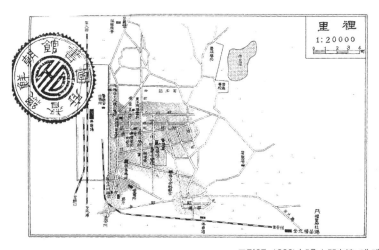

그림27. 1928년 『益山郡事情』에 게재된 지도

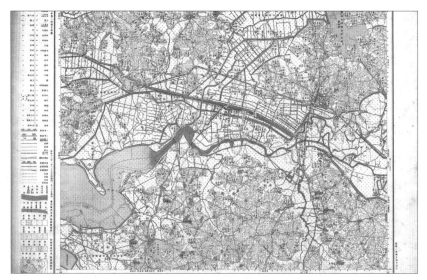
그림28. 1931년 이리지도로 우측상단을 보면 황등호가 사용되고 있음을 알 수 있다.

가 보이는데 '이리읍'이라 표기했다. 오하시농장 아래 시장, 경찰서와 구이리역, 철도관사와 구락부, 변전소와 수리조합, 농림학교와 보통학교, 우편국과 금융조합, 동척지점, 정미소, 양잠장이 드러난다. 아직 이리고등여학교는 일본인소학교 자리에 함께한다. 이리 서부지역의 연탄공장과 농사시험장 그리고 사나다(眞田)농장 등 오산리 지역에는 경지정리가 반듯하게 되어 있다. 익옥수리 관개지(灌漑地) 곁에 논 한가운데 농장사무소 주변으로 집단거주지역이 새로 보인다. 오늘날의 번화가인 청복리와 영등리가 논으로 되어 있고 면사(綿絲)공장, 마동 쪽으로 화장터 못 미쳐 화약고(火藥庫)가 보인다. 무엇보다도 자세한 수로가 보이는데 만경강 남쪽 김제군 백구면이 보인다. 대장촌 방면을 일본어로 '오오바무라'로 표기하고 경편철도 자리에 큰 도로가 나 있음을 알 수 있다.

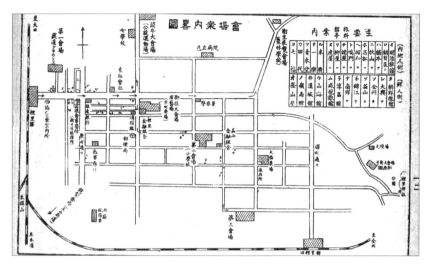

그림29. 1934년 축산공진회장안내약도(會場案內略圖)(『全羅北道農會報』 제32호, 1934년 11월)

마. 1934년 이리시가도

「회장안내약도(會場案內略圖)」는 이리에서 열린 축산경진대회의 대회장 안내도이다. 일제는 경쟁을 통한 성과주의 문화를 중시하며 각종 경진대회를 개최했는데, 그중 하나가 1934년의 축산경진대회였다. 도시의 경기를 활성화시키기 위한 축산경진대회 지도에서 특기할 만한 것은 일본인 오하시(大橋)농장 바로 옆에 위병소처럼 파출소가 자리한 것이다. 조선인 거주지인 남부 지역에서 조선인들의 동향을 살피고 감시하기 좋은 지점에 위치하고 있다. 주요 여관과 요정을 안내한 수기 약도는 한자와 일본어로 병기되어 있다.

우편국과 병원·은행 등을 표기하고 이리신사와 공원, 화장터가 보인다. 여학교가 익산시 남중동의 현 이리여자고등학교 자리로 이전했음을 알 수 있고 읍사무소가 들어섰으며 익산금융조합이 이전했음도 알 수 있다. 소방

조(消防組), 읍립(邑立)병원이 들어섰고 운동장으로서 '철도그라운드', 동척·
식산은행·금융조합·우편국·경찰서·소학교 등이 보인다. 농림학교에서는
위생전람회가 개최되었고 '경정광장'이라는 스모(相撲, 씨름)대회장이 있었음
을 알 수 있다. 나루토(鳴門)여관[47] 그리고 이치라쿠(一樂)·아오키도(靑木堂)
등 레스토랑과 음식점 표기한 것으로 보아 내지인 측과 한국인 측으로 나누
어 표기되어 있다. 한국여관으로는 대흥·전주·익산·금강·남선·순창여관
등이 보인다. 음식점으로 산해관·한성관·영남관·부산옥 등이 보인다.


바. 1930년대 후반 이리읍 관내도(1:10,000)

이리읍 관내도는 이리방송국[48]이 나타나는 것으로 보아 최소 1938년 후반
으로 짐작되는 이리읍을 1만 축척으로 상세하게 나타낸 컬러지도이다. 지도
에는 이리역을 중심으로 전면에 형성된 시가지가 잘 표현되어 있다. 이리읍
관내의 행정구역과 지명은 물론 경편철도가 이전한 철도망, 도로망, 하천,

47 이리좌 앞에 자리한 나루토여관은 1925년 건립된 것으로 추정되는데, 일본식 2층 목조
   건축물로 평면은 'ㄱ'자형에 2층은 다다미방으로 돼 있으며 도코노마와 붙박이 벽장(오
   시이레)이 그대로 남아 있어 역사적으로 보존 가치가 높다는 평가를 받았지만 익산시 평
   화동에 아파트가 들어서면서 2018년 끝내 헐리고 만다. 나루토(鳴門)는 후지이 간타로의
   본적지 도쿠시마(德島)와 가까운 곳이고 오산리에는 도쿠시마에서 온 일본인 이민이 10
   여 가구가 넘었다.
48 NHK 이리방송국은 1938년 10월 1일에 개국했다. 2020년 김귀성이 번역한 『Special
   Report』(1945.9.4.:No115- 美軍政에 의해 작성된 군산·익산·전주 지역에 관한 보고서)
   에 의하면, '송신탑이 이리의 동쪽 열차 교차점의 약 1마일 동쪽에 있다. 좌표상으로는
   북쪽 35도 56 동쪽 126도 58'이다. 호출부호는 JBFK, 방송국 주파수 570과 1100K사이클
   에 전력은 500W'이다. 1938년 전주보다 이리에 방송국이 먼저 세워진 이유로 중일전쟁
   발발로 중국대륙을 겨냥한 지리적 여건이 이리가 더 적합했으며 이리지역의 전리층(電
   離層)에서 전파가 발사되면 멀리는 중국의 칭따오와 한반도에서는 천안과 제주도에서도
   전파가 잡힌다 한다(송학동성당 박창신 신부의 증언).

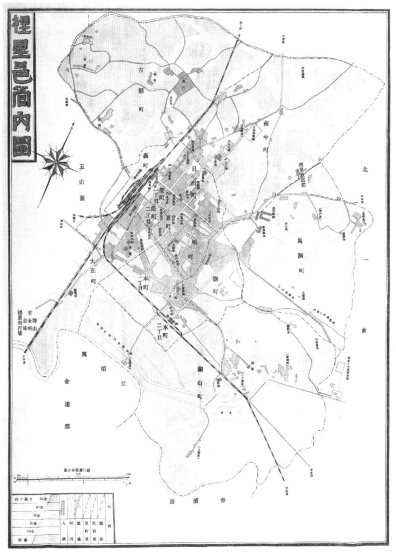

그림30. 1930년대 후반 이리읍 관내도

그리고 지형의 고도가 채색을 달리하여 선명하게 나타나 있다. 전라선(경전북부선)의 철도노선이 철도관사 뒤쪽으로 새로 난 모습이다. 오하시(大橋)농장을 비롯해서 우곤(右近)농장, 미에(三重)농장, 익옥수리조합, 변전소와 전기회사, 토목출장소·읍사무소·소방조, 상업은행·척식은행·금융조합이 보인다. 동산리와 마동에도 정(町)이 붙어 있다. 상수도천로가 점선으로 표기되어 있으며, 남중정에 2개의 고무공장이 보인다. 서쪽으로 '지(至) 이리비행장'이라 표기되어 있고 이리방송국이 매우 큰 글씨로 나타나 있다. 이리상수도배수장·종묘장, 신사와 공동묘지 외에 내지인 공동묘지가 따로 있다. 도수장·화장터가 보인다.

사. 타무라 토시코의 수기(手記)지도(1940년대 이리시내)

이리 수기(手記)지도[49]는 식민지 시대 이리읍의 도시구조를 이해하는데 매우 중요한 자료이다. 타무라 토시코는 1922년생으로 2008년 10월에 자신이 태어나고 자란 옛 이리를 방문한다. 토시코의 집은 동양척식회사 관사(현재 이리침례교회 뒷편)였으며, 1945년 당시 23세로 이리에서 교편생활을 하다 패전과 함께 인양 귀국하였다. 이 지도의 특징은 지도의 아래쪽에 이리역이 위치하여 시내 전체를 조망하는데 지도의 최상위에 '이리신사(裡里神社)'를 중심으로 삼은 것을 보면 제국의 향수를 드러낸 것으로 판단된다.

특히 1945년 타무라 토시코의 이리지도는 군청과 읍사무소를 비롯하여 경찰서와 방송국, 우편국, 읍립병원, 토목출장소, 보통학교, 이리농림학교, 이리공업학교, 이리고등여학교와 기숙사, 농림학교 관사 같은 공적 기관과 화

---

49 이 지도는 2008년 당시 김복현 익산문화원 원장과 전라북도청 김승대 학예연구관이 익산을 찾은 타무라 토시코에게 받았다.

그림31. 다무라 토시코(田村敏子)의 手記地圖(1940년대 이리시내)

# 1. 지도의 속마음

그림32. 군산번영회도 중 이리지역을 확대한 지도로 철도와 들판
그리고 대아리 수원과 요교제가 나타나 있다.

그림33. 군산번영회에서 의뢰 제작한 지도인데 동쪽이 위로 향해서 마치
일본이 조선을 거느린 것처럼 보이는 착시를 준다.
요시다 하츠사부로(吉田初三郞)가 그린 '군산번영회지도' 역시 일본이 위쪽에 자리하는데,
곧 조선이 일본의 부속 지역임을 나타낸다.
시모노세키(下關)에서 부산과 목포와 군산에 이르는 海圖 표시가 있다.

## 2. 지도의 속마음

타무라 토시코(田村敏子, Toshiko Tamura, 1922)는 1945년 당시 23세로 이리에서 교사를 하다 패전과 함께 일본으로 돌아갔다. 토시코는 2008년 10월에 익산을 방문하여 손으로 그린 지도를 남긴다. 도시코의 집은 익산사람들이 흔히 '신한장'이라 부르는 동양척식회사 관사(현 이리침례교회 뒤편 옛 경찰서 위쪽)로 지금도 그 흔적이 있다.

《전북일보》 2011년 11월 21일 기사는, '특히 가장 눈길을 끈 것은 자신이 직접 이리시내의 내용을 소상히 그린 지도에는 당시 이리역을 중심으로 한 시내의 도로, 관공서, 학교, 금융기관 등이 세밀하게 기록되어 있어 당시 사회상을 파악하는데 귀중한 사료로 평가된다'고 보도했다. "아사히(朝日)여관, 조선식산은행, 동양척식회사, 삼남은행, 군청, 읍사무소, 경찰서 등이 있었고, 식산은행에서 도모토(堂本)백화점으로 가는 영정통은 일본인 중심상가를 이루며 번성했다."고 표현하면서 "동이리역에서 삼례로 가는 길목에 자리한 마면공장(麻綿工場)은 히데코씨가 근무하고 있었다."고 기록하였고, 마동 정(町) 이리일출학교(현 이리초등학교), 이리농림학교 밭 읍영주택(邑營住宅) 인근에는 "선생님 댁이 많이 있다"고 썼다. 본인의 집인 동양척식회사 사택에서 이리여학교에 이르는 곳 인근에는 "겨울에는 논 위가 얼어 있고 그 위를 걸었다." 또한 "벚꽃이 있고 너무 넓었다."라고 기록했다. 흔히 영정통 '당본백화점'으로 알려진 '도모토백화점'은 "2021년 현재, 똑같은 모습으로 존재한다."라고 말하고 있다. 이 지도는 현재의 길과 거의 비슷해서 지도를 들고 걸으면 옛 이리의 길을 확인할 수 있을 정도로 정교하다.

이 지도를 자세히 보면 맨 위가 북쪽이 아니라 동쪽 즉 일본이 위로 가게 하는 방식임을 알 수 있다. 교묘하게도 신사가 이리라는 도시를 굽어보는 방식으로 가장 위쪽에 표현했음을 알 수 있다.

# 3. 1945년 미군이 작성한 이리지도

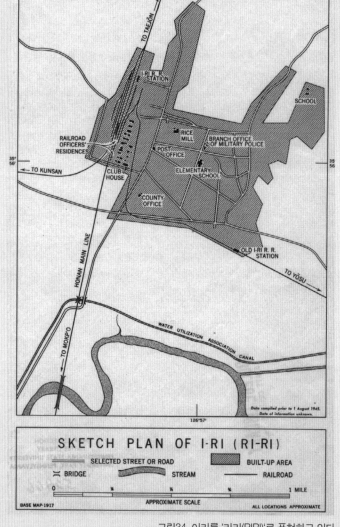

SKETCH PLAN OF I-RI (RI-RI)

그림34. 이리를 '리리(RIRI)'로 표현하고 있다.
이리역과 철도원사무소, 읍사무소, 초등학교, 헌병사무소 등이 나타나 있다.

성농장 자리·우곤농장·미에농장 등을 자세하게 묘사하고 있다. 이리극장 (裡里座), 동본원사(東本願寺)와 절(영국사), 옛 시공관으로 사용된 스모장 또한 여러 여관과 음식점도 보인다. 철도관사에는 '100명의 소학생이 있음'. "이리역 앞 메이지쵸(明治町)가 가장 번화가였다."면서 영정통을 '일본인 중심 상업가'로 표기하는데 도모토(堂本)백화점·사진관·매월당과자점이 나타난다. 또한 그의 선생님, 친구의 거주지까지 기록하고 특별한 기억이 있는 곳은 자신의 생각을 적어 넣기도 하였다.

### (2) 사진엽서에 보이는 근대이리의 표상

일제강점기에 공적으로 제작된 역사서를 비롯하여 기행문, 일기, 편지, 견문록, 시찰 보고서 등 개인 또는 단체가 남긴 다양한 기록 유산들은 역사와 지리, 정치, 문화, 경제 등 사회 전반의 방대한 지역 정보를 담고 있을 뿐 아니라 당시의 정서나 감정표현을 통해 타자의 가치와 인식체계가 보다 구체적으로 반영될 수 있다는 점에서 표상 담론의 자료로 인용되어왔다. 특히 사진 자료가 그렇다. 군지나 읍지를 통한 서적이 활자로 정보를 전달한다면 사진은 훨씬 더 강렬하게 이미지를 전달한다. 사진이 갖는 '찰나를 영원으로 남기고 싶은 인간의 욕망'[50]을 넘어 일제는 식민지배의 공간을 '시대의 욕망'으로 그들의 업적을 홍보하고자 했다.

제국주의는 사진과 엽서를 결합한 '사진엽서'[51]의 탄생을 가져왔다. 흔히 관광엽서라고도 부르는 사진엽서는 서신으로서의 우편 기능도 있지만 여행 공간의 시각이미지를 전달한다. 여행지의 다양한 정보와 이미지를 기록하

---

50 앙리 카르티에 브레송( Henri Cartier-Bresson, 1908-2004), 프랑스의 사진가.
51 보통 가로 14Cm × 세로 1Cm 내외로 우편국 발행은 우표가 붙는다.

고 전달하는 시각적인 소통 매체라는 점에서 단순한 엽서 또는 사진 이상의 숨겨진 의미가 있다. 엽서에 인쇄된 사진과 그림들은 대개 사실성을 전제로 보여주고 싶고, 보고 싶은 장소 이미지를 재현함으로써 제작 및 소비 주체의 가치와 인식이 투영되기 때문[52]에 사진엽서를 통해 당대의 자연과 인문경관의 원형을 유추할 수 있다. 현 시점에서 식민도시의 형성의 시대상과 장소성의 변화를 추적할 수 있는 매우 중요한 사료로서 가치를 지닌다.

## 가. 제국주의자의 시선

한국 최초의 사진엽서는 대한제국 농상공부 인쇄국에서 발행한 1899년 프랑스인 알레베크의 사진엽서로 알려져 있는데, 일제강점기 사진그림엽서는 30만 점이 넘는다 한다.[53] 조선총독부 철도국은 사진엽서 발행을 통해서 일본으로 인한 제국의 발전을 홍보하고 기업으로서 이익을 추구하는 출판사 역시 사진엽서를 발행하여 타국 타도시에 식민지 도시를 홍보했다. 일제강점기 이리에는 쇼와(昭和)사진관을 비롯한 여러 군데의 사진관이 있었고 문화상회(文化商會)와 구사카야(草ヶ谷)상점에서 발간된 단색엽서는 이 지역의 출판문화의 모습을 보여주는 증거이기도 하다. 보통 9×14cm 내외의 사진엽서에는 일본어 제목과 지역이 표기되어 있는데 영어 표기까지 병기하는 모습을 볼 수 있다.[54]

52 김선희, 「사진그림엽서를 통해 본 근대 서울의 관광 이미지와 표상」, 『대한지리학회』 제53권 제4호, 2018, 569~583쪽.

53 우라카와 가즈야, 『그림엽서로 보는 근대조선 7』, 민속원, 2017, 최길성의 서문 중에서.

54 본 연구에서는 宗杰 스님이 수집 소장하고 있는 일제강점기 사진엽서를 자료로 선택하였다. 이리지역 사진엽서는 현재까지 총 100여 장에 이른다. 지역적으로는 이리와 대장촌, 황등과 오산 등 위성타운과 만경강 주위의 수리 시설 건설 장면들이 포함되어 있다.

이리와 관련된 일제강점기의 사진엽서 다수를 분석 대상으로 살펴보면 20세기 전반 이리의 도시이미지의 재현 양상과 제작자의 시선을 확인하게 된다. 초기 이리역의 모습과 새롭게 신축된 이리역의 변천을 비롯하여 각 기관의 모습들을 살핀 결과 이리역-수리조합-이리농림-이리신사를 잇는 도시계획의 중심부에 동양척식주식회사 이리지점을 이리의 중심부에 두고 그 주변으로 다채로운 근대건축물을 채우면서 신흥교통도시 이리의 인상을 일본적인 도시로 바꾸어 놓았다. 특히 호남선 이리역으로 대변되는 교통발전에 따른 지배와 침략성을, 그리고 이리농림학교를 자랑하는 교육도시와 수리농업 중심지로 수행되는 근대적 의미를 중심으로 사진엽서에 나타난 이리 익산을 둘러싼 타자의 시선을 분석할 수 있었다.

이리경관 채색엽서는 '남조선 교통의 요충'이라는 이름의 표지에 우아하고 모던한 이리역 그림 뒤편으로 걸린 붉은 일장기, '최신원색판 리리명승(最新原色版 裡里名勝)', 영어로 'BEAUTIFUL SCENES OF RIRI CHOSEN'으로 쓰인 것을 보면 관광우편엽서 시리즈라는 것을 알 수 있다. 문화상회 발간 사진 컬러판은 유리 원판에 색칠한 엽서와 관광 기념 스탬프를 찍은 흑백엽서 두 종류를 발행했다. 사진의 구체적 발행연도는 소인을 통해 알 수 있지만 소인이 없는 경우는 기관의 건축물이 들어선 시대를 역사적 자료를 추론하여 시대를 상정하였다. 구사카야상점(草ヶ谷商店)은 이리에 근거를 둔 문방 사무기구를 팔며 책도 파는 서점의 기능을 했고 『이리안내(裡里案內)』(1927)에 사진이 나와 있다. 이들 이리지역 사진엽서를 정리하면 [표 9]와 같다.

[표 9] 이리지역 사진엽서 정보

| 주제 | 제목(표현공간) | 발행 시기 출판처 | 특징 |
|---|---|---|---|
| 공공 기관 | 裡里稅務署 | 1929년 이후 | 이리경관 채색엽서, 문화건축 근대건축의 아름다움 |
| | 裡里경찰서 | 竹內天眞堂 | 돌계단 석축 위 일본식 기와집 |
| | 裡里郵便局 | 竹內天眞堂 | 현대식 2층 건물 |
| | 益山郡廳55 | 草ヶ谷商店 | 일본식 단층 기와집 |
| 이리역 | 裡里停車場 | 1912년 이후 | 일본식 驛舍 앞 조선옷을 입은 사람들 |
| | 裡里停車場 前 の光景 | 1925년 이후 草ヶ谷商店 | 역보다 더 크게 자리한 靑木堂 레스토랑 앞 조선인 수레꾼들의 모습 |
| | 文化式建物裡里驛 | 1929년 이후 | 이리경관 채색엽서, 현대식 2층 건물에 대형시계 |
| | 이리역기관고 | 문화상회 | 거대한 기관고의 모습과 급수탑의 모습 |
| | 이리역 개찰구 | | 이리역 승객 나가는 곳의 모습. 타일 벽과 둥근 전기 등 |
| | 이리역 내부 | | 이리역 내부의 샹들리에 |
| 시가지 | 裡里神社 | | 이리경관 채색엽서, '奉納'이 새겨진 기둥 뒤 돌계단 위 사자상 |
| | 裡里銀座榮町の 景 | | 이리경관 채색엽서. 컬럼비아레코드 가게 주변 2층 건물과 반대편 자전차포 |
| | 裡里驛前通り | | 이리경관. 이리역 앞 좌측으로 명치여관과 우측으로 조선식산은행이 드러남 |
| | 裡里시가지 | | 이리경관. 이리신사에서 본 풍경 |
| | 裡里市場 | 文化商會 | 조선옷에 옥외 포장을 칠 장시 |
| | 裡里시가지 일부 | 草ヶ谷商店 | 이리시가지를 나타낸 5장의 사진 시리즈로 전봇대가 즐비한 왜식 건축물과 조선인의 모습 |
| | 裡里街道 | | 플라타너스 신작로 길을 지나다니는 조선인들 |
| 교육 기관 | 裡里公立農林學校 | | 이리경관 채색엽서. 2층의 웅장한 건축물과 정원, 현 전북대학교 익산캠퍼스 |
| | 裡里尋常高等小學校正門 | 草ヶ谷商店 | 정문 뒤쪽 강당 표현. 현 이리중앙초등학교로 사용 |
| | 이리공립소학교운동회 | 金谷商店 | 일장기에 교복 입은 일본인 학생들의 운동회 모습으로 파라솔을 쓴 가족 단위의 모습 |
| | 裡里公立普通學校 | 竹內天眞堂 | 디귿자 형 목조 학교건물. 현 이리초등학교로 사용 |
| 금융 기관 | 東洋拓殖株式會社裡里支店 | 竹內天眞堂 | 서양식 2층 건물, 현재 IBK은행으로 리모델링 사용 |
| | 朝鮮殖産銀行裡里支店 | 竹內天眞堂 | 현 스탠다드차타드 은행으로 리모델링 사용 |
| | 裡里金融組合 | 草ヶ谷商店 | 서양식 2층 건물. 현재 NH농협은행 익산중앙지점으로 사용 |
| | 상업은행裡里지점 | | 현재 건물기단 석축만 남아 있다. |

| | | | |
|---|---|---|---|
| 농장 | 眞田농장 | 文化商會 | 철길에 가까운 농장 전경과 전신주와 도로 |
| | 三重농장 | 文化商會 | 커다란 창고건물 두 동, 현 남중교회 |
| | 大橋與市농장 | 文化商會 | 석축과 대문, 망루 표현 |
| | 細川농장 | | 농장 전경 그리고 균교(均橋)와 농토 표현 |
| | 대장교 개통식 | | 목교 앞 흰옷 입은 조선인이 운집한 모습 |
| 수리 농업 | 익옥 水利組合 | | 문화건축, 2층의 아름다운 건축물 |
| | 황등호 | 1916년 동경 인쇄 주식회사 | 조선총독부 시정 6주년 임익수리조합 堤堰, 황등호의 컬러사진 |
| | 銅山里益沃水利組合制水門 | 草ヶ谷商店 | 1922년 준공. 대간선수로 농업용수 통제기능. 물의 로터리 |
| | 익산 당산천 통교 공사 현장 | | 익옥수리조합 기념 스탬프. 춘포면 오산리와 익산시 석암동 경계 |
| | 준공된 용수로 전경 | | 신축한 개수로가 분당 배수량이 획기적임. 임익수리조합 기념 스탬프 |
| | 관개용제1수로전경[56] | | 공사 원경. 임익수리조합 기념 스탬프 |
| | 수원지 취입구 준공 | 1922년 | 전익간선 분기점. 1912년 5월 준공 |
| | 익산천 취입구 | | 춘포면의 구 익산천을 횡단하는 곳으로 춘포면 부근 제방에 무명옷에 삿갓을 쓴 일꾼과 갓을 쓴 조선인 4명 |
| | 龍池隧道西吭口 | | 1911년에 완공한 수로, 터질목 터널공사 |
| 명승 | 미륵탑, 익산군 금마면 기양리 | 草ヶ谷商店 | 시멘트로 탑의 뒷면 보수, 옥개석 위에 사람이 올라 있는 사진 |
| | 왕궁탑, 익산군 왕궁면 | 草ヶ谷商店 | 목책이 둘러 있고 탑신의 기단부가 묻혀있는데 일본인 옷을 입은 사람 |

나. 치적 홍보의 수단으로서의 공공기관과 학교

사진엽서 이미지를 내용으로 세분해 보면 자연과 시가지, 명승과 고적도 있지만 공공기관인 역과 학교 그리고 금융기관을 드러냄으로 그들이 이룩한 소위 발전이라는 홍보 치적을 보여주고 있는데 일본의 조선 식민지배의 상징으로 이용되었음을 보여준다. 초기 지붕형태는 삼각형 창탑을 넣은 양

---

55 그림38의 익산군청은 매우 소박한 건축물로 현관이 일본식으로 돌출되어 있다.
56 전라북도 익산시 신룡동 원광보건전문대 뒤편, 익산시 마한로7길 292 부근.

그림35. 1929년에 두 번째로 신축된 우아한 이리역사는 1977년 이리역화약열차폭발사고에도 살아남아 2024년 현재 코레일 사무실로 사용하고 있다.

식으로 지어진 이리역은 1912년 3월 6일 호남선 및 이리에서 군산항 간의 군산선 개통으로 보통 등급의 이리역으로 영업을 개시한 일본식 소박한 역사(驛舍)에 이어 1929년 9월 20일 역사를 웅장한 근대양식으로 신축 준공[57]하였는데 내부에는 높은 샹들리에와 플랫폼에 이르는 지하도가 크고 넓었다.

① 공공기관

1912년 이리역은 일본식 건축물로 지어졌다. 단순히 이리역만이 아니라 역 뒤쪽의 기관구와 보선사무소의 총 인력은 90명이 넘었고 1920년대를 넘어서면 300명이 넘는다. 1929년 새롭게 단장한 미색의 모던한 이리역의 다른 엽서사진 외에도 이리만의 상표를 가진 도시락이 판매되고 있음을 알 수 있다. 세무서의 유치는 이리의 경제상황을 잘 알려주는 상징적인 사건이었다. 그러나 엽서사진 속 토목출장소 혹은 익산군청 그리고 경찰서 등 관공서

---

57 1977년 이리역폭발사고 때에도 파괴되지 않고 지금까지 리모델링하여 사용되고 있다.

건물은 은행이나 농장 회사만 못했다. 농장주
들이 중심이 된 조합의 힘이 공공영역을 압도
하는 모습임을 보여준다고 하겠다.

이리세무서(裡里稅務署)[58]는 '문화건축 근대
건축의 아름다움'이란 부제가 붙어 있다.

그림36. 철도노선과 왕궁리오층석
탑을 그림으로 넣고 있는 이리역의
'에키벤(駅弁)' 상표.

② 교육기관

이리공립농림학교 본관 건물 전경을 담은
채색엽서 외에도 많은 사진엽서가 있다. 이리
농림학교 본관은 이리지역에서 가장 큰 건물
이었고 일본인이 다니는 이리공립소학교 운동
회와 이리심상고등소학교(裡里尋商高等小學校) 정문과 강당 사진은 조선인이
다니는 공립이리보통학교와 대조를 이룬다.

③ 금융기관

동양척식주식회사 이리지점, 조선식산은행, 이리우체국, 금융조합 등 금
융기관들은 이리 최고의 건축물들이었다. 역 앞에 식산은행이 자리하고 그
너머 동양척식회사는 한 블록 전체를 차지할 정도로 사이즈가 컸다. 흥미로
운 사실은 이들 금융기관과 우체국은 100년 가까운 시간이 흐른 현재 모두
리모델링한 상태로 같은 기능으로 사용되고 있다. 참고로, 동척이리지점은

---

58 이리세무서는 초기에는 익산시 남중동 이리여고 앞 시장 부근에 최초로 설립되었다. 후
   일 이리역 위 흥국생명 자리 또 이리공고 뒤로 이전했다. 최근에는 익산시 영등동으로
   새 청사를 지어 이전했다.

애국청년들의 습격계획이 사전에 발각[59]되어 사회문제로 비화하였다.

④ 일본인 농장

1904년 송학리에는 사나다(眞田)농장, 오산리에는 후지모토(藤本)농장(不二興業전북농장 전신)이 자리하고, 대장촌에는 다사카(田坂)농장·이마무라(今村)농장·호소카와(細川)농장이 일찍부터 자리잡았다. 이리 한가운데는 미에(三重)농장이 자리잡았다.

오하시농장은 양쪽을 거대한 화강암과 철문으로 장식하여 조선 땅 이리에 자리한 또 하나의 일본식 성채였다. 황등에는 가타기리(片桐)농장, 함열에는 오키(多木)농장이 자리하며 이리지역의 동서남북을 상징적으로 분할하고 있었다. 조선인 농장으로 함열에는 김병순·이배원 농장 등이 보인다. 농장은 단순히 쌀농사 집단을 넘어 식림(殖林), 토지·건물·부동산·유가증권·금융 등을 목적으로 운영되었다. [그림 36]은 호소카와 농장을 배경으로 만경강을 가로지르는 균교(均橋) 개통을 보여주는 것으로 호소카와에 대한 칭송으로 읽힌다.

⑤ 수리조합

익옥수리조합제수문은 오늘날 익산시 동산동에 소재하고 그 기능도 유지되고 있다. 익옥수리조합사무실[60]로 사용된 건물은 현재 익산시 평화동에

---

59 「작춘(昨春) 이래 암중비약(暗中飛躍) 이리동척 습격계획」,《동아일보》, 1928년 6월 9일 기사.
60 1930년에 지어진 익산 구 익옥수리조합 사무실 및 창고는 2005년에 등록문화재 제181호로 지정되었다. 2016년 이준익 감독의 영화 〈동주〉의 촬영공간이기도 했다.

그림37. 최초로 이리에 설립된 세무서 청사로 이리여고 앞 서동시장 사거리에 있었다.

그림38. 익산군청 청사. 1911년 평화동을 거쳐, 익산시 중앙로5길 16에서 함열로 이전한다.

자리하고 있다.

현재 익산시 동산동 여울아파트 지역을 지나는 대간선수로 사진엽서로 동산동 단군성전 쪽에서 바라본 구도이다. 대아댐에서부터 흘러온 익옥수리조합 용수로와 이리 상수원의 모습을 그린 엽서로 사진 오른쪽에는 정수장이 위치해 있다. 광활한 춘포평야(왕지평야)와 용수로의 모습이 인상적이

다.[61]

⑥ 이리 시가지와 풍경

이리역 앞 여관을 따라 조선식산은행 이리지점이 동쪽으로 이어지고 있
다. 근대건축물 이미지는 동서대로 경관에서는 동척과 군청·경찰서 등 관공
서 건물들이 즐비하고, 가로 경관에서는 수많은 상점들로 이어진 이리의 상
업 중심지 모습들이 많이 재현되었다. 또한 남북으로 이어진 영정통(榮町通)
거리는 금은방과 백화점·양복점 등의 모습이 보인다. 아래의 콜롬비아 레코
드 가게는 익산시 중앙동에 현재 그 건물이 그대로 남아있다. 또한 이리 정
거장 앞의 광경으로 이리역 우측에 자리한 아오키도(靑木堂) 레스토랑 건물
앞의 조선인은 수레를 들고 있다. 흰옷 차림으로 상가 건물 아닌 포장 친 이
리 시장에 나온 사람들의 모습은 서양복식의 일본인에 비해 차별적인 시선
일 것이다.

이리역에서 농림학교까지 이어지는 이리의 중심 시가지에는 군청과 경찰
서 같은 정치, 행정 공간과 교육과 경제를 나타내는 이리농림과 동양척식회
사와 수리조합 그리고 식산은행과 금융조합 등 근대건축물들이 엽서사진으
로 남았다. 역 앞으로 일본인 이주민 거주지인 신시가지가 조성되면서 이리
의 근대적 도시경관은 일본의 조선 지배를 정당화하고 선전하는 이미지로
재현되었다.

---

61 裡里景觀 'Beautiful scene and famous of RIRI CHOSEN', 上水道 淨水地라 쓰여 있다.
익산 시민들은 아직도 광역상수도 대신 대아댐에서 흘러온 물을 정수하여 상수도로 사
용하고 있다.

그림39. 관립이리농림
학교(官立裡里農林学校)
본관 개교기념 엽서

그림40. 이리공립소학교
(현 이리중앙초등학교)운
동회

그림41. 1932년 이리공
립보통학교 졸업사진

(草ヶ谷商店發行)　　裡里高等尋常小學校正門

그림42. 심상고등소학교(현 이
리중앙초등학교) 정문과 강당

그림43. 동양척식주식회사 이리지점(2022년까지 IBK은행으로 사용)

그림44. 동양척식주식회사 이리지점 폭파계획 기사

그림45. 이리동척 금고

그림46. 이리우편국

그림47. 조선식산은행 이리지점은 후일 리모델링되어 제일은행, SC제일은행으로 사용되었으나 2024년 1월 도시 침체와 함께 전주지점으로 통폐합되어 치과건물로 사용되고 있다.

그림48. 조선식산은행 이리지점의 영수증

그림49. 이리금융조합 건물로 현 NH농협은행 익산중앙 지점으로 사용하고 있다.

(行發堂眞天内竹)　　　門水制山里合組利水澤益

그림50. 송학리(현 익산시 송학동)에 자리한 사나다(眞田)농장

그림51. 대장촌 호소카와농장에서 세운 만경강 목교

그림52. 동산리 익옥수리조합(益沃水利組合) 제수문(制水門)은 현재는 개축하여 사용하고 있다.

그림53. 익옥수리조합 건물 100년이 흐른 지금 2024년 익산시민역사기록관으로 개관하였다.

그림54. 익산시 신흥동 방면에서 동산동을 향해 흐르는 대간선수로

그림55. 2024년 현재 금강정수장 앞 대간선수로 주변으로 메타세쿼이어가 심어졌고 가운데 들판에는 유천도서관이 들어섰다.

⑦ 명승고적

연구자료에 수록된 사진엽서에서 권위와 전통을 담고 있는 이미지로서의 사진은 많지 않다. 이는 일본의 의도적인 역사지우기의 일환으로 해석된다. 그래도 최고의 심미적 아름다움을 담는 사진이 둘 있다. 콘크리트를 사용하여 위태롭게 지탱하고 있는 미륵탑의 모습은 조선인의 자존심을 건든다.

당시 사진엽서에 담긴 이리 익산의 모습은 사실 그대로 재현된 이미지 외에 왜곡, 변질된 이미지와 전시적 이미지가 많았다. 근대 이리의 도시경관의 작위적인 연출, 편집으로 인한 관광이미지화, 상품화된 몇 가지 예증을 통해 일제의 시선은 의도적이고 자국 중심으로 조선인에 대한 차별이었다는 것을 알 수 있다.


⑧ 만경교

1928년에 건설된 목천포와 김제를 잇는 만경교는 폭 6m, 길이 550m로 현존하는 우리나라에서 가장 오래된 시멘트 콘크리트 다리로, 전주와 군산을 잇는 중요한 다리였다. 600여m 강폭을 가로지르는 한강 이남에서 가장 큰 이 콘크리트 교량은 전군도로의 한 부분으로 인적, 물적 왕래를 촉진한 위대한 근대문명의 산물로 사람과 자동차가 함께 도강할 수 있는 전라북도의 명물로 근대의 상징이었다.

위에서 살펴본 사진엽서 속 그림은 모두 시대상과 장소성, 타자의 인식체계가 투영된 문화적 산물이다. 사진엽서는 식민지 통치하에서 자아의 타자화, 대상화를 위해 선택, 편집, 소비된 이미지[62]의 재현이었다. 일제는 역을

---

62 일본에서 그림엽서(繪葉書)가 발행되기 시작한 것은 1900년 사제엽서 발행이 허가되면서부터이다. 러일전쟁 이후 일본인들의 해외여행이 본격화되고, 그림엽서가 정보전달을

그림56. 이리 영정통의 콜롬비아 레코드 가게 간판이 붙은 모던한 상가

그림57. 2022년의 모습으로 잘 보면 그림56의 지붕 위쪽의 삼각형이 닮았다. 옛 건물 그대로이다.

그림58. 이리역(왼쪽 단층건물) 우측에 자리잡은 아오키도 레스토랑

그림59. 이리시장의 조선인들

그림60. 반듯한 전신주가 들어서고 일본인 상점이 들어서기 시작한 이리 시가지

중심으로 한 도시이미지를 담은 엽서를 제작 판매했다. 1930년 유리 원판 사진에 채색으로 컬러사진처럼 보이게 하거나 간단한 부가 설명과 기념 소인이 찍혀있다. 조선을 방문한 외래 관광객과 조선인들에게 일본이 보여주고자 했던 발전의 강박 표현으로 이리 경관을 나타내는 채색엽서 봉투 시리즈

위한 대중적인 영상매체로 부상하면서 명소와 풍속 등을 다룬 관광 기념품이나 선물용으로 큰 인기를 끌었다.

그림61. 미륵사지 석탑            그림62. 익산 왕궁리 오층 석탑

도 있었다. 도시경관을 담고 있는 근대 이리의 사진엽서 중 새롭게 변모하는 시가 전경과 가로(街路) 이미지와 학교와 관공서 그리고 식민지배의 상징인 신사를 담고 있다. 이 사진엽서들은 작위적으로 선택, 편집된 관광 이미지의 대비를 통해 일제의 차별적 시선과 인식을 드러내는 증거라 하겠다.

앞에서 말한바와 같이 조선총독부 이리토목출장소, 익산군청과 경찰서 등은 작고 소박한 모습을 보인 반면 식산은행 이리지점, 동척 이리지점, 이리 금융조합, 익산금융조합, 대교농장 등은 행정기관보다 훨씬 웅장한 모습을 보여준다. 이리지역의 거대한 농장과 농장주의 저택 그리고 은행과 회사의 외관이 조선총독부 산하 공적 기관보다 한결 크고 모던함을 보여주는 바 이리에서의 농장과 유지들의 세력이 강고했음을 보여주는 또 다른 증거라 하겠다.

그림63. 초기 목탄차가 다니던 만경강 목교

그림64. 만경교 사진. 만경교는 이리시내버스가 운행되면서 만경강 남측인 김제시 일대의 중요한 연결 교량이며 김제 공덕에서 이리로 중고등학교를 다니는 자전거부대로 장관을 이룬 적이 있고 멋쟁이들에게는 다리 위에서 머리칼을 날리는 데이트 공간이기도 했다.

그림65. 2024년 현재 만경강을 가로지르는 철교. 익산은 만경강 물길과 호남선 철길이 교차하는 주요 교통공간이다.

모던한 콘크리트 양식의 이리역과 이리농림 본관 그리고 붉은 벽돌의 익옥수리조합 건물과 이리세무서 등 화려한 건축물을 담은 엽서사진은 신흥도시 이리의 파노라마를 이루었다.

　사진 속에 등장하는 조선인의 이미지는 모던한 공간 표현에 비해 지극히 차별적 시선이 드러나 있다. 특히 작위적으로 연출된 전근대적 이미지로서 남루한 한복차림으로 농업에 종사하는 이리지역의 조선농민의 모습은 미개와 후진성을 드러내려는 의도가 보인다.

　반면 지배자로서 농장을 설립하고 공적공간에서는 양복을 걸친 채 조선인을 지도하는 모습과 사적공간에서는 일본 전통의복을 걸치고 서 있는 시선과 태도는 거만하기 짝이 없다. 그래도 역사 경관으로 백제의 유구한 문화유산인 미륵사지석탑과 왕궁리오층탑이 사진으로 남아있다. 조선 폄하와 일제 찬양을 노골화하는 의도적 산물로서 '이미지의 정치', '관광의 정치'를 위한 상징 도구로서 소비, 유통된 이미지는 오래도록 차별적 폭력을 확대 재생산하였다. 문명국 일본의 본질을 과시하는 과정 속 동원된 조선인들은 그들만의 장소 만들기 과정을 통한 공간의 식민화 추구 즉 또 다른 오리엔탈리즘이었다.

## 3. 이리 일본인 이민자 사회의 시기 구분

보통 1910년 8월 29일부터 1945년 8월 14일까지 약 35년간을 일제강점기 혹은 일본제국주의 식민지시대라 칭한다. 일제강점기 시대 구분으로 1910년 대 무단정치, 1920년대 문화정치, 1930년대 조선의 공업화, 1937-1945년의 연대를 황민화정책기 또는 총동원체제로 보는 것이 일반적이다. 그러나 본 연구에서는 거시적 식민권력보다는 지역에서의 미시적 생활세계와 접점으로 제기된 시기 구분을 중시하고자 한다. 이 글에서는 일본인이 이리지역에 토지 구입을 위해 진출한 1904년부터 약 3천 명의 일본인이 패전후 인양(귀향)을 완료한 1945년 11월까지 조금 넓게 바라보았다. 일제강점기 이리지역 일본인 이민자 사회의 시기 구분은 도시변화의 특이성에서 행정의 변화, 새로운 기관의 설립 그리고 그들의 갈등에 따른 문화적 변이에 초점을 맞추었다.

이리의 도시확장에서 1기는 일본인 이민과 밀접한 연관을 맺고 있다. 주지하다시피 이리의 도시 확장은 일본인의 이민사와 그 궤를 함께한다. 반면 통념적 시기 구분으로서 1기는 무단통치기로 예컨대 헌병 경찰제도, 집회 금지, 한글 신문폐간 등을 이 시기로 바라보고 있다. 본 연구에서 2기는 1915년~1927년으로 규정하고자 한다. 이 시기 이리의 핵심적 변화는 학교설립에 이은 간섭 집단의 등장이다. 이들은 이리를 수탈의 고장으로 만드는데 중요한 역할을 했다. 반면 통념적 구분으로서 일제강점기 2기는 문화통치기로서 3.1운동 이후 헌병을 보통경찰로 낮추고, 언론출판의 자유가 일부 허용된 시기를 뜻한다. 마지막으로 본 연구의 3기는 1928~1945년까지이다. 이 시기는 이리가 읍으로 승격되어 외향적으로는 도시발전의 모습을 띠고 있지만 내적으로는 유지 정치의 균열과 도시의 군도화(軍都化)가 진행된 시기라고 할 수 있다. 반면 일반적 시대구분으로서 3기는 민족말살통치기로서 일제의 조선 민족 말살과 황민화정책이 극에 달했던 시기를 뜻한다. 3기의 경우 일제 패망과 그 궤를 함께하기 때문에 일부는 겹치기도 하고 상이하기도 하지만 일제시대 이리를 분석함에 있어 다른 접근법이 필요할 것이다.

이 글에서는 일본인이 만든 저작물을 통해서 바라본 이리에서 일본인 사회의 구분에 있어 '시대'라는 용어보다는 '시기'라는 언어를 사용하기로 한다. 1904년 후지이 간타로의 오산리 진입에서 1945년 이리역에서 일본인의 귀향까지 이리지역의 도시사를 도시 내외적 변수들을 복합적으로 고려하여 세 개의 시기로 구분하여 각 시기별 식민권력의 지배전략과 도시 공간의 전

그림66. 1927년판 『이리안내』에 나타난 이리역으로 1912년에 비해 중앙과 오른쪽 부분이 초기 이리역 형태에 비해 변형되어 있다.

개 양상을 살펴보았다. 이러한 이민자 사회의 균열과 침체를 가져오는 특징과 대내외 상황을 이리에서 출간된 텍스트를 바탕으로 시기 구분하여 표로 정리하면 [표 10]과 같다.

[표 10] 이리 이민자 사회의 시기 구분

| 구분 | 특징 | 대내외 상황 |
|------|------|-------------|
| 1기<br>(1904-1914) | 이민자 유입과 도시형성<br>1910년 수리조합의 건설<br>1912년 호남선 이리역 개통<br>익산에서 이리로 중심 이동 | 1912년 7월 30일 명치시대 종언<br>1914년 부, 군, 면 통폐합<br>제1차 세계대전 발발(1914년 7월)<br>1915년 조선박람회 전북공진회 준비<br>『이리안내(裡里案內)』(1915) 발간 준비 |
| 2기<br>(1915-1927) | 1917년 지정면(指定面) 진입<br>유지 정치를 통한 도시 발전<br>유효수요의 지속적 창출<br>간섭 집단의 등장 | 1921년 회사령 개정<br>1922년 이리농림학교 설립<br>『이리안내(裡里案內)』(1927) 발간 |
| 3기<br>(1928-1945) | 유지 정치의 균열과 정체<br>1931년 이리읍(裡里邑) 진입<br>이후 발전 지연 | 1927년 쇼와(昭和)시대의 개막<br>『익산군사정(益山郡事情)』(1928)의 발간<br>이리의 군도화(軍都化)<br>『조선주재 36년』의 회고 |

## 1) 일본인 이민의 진입과 도시 형성

『이리안내(裡里案內)』(1915)에서는 1906년 다나카 도미지로(田中富次郎)의 이리 진출을 일본인 진입의 효시로 본다. 사실은 1904년 후지이 간타로(藤井寬太郎)나 사나다 나오하루(眞田尚治)의 진입이 더 빨랐지만 도미지로의 입성을 이리의 시작으로 보는 것은 저자의 친분관계에 따른 무리한 작업으로 읽힌다.

田中富次郎은 선천적으로 공인이다. 치우치지 않고 무리짓지 않고 권세·부귀에 아첨하지 않으며, 금전에 냉담하며 공공에 열심이다. 1906년 이곳에 온 이래 시종일관하여 이리의 발전에 노력하여, 그 공헌한 바 지대하다. 기골이 늠름하고, 항상 성격이 곧아 바른말로 논의를 전개하여 재주자의 각성을 기하고 있다.[63]

『이리안내(裡里案內)』(1915)의 저자 야마시타 에이지는 호남일보지국장이었다. 언론인으로 『이리안내(裡里案內)』(1927)에는 사진이 나와 있고 다나카 도미지로와 긴밀한 관계였음을 알 수 있다. 『익산군사정(益山郡事情)』(1928)을 쓴 기하라 히사시(木原 壽)는 이리에서 초빙한 촉탁이었다. 그는 타 군에서 촉탁으로 근무한 경험이 있다. 승려 오하시 소쿠죠에 대한 정보는 『조선주재 36년』(1954)에 매우 소상하다.

야마시타 에이지가 이리지역의 일본인 이민사회를 정리하고 후발주자로서의 이민과 자본을 끌어들이기 위한 홍보지 성격의 『이리안내(裡里案內)』(1915)를 발행할 때만 해도 사회적으로 유명하거나 사업 능력이 있는 사람, 전도유망한 사람을 통해 네트워크와 인맥을 쌓는데 그 선발대가 보낸 이민을 위한 투자 유망사업 보고서 작성에 적극적이었다. 타국에서 성공하기 위한 기초 자료로서 이 책은 조선의 기후로 시작해 유망사업을 이끄는 제국재향군인회와 위생조합이나 학교조합과 언론 부속기관 등 지방 권력의 카르텔까지 전하고 있다.

철도역 건설은 곧 식민지유통망의 구축이었다. 해로를 통한 오사카와 군산항의 연결,[64] 1908년 전주와 군산을 잇는 전군가도, 1912년 군산과 이리를

63 후일 《全北日日新聞社》 영업부장으로도 활동한다. 『在朝鮮內地人紳士銘感』, 1911, 594쪽.
64 1900년 8월 시작된 항로로, 1901년 4월 이 항로는 폐지되고 대신 '마산–군산 經過 오사카–인천선'(코오베·시모노세키·부산·마산·목포·군산 경유, 월 2회 운항)이 개설되었

철도로 연결하는 유통망의 구축과 동시에 철도망을 매개로 이리역 부근의 신시가지는 새로운 상품의 매개지(媒介地)로 등장하였다.[65] 이리는 쌀의 집산지로서 수많은 창고와 정미소가 속속 들어서게 되었다.[66] 1914년 1월 1일 호남선 철도완공[67]과 1914년 행정구역의 개편으로 익산군을 거느린 이리는 점차 중심이 되어 갔다. 더불어 외부적 상황으로 1912년 말에는 새로운 일왕 다이쇼(大正)가 등극했고 제1차 세계대전의 도화선이 된 사라예보사건이 6월 28일 발생하였다. 이는 일본경제가 호황기에 접어드는 시작점이었다.

## 2) 유지 정치와 사회상

익산군의 옛 중심인 금마는 상대적으로 쇠락하고 새롭게 부상한 이리는 기차역과 더불어 성장한다. 철도역이 물적 인프라의 구축이라면 일본은 조세 확보를 위한 1910년대 토지조사사업에 박차를 가하는데, 1918년 일본에서 발생한 쌀 폭동으로 인해 더 많은 조선의 쌀이 절실히 필요한 실정이었다. 이어 조선 쌀의 생산과 유통 나아가 농촌경제를 통제할 금융 기구로 금

---

는데, 1904년 2월 항로를 단축하고 오사카―군산선이라고 개칭하였다.

65 용산, 남대문, 평택, 대전, 이리, 김천 등 철도역 소재지가 중심 상업지로 성장하였으며, 농촌에서 쌀을 집산하는 기능을 담당하기 시작하였다. 김재훈, 「1925~1931년 미가 하락과 부채 불황」, 『한국 경제 연구』 15, 한국경제연구학회, 2005, 241~245쪽.

66 김윤희, 『쌀은 우리에게 무엇이었나?』 (한국문화사 26권), 국사편찬위원회, 2009.

67 전북 정읍과 전남 광주송정 간 35.5리의 공사를 끝으로 대전과 목포 간 호남선 철도부설 공사를 완료하였다. 조선총독부는 호남평야 등에서 생산되는 쌀을 일본으로 수송하는 것이 시급했기 때문에 호남선 철로를 빠른 시간에 완성하였다. 호남선 공사의 궤도 연장 거리는 198.3리이며, 그 사이에 터널 9개소, 교량이 193개소, 구교가 286개소인데, 경부선과 연결 역인 대전역을 개축 확장한 것 외에 27개소의 역사를 설치하였다.

융조합이 설립되고 조선식산은행 이리지점 등 은행이 들어서게 되었다. 이리라는 신흥교통도시는 인구 증가와 함께 1917년 지정면으로 접어든다.

1922년 이리 유지들의 청원과 기부에 힘입어 이리농림학교와 이리고등여학교 설립에 이어 동양척식주식회사 이리지점과 각종 은행의 설립이 이루어진다. 그리고 철길의 안착 이후 물길로서 대아댐에서 옥구저수지에 이르는 80여 km에 달하는 대간선수로가 물길을 잡는 기반시설을 이루어가면서 도시는 부흥의 기운을 맞는다. 반면 은행은 들어섰으나 신용등급이 안 되는 사람들과 저축된 돈이 없는 농민들은 방앗간과 정미소에서 급전을 빌렸고 도시 노동자들은 전당포와 질옥 등 대부업 즉 사채를 쓰지 않을 수 없었다.

금마가 양반의 공간이라면 이리는 실용의 도시였다. 공적 투자가 계속되는 곳에서 일자리를 찾고 자녀를 교육하던 이리 사람들, 건설경기가 지속되는 고장, 목돈을 헐어 생계에 쓰는 일용직 노동자들이 많은 도시였다. 자본주의가 빚으로 굴러가듯 없이 사는 사람들은 빚으로 굴러간다. 더 적은 임금이나 좋지 않은 노동조건으로 일할 준비가 된 사람들, 조선 혹은 전라도 각지의 가난한 농촌에서 모여든 이주자들이 넘치는 곳에서 일본인들의 전당포 사업장은 한두 군데가 아니었다. 이리는 안타깝게도 적은 임금을 받는 노동자들로 넘쳐나는 도시, 질 나쁜 노동시장의 자금공급을 위한 전당포에 돈장사가 잘되는 곳이었다.

### 비판에 따른 유지들의 분노

『이리안내(裡里案內)』(1927)의 발간과『익산군사정』(1928)의 발간은 불과 1년 간격을 두고 이루어졌다. 보통 지방지의 발행은 한 세대를 정리하는 의미에서 최소 20년 이상의 시간적 간격을 유지하는데 지방사든 향토사의 영역이든 1년 만에 새로운 책을 발간하는 것은 예산과 사료수집과 정리 등 많은

그림67. 1922년 준공된 대아댐은 선진견학지였다.

그림68. 2017년 가뭄에 드러난 아치형 구 대아댐.

수고로움을 필요로 한다. 그런데 『이리안내(裡里案内)』(1927)는 발행자가 개인이고 『익산군사정(益山郡事情)』(1928)은 발행자가 전라북도 익산군청인데 지방지의 성격상 자주 등장하는 통계 내용에서 큰 차이가 나지 않는다.

야마시타 에이지는 12년 전에 저술한 책에서 다루지 못한 이리의 안내에서 저술가로서 하고 싶은 이야기를 자신이 주체가 되어 이리가 분발하라는 희망 섞인 발전 구상을 소신 있게 밝힌다. 이리지역에서 따로 발행되는 신문이 없는 것도 또한 원인이었을 것이다. 그리고 신문이 있다 해도 농장주를 비롯한 유지들은 주요한 광고주들이기에 함부로 표현하기 어려웠을 것이다. 이리지역의 집단의 가치관을 대변하는 사람으로서 야마시타 에이지는 두 번째 책자 『이리안내(裡里案内)』(1927)에서 책의 제목에 명시되어 있는 가치 즉 '안내'를 넘어서 비판과 제언의 포즈를 취하고 있기에 이민 선발대 즉 조합을 통해 도시를 이끌어 온 유지들의 분노를 사게 된다. 기획 실행하는 집단이라 할 유지 정치에 반하는 간섭 집단이 등장하게 된 것이다. 이민생활 백서로서의 실용적 안내서는 사실 수용자 혹은 사용자 정확하게 말하면 이리지역으로 이민을 계획하는 사람들의 기호와 시선을 중요시하는 것이 이민 1세대의 관점이었을 것이다. 초기 진입자들이 지리와 교통 그리고 저렴한 지가(地價)를 표상으로 내세우면서 새로운 이민자를 끌어들이는 마당에 "1세대 유지와 권력자들은 단결하라" 혹은 "이리에서 거주하라"는 제언은 도전이었다. 유지 정치란 일본인 특유의 봉건제도상의 다이묘들의 절대적 권력 행사와 유사한 모습으로 사무라이 대신 헌병대가 상주하고 농민과 상인 그리고 수공업자가 이를 떠받치는 상하관계를 중시하는 문화가 나타난 것인데, 야마시타 에이지를 비롯한 간섭 집단의 도전은 오하시와 후지이 간타로 등 1세대 유지들에게는 큰 충격이었을 것으로 판단된다.

사실 『이리안내(裡里案内)』는 저널리스트가 쓴 지방지다. 당연히 저널이 갖는 시의성과 홍보성 등 역사서라 하기에는 무리가 있다. 그렇지만 당시 이리에 대한 역사서가 따로 존재하지 않는 한 이 책은 지방지 '성격'을 가진 광의의 역사자료라 할 것이다. 식민지 주체들이 남긴 자료라는 점에서 직접적으로 전달하는 방식에 대해서건 혹은 완곡한 어법의 행간에도 살아있는 유지 즉 지방권력에 대한 상찬과 두려움이 보인다. 1928년에 출간된 『익산군사정』은 야마시타 에이지라는 작은 도시의 언론인이 12년이라는 시간 속 도시의 변화 과정 속 문제점을 토로하는 과정의 갈등 그리고 충고에 대한 유지들의 과민반응으로 출간된 책이다. 그래서 이 책에는 통계자료에 집중할 뿐, 유지 정치에 대한 그 어떤 주관적 표현도 삼가고 있다

### 3) 제3기, 이민사회의 균열과 침체

『익산군사정(益山郡事情)』(1928)에서 이리는 인구 14,735명으로 전국 26위의 위상을 보여주고 있다. 1927년 통계로 보면 익산군의 인구는 13만 3천 명이 넘는데, 전라북도 인구 125만에 대비하면 약 10%를 상회한다. 익산군 인구 가운데 가장 밀집된 지역은 이리역을 끼고 있는 익산면인데 익산군 인구의 10%를 웃돌았고 일본인이 2천5백 명 가까이 거주하게 된다. 익산면은 세를 넓혀 이리·고현리·남중리·마동리·동산리를 포함하고 있었다. 1922년 대간선수로의 완성을 넘어 1925년부터 시작해 1938년에야 완료되는 만경강개수(직강)공사는 많은 노동력을 필요로 했다. 이리지역은 미곡 생산의 중심지로서 도시화가 급속히 진행된다.

야마시타 에이지가 발행한 『이리안내(裡里案內)』(1927)는 광고나 협찬자를 싣지 못하고 출간된다. 하지만 1928년 우여곡절 끝에 『익산군사정』이 출간되는데 후지이 간타로는 천박하고 거만한 서문을 보여준다. 이는 이민사회

의 균열이었고 이 균열은 이리지역의 침체를 가져왔다. 이리 이민 1세대의 노여움에 이어 오하시 2세는 이리의 땅을 처분하고 일본의 은행에 투자하는 데 이것은 전국 중앙지에 보도되고 이리의 사회문제로 드러난다.

지방제도 개정에 관한 제령이 발포되어 부제 읍면제가 실시될 즈음, 1931년 익산면 일대는 읍(邑)으로 승격되는데 그 명칭을 이리역 주변의 인구집중 지역인 이리의 명칭을 사용하여 '이리읍(裡里邑)'을 탄생시킨 것이다. 처음에는 '익산읍'이었다가 11월 '이리읍'이 되는데 일본 유지들의 이리 명칭 선호로 추측된다. 1938년에는 이리방송국이 설립되고 숙원사업인 상수도는 1933년이 되어서야 겨우 완성되지만 이리는 군인들이 넘쳐나는 군도화(軍都化)의 길에 들어서게 된다. 신도시 이리 사람들의 삶의 질은 피폐해갔다.

1935년 조선의 2개 사단이 모여 실시한 실전훈련연습[68]을 시작으로 방공연습이 계속되고 이리의 젊은이들은 징용에 나가야 했다. 이동성이 잦은 터미널 도시에 정착 과정에 있거나 탐색하는 사람 혹은 신분이 불안한 사람에게 은행은 문턱이 너무 높았다. 농업생산력은 늘었지만 이리 사람들은 수탈을 견디지 못하고 질옥을 이용하거나 무진회사를 이용하는 경제적으로 어려운 삶을 감내해야만 했다.

---

68 1935년 이리지역 훈련에 이어 1943년에도 사단 단위 전쟁훈련이 실시되었다. '김제, 만경 평야에 전운급박(戰雲急迫) 동서 양군 행동 개시 개전 벽두부터 장렬한 조우전(遭遇戰) 경성사단 추계연습 개막',《동아일보》1943년 10월 19일자.

# III

# 제1기, 일본인 이민의 진입과 도시 형성(1904-1914)

이리역 앞 중심 도로의 모습. 왼쪽은 명치여관이고
중앙 오른쪽 3시 방향 건물은 조선식산은행(후일 제일은행)이다.
양장점과 양복점, 술집과 극장이라는 자본주의의 새로운 경험으로 농민이라는
자아에서 상인의 자아를 갖게 된 신흥도시 이리는 활기찬 도시였고
모르는 사이에 내면화된 독특한 미적 감각과 입맛으로 호남의 명동이란 말을 듣는다.

## 1. 호남선 개통과 중심 이동

이리지역은 동남쪽에서 흘러온 만경강의 중하류와 북서쪽의 금강이 에둘러 흘러가는 곳에 자리한다. 어머니의 자궁같이 편안하여 자연재해가 없고 양쪽에 강이라는 문화교류의 하이웨이를 갖춘 이곳은 제법 살기 좋은 땅이었다. 7세기에는 백제 무왕이 동아시아 최대의 석탑을 세우고 한때는 백제의 수도로서 위상을 높인 곳이다. 적을 방어하기 위한 여러 개의 산성과 거대한 왕궁, 민중들의 사찰인 미륵사지와 귀족들의 제석사지 그리고 왕릉을 갖춘 수도로서 부족함이 없는 고장이었다. 미륵사지와 왕궁리의 유적은 그 가치를 인정받아 2015년 유네스코에서 백제역사지구 세계문화유산으로 등재되기에 이르렀다.

만경강의 중하류에 위치한 솜리(이리)는 여산과 삼례로 이어지는 역로에서도 비켜있었다. 『이리안내(裡里案內)』(1915) 서문에서 미에 히데후미(三枝英文)는 '이리 땅은 호남선 개통 이전은 한촌의 작은 마을에 불과했다.'라고 이른다. 본문을 쓴 야마시타 에이지는, '먼 옛날 이리지방은 갈대가 우거진 습지로, 다만 언덕배기에 연하여 삼(三) 오(五)의 가(家)가 있을 뿐이었다', '겨우 민가 10여 호(戶)에 불과한 만경강가의 작은 동네', '이리의 땅은 호남선 개통 전에는 구방서식(鷗鷺棲息)[1]하는 한촌(寒村)의 한 개의 고을에 불과하고 정거장 부근 역시 주택도 없고 도로도 없어 밤에는 여우나 너구리 등이 출몰하였다.'라며 이런 낙후된 시골이 일본이 들어와서 비약적으로 발전을 가져왔다는 것이 그들의 논조임은 말할 것이 없다. 이러한 논조는 『군산부사』, 『조치원발전사』, 『대전발전사』에도 나타나는 패턴이다.

[표 11] 식민도시 읍지에 보이는 표현

| 서적 | 내용 |
|---|---|
| 『대구민단사(大丘民團史)』 (1915) | 일찍이 적막한 일개 촌락에 지나지 않았던 대구는 최근 조선 남부의 도시로서 널리 세상의 주의를 환기시키고 있다. |
| 『조선대전발전지(朝鮮大田發展誌)』[2](1917) | 대전은 삭막한 한촌(寒村)에 지나지 않았다. 그러나 일로(日露)전쟁 당시 경부선 철도가 놓일 즈음 내지인들의 이주가 시작되었다. |
| 『군산부사(群山府史)』 (1935) | 군산은 인구도 별로 없어 황량했고 매우 가난한 어촌이었다.[3] 개항 당시의 군산은 네다섯 개의 작은 언덕 자락에 얼마 되지 않은 조선인의 누추한 집들이 드문드문 흩어져 있고, 일본인 거주자는 겨우 70여 명이었다. 평지에는 갈대, 개구리밥풀, 가래나무 등이 무성하고 날짐승들이 떼지어 놀며 쉬기에 좋고, 저녁 이슬 창연하여 노을빛 떠돌고, 고기잡이배 등불이 깜박거리며, 밥 짓는 연기 가늘게 날리니 보이는 것마다 쓸쓸한 궁벽한 어촌에 지나지 않았다.[4] |

---

1 '鷗鷺棲息(구방서식)'의 의미는 '갈매기와 왜가리가 노니는' 갈대밭의 쓸쓸하고 한미한 촌락이라는 의미인데, 이는 일본인 이민자들의 치적을 홍보하기 위한 수단이었다. 연구자들의 바른 인용이 필요한 부분이다.

2 『大田發展誌』, 瞬報社, 1917. 대전 최초의 市誌라 할 수 있는 『대전발전지』(1917)의 저자는 대전실업협회의 서기장 다나카 레이스이(田中麗水)다.

3 『群山開港前史』(1935), 71쪽에는 조금 다른 통계가 제시되어 있다. 1899년 5월 개항 당시 군산의 일본인 호수는 20호, 인구는 77명에 불과했으며, 같은 해 말에야 일본인 호수 65호, 인구 248명, 무역액 8,586원(수이출액 8,198원, 수이입액 388원)이었다고 한다.

4 『群山府史』 총설 28쪽에는, '매년 점차 진보 발전하여 최근에는 무역액이 약 7천여만 원, 쌀의 반출[移出]이 약 2백만여 석에 달하고, 동시에 시가의 면모와 여러 기관의 시설이 정비되었고, 특히 1932년 10월 행정구역 확장이 실시되어 면적은 방대해지고 인구는 약 4

그러나 이리지역에 일본인이 들어오기 전, 1900년 일본 외무성의 지시에 따라 외무관료와 소속 관헌이 직접 답사하여 작성한 「전라도북부상황(全羅道北部狀況)」(1900) 보고서[5]에는 이리의 상황이 다음과 같이 나타나 있다.

이곳(裏里)은 전주부 내의 한 촌락으로 다소 번영한 곳인데 이곳에 정기 시장이 선다. 즉 4일과 9일에 장이 선다. 이 마을의 戶수는 100호이며 인구는 700여 명이다. 이곳은 군산항과 전주부의 중간 정도에 위치하며 토지가 비옥하고 지세가 평탄하다. 이에 따라 모든 촌민이 부유하다. 이곳의 주된 산물로는 米穀이 많이 난다고 한다. - 「전주부 관내 裏里」 부분

멀리 금마는 다른 권역이라 해도 익산 영등동은 청동기 유적이 있고 배산 아래는 옥야(沃野)현 치소가 있었고 마동 쪽은 보부상들이 자주 다니는 길목이었으니 이리는 만경강가의 제법 큰 마을이었다. 이리 사람들은 감조하천과 인접해서 사리와 조금에 밝았는데 이리역이 들어서면서 현대식 시간표에 익숙해져 갔다.

만(일본인 약 1만 명, 조선인 약 3만 명, 외국인 388명)에 이르러 지금은 '쌀의 군산'이라고 불리기보다도 남쪽 지방의 경제도시로 으뜸이라 칭해지며, 선진항인 원산, 목포, 진남포를 족히 능가하며, 부산, 대구, 인천에 버금가는 조선 무역에서 중요한 지위를 차지하게 되었다.'고 기록하고 있다.

5   전북연구원에서 『강제병합 이전의 전라북도 및 군산지역 상황』을 2020년 발간하였다. 이 책에는 「전라도 북부상황(全羅道北部狀況)」(1900)이 들어 있다. '1900년(明治33年) 1월 29일 전라북도 全州府, 그 밖의 전주부 부근의 각 지방 상황을 시찰하라는 출장을 명(命) 받고 당일 오전 9시 즈음 군산항을 출발하여 올해 2월 17일 귀관하였습니다. 상황은 다음과 같습니다. 1900년(明治33年) 3월 15일, 재목포 일본영사관 군산 분관 소속 순사 히라지로 히코스케(平城彦助)'라고 쓰여 있다.

## 1) 이리 의병의 저항 양상

여기 솝리 땅에 1906년에는 군산에서 이주한 후쿠오카현(福岡縣) 출신의 다나카 도미지로(田中富次郎)가 상업 및 여관을 경영할 목적으로 진출한다. 사실 이리 서쪽 오산면에는 후지이 간타로(藤井寛太郎)가 한창 땅을 매입하고 있을 때였다. 이어 1907년 기후(岐阜)현 오하시(大橋) 은행주가 농장 개설을 위해 에다요시 모토노부를 파견하고 1908년 나가사키(長崎)현 출신 오기 요네츠케가 오하시를 대리하는데 이들이 이리의 이민 1세대들이다.

이리는 군산처럼 세금을 많이 내면서 조계지(租界地)로 보호받는 곳이 아니었다. 식민통치를 기획하는 일본인 입장에서 보면 '폭도'들이 출몰하는 동네가 이리였다. 정미의병[6]은 익산지역에서는 오하 이규홍[7] 휘하 의병들을 이르는 말인데, 『이리안내(裡里案內)』(1915)에는 1908년경 일본인이 이리에 진출할 즈음에 조선인의 저항이 격렬했음을 소상히 서술하고 있다. 일본인들이 이른바 '폭도'라 일컫는 의병의 투쟁이었다.

----

6  정미의병(丁未義兵)은 1907년 고종의 강제 퇴위와 정미칠조약 강제 체결, 군대 해산 등을 계기로 1907~1910년 사이 발생한 항일 구국적 근대 의병봉기다.
7  이규홍 의병장은 1881년 익산시 팔봉동 출신으로 1905년 을사늑약과 군대 해산으로 나라가 존망의 위기에 이르자 뜻있는 동지 박이환, 문형모와 함께 의병 창의를 기획하고 정읍의 호남 의병장 최익현과 임병찬을 만나 익산의병 창의에 들어간다. 이규홍은 3,000석 전 재산을 팔아 세를 규합하고 완주 화산 가금재와 진안 용담 그리고 충남 금산 남이에서 일본군과 교전한다. 1908년 4월 20일 살아남은 의병과 이규홍 의병장은 식장산 장군바위 아래서 의병해산을 선언한다. 이후 1918년 상해로 독립운동의 거점을 옮기고 간도와 서울 등에서 활약한다. 이규홍 의병장은 1929년 6월 6일 고문 후유증으로 48세의 일기로 별세했다.

그림69. 구한말 호남지방 무장항쟁에 나서다 일본의 남한 대토벌 작전으로 체포된 호남 의병장들

당시 이리에 토착한 한국인은 侍天[8]·예수 두 종교를 받드는 사람이 많았다. 반일사상이 심하여 일본인의 거주를 반가워하지 않고, 가옥·부지의 구입이나 차입은 거의 불가능하였다. 1907년 11월 8일 이리의 북쪽 2km 지점의 배산 부근에 폭도가 일어났고, 그달 15일 한밤중에는 삼례 와타나베(渡邊)농장에 불을 지르며 습격하여 일본인 1명을 살해하였다. 이를 전후하여 폭도는 미륵산에 웅거하고, 혹은 이리에 출몰하여 우편물을 태워버리는 등 실로 인심이 흉흉한 상황이었다.

1907년 12월 11일 밤 폭도 5-6명이 후리 유대근[9]의 집을 습격하여 그 가족을

---

8  시천교(侍天敎)는 동학(東學)의 일파로 의암 손병희가 주도한 천도교(天道敎)에 대하여 이용구(李容九, 1868-1912) 등이 1906년 갈라져 나와 설립한 교단이다.

9  『이리안내(裡里案內)』(1915) 익산면사무소 파트에 소개된 인물이다. '1915년 당시 익산군 권업부원, 학무위원 등의 직에 있으며 책무를 다하는 노력의 공적 역시 적지 않다. 많은 토지를 소유하였고 금융업자. 1914년 6월 익산지방금융조합장에 임명되어 지금도 현직에 있다.'고 기록되어 있다.

옥박질러 금품을 탈취하고, 동 22일에 다시 7명의 폭도가 곤봉을 휴대하고 동산리 김명오의 집에 밀고 들어갔으나 그들이 가진 무기를 빼앗으려 하여 뜻을 이루지 못하고, 드디어 적도들은 이리에 와서 다나카 도미지로, 오기 요네츠케(扇米助) 씨 등의 집을 태워버렸다.

그해 12월 10일, 고마츠(小松) 군조(軍曹)[10] 이하 수명의 수비병은 북일면 부평리 부근에서 적도(賊徒) 15명과 격돌하여 그중 7명을 죽이고 5명을 포획하였다. 다음 11일 보병 특무조장 하라히토 헤이타(原仁平太) 이하 13명을 그곳에 수비하도록 도착시키고, 동 18일 고부로 보냈다. 동 20일 기병 상등병 이하 4명을 교대하도록 도착시켰다. 1908년 5월 이리수비대는 전부 철수하게 되어 고부로 돌아가고, 그 후는 오산리 순사주재소의 관할이 되었다.[11]


이리 의병들의 저항이 만만치 않게 진행되자 자위의 필요성을 느낀 이민 1세대들은 오하시(大橋)농장 사무원 보병 대위 모로오 가쿠다로(百尾覺太郞)를 단장으로 하여 고(故) 에다요시 모토노부, 모리시마 소지로(森島莊次郞), 오기 요네츠케, 다나카 도미지로 등으로 야경단을 조직하여 매일 밤 경계에 힘썼다. 또한 재주자 협의로 에다요시를 총대로 하여 익산헌병분견소 구라토미(倉富) 헌병 중위에게 헌병의 파견을 청원한다. 일본인 진출 초기 농장주들은 일본군 헌병과[12]에서 근무한 장교들을 사무원으로 영입하는데 호남선 공사 당시 공사장에는 헌병이리분견소가 있었고 역 앞 메이지여관은 헌

10 일본군 하사관 계급에는 조장(曹長), 군조, 오장(伍長) 등이 있고, 병(兵)에 상등병(上等兵), 일등병(一等兵), 이등병(二等兵)의 순이다.
11 『이리안내(裡里案內)』(1915) 3, 沿革 파트, 5쪽.
12 참고로 『이리안내(裡里案內)』(1915)에는 '헌병'이란 단어가 54회 나온다.

병대 지정여관이었다. 목천포의 헌병출장소는 오산리 지역도 관할하였다.

> 7일 오전 2시에 의병 40명이 익산군에 드러가서 순사의 처소를 습격하요 세무
> 서를 공격하야다. 쇼화하엿스며 동일 오후 4시에 해군. 두촌면으로 퇴각하엿
> 는데 세무주사는 피난하고 일 순사는 타처로 출장하엿스나 세무서 사령 1명만
> 다리를 피상하엿다하고. 전라북도에서 온 사람의 말을 드른 즉 고산, 익산, 여
> 산 등 군에 의병이 대치하다더라.[13]

## 의병들의 재판기록

『이리안내(裡里案內)』(1915)에 보이는 의병들의 기록은《대한매일신보》[14]
에도 나타난다. '1908년(純宗2·隆熙2·戊申) 9. 27. 의병 50여 명, 전북 익산에
서 익산 분견소원과 교전'하였다는 기록이 있고 여기 융희 3년(1909) 3월 3일,
광주지방재판소 전주지부가 남긴 익산 의병들에 대한 재판기록이 있다.

> 위 3명에 대한 강도 피고사건에 대해 당 재판소는 검사 지수고차랑(志水高次
> 郞)이 입회 심리 판결함이 다음과 같다.

> 주문
> 피고 한경(漢京)을 교(絞)에 처하고, 피고 경신(京信), 영준(永俊)은 각 징역 종신
> 에 처한다.

---

13 《대한매일신보》, 1908년 03월 22일 기사.
14 1907년 12월 11일 기사에는 '본월 9일에 익산군 서방에서 의병 40명이…'라는 기사와
   1908년 01월 26일 '오전 2시에 의병 40명이 익산군에 드러가서'라는 제목의 기사가 검색
   되는데 바로 이리지역에서 일어난 의병들의 충돌이다.

이유

제5. 피고 한경(漢京), 영준(永俊)은 이정근(漢京) 외 3명과 함께 권총 및 화승총을 가지고 융희 2년(1908) 음력 12월 어느 날 익산군(益山郡) 이지리(梨地里) 배의관(裵議官)의 집에 돌입하여 엽전 2관문을 강탈하였다.

제6. 피고 한경(漢京), 영준(永俊)은 이정근(李正近)외 3명과 함께 권총 및 화승총을 가지고 융희 2년(1908) 음력 12월 어느 날 밤 익산군 용지리(龍池里) 강감역(姜監役)의 집에 돌입하여 지폐 26원을 강탈하였다.

제7. 피고 3명은 위와 동일 밤 이정근(李正近) 외 3명과 함께 권총과 화승총을 가지고 익산군 봉포(鳳浦) 동장의 집에 돌입하여 엽전 1관과 지폐 9원을 강탈하였다.

제8. 피고 한경(漢京), 영준(永俊)은 함께 권총을 가지고 융희 2년(1908) 음력 12월 21일 익산군 북이면(北二面) 후리(後里) 유대근(柳大根)[15]의 집에 돌입하여 현금 15원과 50원의 음표 1매를 강탈하였다.

제9. 피고 3명은 위와 동일 저녁 이정근(李正近) 외 3명과 함께 권총, 화승총, 양총을 가지고 김제군 개토면장의 집에 돌입하여 46원을 강탈하였다.

제10. 피고 한경(漢京)은 이정근(李正近) 외 3명과 함께 융희 3년(1909) 음력 12월 중 어느 날 익산군 왕묘리(王墓里) 박영춘(朴永春)의 집에 가서 무기를 사용하

---

15 『이리안내(裡里案內)』의 인물평에 의하면, '柳大根씨는 외로운 몸으로 태어나 여러 가지 환란과 싸웠다. 참담한 신고(辛苦)의 경우를 맞아도 불굴의 의지로 극복하여 장애를 털어버리고 빈손으로 가산을 일으켜 오늘날에는 이 지방의 유수한 자산과 명망을 겸비하기에 이르렀다. 성품이 착실 온건하여 공공심이 풍부하고, 박애가 대중에 미치는 어진 마음을 갖춘 사람이다. 익산군 권업부원, 학무위원 등의 직에 있으며 책무를 다하는 노력의 공적 역시 적지 않다. 1914년 6월 익산지방금융조합장에 임명되어 지금도 현직에 있다. 농·상의 자금융통 등산업의 진흥에 오직 진력하고 있다.'고 쓰고 있다.

여 네가 안종문(安宗文)을 죽이고 얻은 무기를 인도하지 않으면 너를 죽이겠다고 협박하여 영춘(永春)에게서 권총 2개, 화승총 5개, 양총 2자루를 강탈하였다.

제11. 피고 한경(漢京)은 이정근(李正近) 외 2명과 함께 융희 2년(1908) 10월 초순 익산군 북일면(北一面) 면장의 집에 돌입하여 무기를 사용하여 돈 16원을 강탈하였다.

이상의 사실은 당 공정에서 한 피고 3명의 공술 및 피고 3명에 대한 검사의 신문조서에 의해 증빙이 충분하다. 이를 법률에 비추어보니 피고 한경(漢京)의 제1~제12와 피고 영준(永俊)의 제3~제9 및 제12, 피고 경신(京信)의 제4, 제7, 제9 및 제12의 소행은 모두 형법대전 제593조에 해당하고, 여러 죄가 함께 일어난 것에 관계되므로 동법 제129조에 의해 피고 3명 모두 제9의 소행이 무거워 각 피고를 교(絞)에 처해야 하는데, 피고 영준(永俊), 피고 경신(京信)은 정상을 참작할 만한 것이 있으므로 동법 제125조에 의해 위 2명에 대해서는 본형에서 1등을 감하여 징역 종신에 처함이 타당하여 주문과 같이 판결한다.

융희 3년(1909) 3월 3일 광주지방재판소 전주지부[16]


## 후지이 간타로에게 닥친 의병

한편 후지이 간타로는 토지매수 과정에서 조선인 의병과의 긴장을 자서전에 기록해 두었다. '후지이 지소부'의 토지집적 과정 그리고 미곡 매입 활동 과정에서 각지에 파견된 후지모토합자회사의 반출인 가운데 5명이 습격을 당해 목숨을 잃었다. 후지이는 각지의 토지매수 후보지 선정과정에서 "조선인 통역은 철포를 메고, 나는 조선말에 올라 등과 허리에 각각 일본도와 단총을 소지한 상태로 나섰다. 농장에는 의병의 습격에 대비하기 위해 헌병 경

---

16 문서번호 : CJA0001707, 문서번호 : 774820, 성명 : 임영준 외 2인, 736-744쪽.

찰이 상시 주둔했으며 농장에는 자체적으로 무기를 보유한 러일전쟁에 종 군한 병사들로 '자경단'을 결성하고 참호를 구축하고 완전무장 상태로 매일 2시간의 군사훈련을 실시했고 어떤 때는 농장에 출동하여 100명 정도의 폭 도를 격퇴시킨 적도 있다"고 전한다.[17] 일본인의 침투에 대한 저항은 강점 이 전에 소위 일본인들이 부르는 '폭도'로서의 적극적인 투쟁, 즉 이리지역의 의 병투쟁 형태가 격렬하였음을 알 수 있는 대목이다.

이후 일제의 강점은 1919년 전국적으로 확산되었던 3.1운동 중 이리지역 은 4.4 만세운동으로 정점을 맞이하였다. 이리지역 만세운동은 이른바 '구시 장' 즉 일본인 재벌 오하시(大橋)농장 앞에서 벌어졌다. 그러나 이러한 적극 적인 투쟁에 일본헌병대는 오하시농장의 성벽에서 총을 쏘고 소방조가 갈 고리로 만세 군중을 해체하는 강경한 진압으로 문용기 열사[18]를 비롯한 6명 이 현장에서 순국하고 수십 명이 부상하는 사태가 벌어진다.

## 이리 장날의 4.4 만세운동 사건

시장은 민란의 배후다. 이리 장날은 오늘날도 4일과 9일이다. 1919년 만 세사건도 4일 이리(구)시장 즉 오하시농장 앞에서 이루어졌는데 여기 익산

---

17 이규수, 「20세기 초 일본인 상업자본가의 한국진출과 농장경영-후지이 간타로(藤井寬 太郎)의 사례」의 재인용.
18 文鏞祺(1878~1919) 열사는 오산리(현 익산시 오산면 오산리 관음마을)에서 태어났다. 1901년 군산의 영명학교 한문교사로 부임, 1907년 목포에 있는 왓킨스학교를 졸업하고 함 경도 갑산의 금광에서 미국인 통역으로 일하며 독립운동 자금을 지원하였다. 익산지역 박 도현(朴道賢)·장경춘(張京春)·서정만(徐廷萬) 등 기독교 계열 인사들과 만나 이리 장날 에 만세 시위를 전개하기로 계획하였다. 4월 4일 정오 무렵 이리장터에는 기독교인과 학 생을 중심으로 300여 명이 모였고, 일행은 만세를 부르다 일본인 총칼에 순국하였다.

대장촌에 살던 조선인 이춘기의 일기[19]는 그 구체성을 더한다.

"이리 장날이다. 조부님 제삿날이 3월 6일인데, 제사 장보기를 하러 이리장에 갔다. 제수품을 다 사서 일꾼에게 보내고 기차를 타고 오려고 이리역으로 나오다가, 뜻밖에 어디서 만세 소리가 나더니, 장꾼들이 모이고, 사람들이 수군 거리더니, 조금 있다가 그만 사람의 떼가 몰리기 시작하고, 장사꾼, 장꾼 누구나 할 것 없이, 온 장판에 만세 소리가 충천하고, 사람들이 전부 공중으로 날아다니는 것만 같다. 뛰어 옹기전께로 올라가니, 그릇을 발길로 차 부수고, 온 장판 사람들은 얼굴빛이 한 색깔 한마음 한뜻인 것 같다. 나도 같이 휩쓸려 한동안 따라다녔다. 모자를 공중에 던지고 서로 두루마기 자락을 잡고 날뛰었다. 숨을 헐떡이며 눈이 벌겋게 되어 제 바람에 쓰러지고 하였다. 일본인 상점, 중국인 송방(松房)은 문을 닫고, 야단치던 중 뜻밖에 총성이 계속 5연발 우리 또래 학생이 쓰러지

그림70. 4.4 만세운동 당시 순국한 문용기 열사의 두루마기

19 대장촌(현 익산시 춘포면)에서 살았던 이춘기(1906~1991)의 일기 『목련꽃 필 무렵 당신을 보내고』, 학지사, 2017. 이 책을 엮은 서경대 문화콘텐츠 학부 이복규 교수는, '이춘기의 일기는 3.1운동 및 6·25 회고가 지닌 역사적 가치를 담고 있다. 민족 전체가 경험한 이들 사건 앞에서 한 개인이 구체적으로 어떻게 겪었고 반응했는지 아주 자세하게 증언하고 있는 이춘기의 일기는 소중하다.'고 말했다.

며 피를 토하고, 어른 줄 사방에서 울음소리. 삽시간에 만세 소리는 조용하더니, 한쪽에서 장꾼들이 쏠리기 시작한다. 어느새 소방대원들이 갈고리를 들고는 나와 닥치는 대로 옷자락을 챙겨 잡고 갈고리로 찍어 끌고 간다."

이리 4.4 만세운동 당시의 상황이 매우 치열했음이 한 소시민 이춘기의 일기에서 드러나는데, 만세운동 이후 이리에서 일제의 지배권력에 대한 저항은 농장과 노동자들이 많은 도시답게 소작쟁의와 노동쟁의 그리고 사회주의 운동 양상으로 변화하였다.

## 2) 호남선 개통과 수리조합

도시의 공간 구조적 측면에서는, 전통도시 전주에서 양반 세력과의 갈등 혹은 군산처럼 해안의 매립 등 돈이 많이 드는 지형변화를 통해 시가지를 확장하는 것이 아니라 이리는 처음부터 친일파들의 역세권 개발전략에 맞춤형 도시개발이 가능한 공간이었다. 일본인 이민 1세대들은 전주나 군산항을 연결하는 정거장을 중심으로 하여 동서축을 기준으로 은행과 경찰서 등 행정 공간을 장착하고 남북축을 기준으로 하는 상업공간의 가로로 구성된 도시계획 체계를 갖추어 갔다. 1908년 이리에 진출한 일본인 오기 오네츠케(扇米助) 등이 청원을 주도하여 익산군청과 우편소가 익산군 금마에서 이리로 이전한다. 1911년 철도공사가 시작되면서 익산헌병분대와 익산변전소도 옮겨왔다. 이리우편소는 훗날 조치원과 함께 조선의 2대 우편소로 불릴 만큼 번성했다. 전통 공간 금마는 쇠락하고 신이리는 도시의 꼴을 조금씩 갖춰가기 시작했다.

조선의 보고 호남땅에 진출한 초기의 상인 후지이는 '실업가의 임무'를 표방하며 '신천지 열풍'에 편승하여 호남지역의 만경강 지역에 주목한다. 강경

그림71. 익옥수리조합
구역확장반대 신문기사

지역의 토지가격이 높은 반면, 만경강 주변 오산리 지역은 매우 낮은 가격으로 토지를 구입할 수 있었다. 후지이는 농장경영자로서 고율의 토지수익률에 주목하여 자본의 투자대상을 토지로 바꾸어 나갔다. 토지집적과 소작제 농장 경영으로부터 획득한 소작미를 일본에 직접 수출하는 것이 상업활동보다 높은 수익률을 창출할 수 있다고 판단했기 때문이다. 후지이는 1904년 익산 오산면의 전북농장 개설 이후 1913년 평북 용천지역의 서선(西鮮)농장과 대정수리조합(大正水利組合)을 운영한 것에서도 잘 나타난다.[20]

후지이는 1905년 8월 '수원조사대(水源調査隊)'를 조직하여 농장 남단으로 흐르는 만경강에 대한 수원조사를 실시하여 마한시대에 축조된 저수지인 익산군 황등면의 폐제된 요교호[21]를 발견한다. 이후 요교호의 제방 개축공사를

20 이규수,「1920年代後半期, 不二西鮮農場地域の朝鮮農民運動について」,『朝鮮民族運動史研究』9, 1993.
21 황등제호(黃登堤湖) 혹은 황등호수 등으로 불린다.『이리안내(裡里案內)』(1915) 145쪽

그림72. 당대 최대의 담수호로서 황등평야와 서수 쪽에 물길을 대던 황등호의 모습

통한 임익수리조합 설치계획을 수립하기에 이른다. 반면 일본인 자본가들은 오히려 수리조합을 설치하려는 후지이의 구상에 반대하는데 군산지역의 지주단체인 '군산농사조합' 멤버들은 우량품종의 개발과 보급을 위한 '수원 농사실험장 지소'의 개설을 주장했다. 이미 이들은 관개시설과 무관한 비옥한 기간지를 확보하고 있었기에 당연한 일이었다. 수리조합비를 지불하면서 새끼호랑이가 커가는 모습을 지켜보고 싶지 않았던 것이다. 그래서 대장촌 지역의 농민들은 전주 입구까지 진출하여 시위를 벌이기도 했다.[22] 이에 대

에 보이는 '요교호(腰橋湖)는 북일·황등·삼기·팔봉의 4개 면에 둘러싸인 조선 제일의 담수호이다. 1911년 5월 임익수리조합의 저수지로 시공한 결과 주위가 10리 3정으로 확장되었다. 담수면적은 1,020정이며, 만수 때의 깊이는 부분적으로 약 13척, 낮은 곳은 약 7척이며, 아직 일찍이 마른 적이 없다.'고 서술하고 있다. 만경강의 직강호안공사가 이루어지고 완주의 경천저수지가 기능을 발휘하게 되자, 일제는 1933-1935년까지 폐호개답하여 1,000여 정보의 수답을 얻어 사용하였다.

22 1921년 9월 20일 대장촌 지역 농민들이 전주입구까지 시위를 벌인다. 오산과 옥구에 이르는 대간선수로가 설립되면 대장촌 지역의 수로에 피해가 가기 때문이었다. 지역 토호

해 후지이는 농사시험장 유치 여론을 비판하며 수리조합사업의 필요성 설득에 성공한다. 통감부는 1909년 '수리조합령'을 공포하여 수리조합 설치계획을 수용하고 후지이에게 정부예산으로부터 수리조사비 명목으로 4만 5천 원을 지급했다. 1911년 5월에 수로 간선과 배수로 등 설비공사와 인수로 개설 공사가 완료되었다. 사업비는 합계 316,500원에 달했는데 사업자금은 총독부의 지불보증 아래 한호농공은행(漢湖農工銀行) 및 전주농공은행(全州農工銀行)[23]으로부터 15년간 원리 균등 상환 방식으로 총 20만 원을 저리로 대출받고 농민들에게 그 빚을 전가하였다.

당시 일본정부는 언론을 활용하여 조선으로 이민을 장려하고 있었다. 일본 농민들을 직접 이주시킴으로써 농업생산력을 비약적으로 높일 수 있을 것이란 구체적 전망을 내놓고 있었다. 1902년 일본 정재계 거물들이 중심이 되어 설립한 '조선협회'에서 펴낸 회보에는 '조선의 농촌 토지를 사서 수리공사를 실시하고 경작법을 개량하면 조선과 투자자 부를 진흥시키며 소작인도 이롭게 할 수 있다'는 내용이 실리기도 했다. 또한 일본 정부는 1901년 이민 보호법을 제정하여 조선을 포함한 해외 이민에 대한 규제를 철폐했다.[24]

## 유효수요 창출을 위한 이민생활 백서

이러한 일본인의 조선행 장려가 구호에 그치지 않고 군산에서는 1907년에 『부의 군산(富之群山)』을 발간하는데 『이리안내(裡里案內)』(1915) 류의 안내서적

와 민중들이 함께 한 이 시위는 대아댐에서부터 흘러온 만경강 상류 물을 두고 농사를 위한 대장촌과 오산리의 경쟁이기도 했다.

23 대주주가 직전 익산군수 朴永喆의 부친 朴基順이었다. 후일 三南銀行으로 성장한다.
24 윤춘호, 『봉인된 역사』, 푸른길, 2017, 72쪽.

은 새로운 유효수요 창출을 위한 '이민생활 백서'였다. 소득격차와 교육격차에 허덕이는 일본의 저소득층과 저임금노동자에게 만경강을 중심으로 하는 호남평야는 조선에서 제일가는 평야로 비옥한 들판이며, 지가가 저렴한 매력적인 공간이라는 것을 안내서는 구체적으로 직시하고 있다. 요컨대 '오산리 부근은 농업지로서 매우 유리한 땅으로서 아직은 영농자를 받아들일 여분의 토지가 충분하므로 농사경영을 원한다면 마땅히 이 방면에 투자해야만 한다'고 홍보하면서 구체적으로 토지 가격에 대해서도 밝히고 있다.

> 이리 부근은 1두락 150평을 표준으로 하고, 논은 10엔 이상 30엔 정도까지, 밭은 5엔 이상 15엔 정도까지이다. 일본의 땅값에 비교하여 실로 저렴하지 않은가? 일본은 논 1단보 가격은 300엔 이상으로 올라 있고, 혹 지방에 따라서는 1000엔의 고가까지 있다. 일본의 논밭 1단보를 매각한 자금으로 한국의 논밭 5단보 이상을 매수할 수 있다. 더구나 일본의 경지상장(耕地相場)은 이미 절정에 달하여, 이 이상으로 올라가기는 가까운 장래에 있어서는 절대로 없다고 봐도 좋을 것이다.[25]

『이리안내(裡里案內)』(1915)는 대놓고 만경강 주위 이리지역은 단기적 투기수요가 나쁘지 않고 장기적으로 투자 안정성이 확보되었다고 홍보하고 있다. 일찍 저가로 땅을 구입한 대농장주의 농장 경영은 엄청난 이익을 가져왔지만 새 이주민들은 낯선 고장에 대한 두려움이 앞선 것이 사실이었다. 일본에서 빈농이주자라 할지라도 신분 상승의 기회가 온다면서, 실제로 대장촌에 선착한 이주민들은 간사이(關西)지방 구마모토(熊本)의 빈농 출신의 농업

---

25 『이리안내(裡里案內)』(1915), 제9장 농업 파트, 84쪽.

이민자들인데 도시민 못지않게 소득을 올리고 그들만의 신사(神社)와 학교가 자리하고 있어 문화를 누리고 살고 있다고 홍보한다. 후지이 간타로를 비롯한 농장주들은 일본의 군대와 자본 그리고 거기 따른 기술력과 문화의 침투로 끝나는 것이 아니라 결국은 실질적 조선 점령의 완성은 일본 농민의 이주를 통한 조선의 일본화에 있다고 믿었다. 특히 내선일체의 모범촌이라는 성공사례로서 대장촌은 일반화시키기에 좋은 사례였다. 대장촌의 우람한 대장신사(大場神社)와 호소카와(細川)농장 사람들이 일본 전통의상을 입은 사진 속 모습은 마치 잡지의 화보와 같은 모습이었다.

일제강점기 '이리'라는 도시를 탄생시키면서 근대 100년의 발전 속 성장 그 시작은 당연히 1912년의 호남선 개통이다. 호남선 철도가 놓이면서 교통의 혁신은 도시를 발전시켰고 군산과 전주와의 교류를 넘어서 대전과 정읍에 이르는 중요 거점도시로 성장하게 되었다. 미곡 수출의 중요한 거점이자, 물자 이동의 통로이자, 인적 물적 교류의 중심지이자, 교육기관이 들어서면서 도시는 외형을 키운다. 당시 이리 진입 초기에 거주하던 일본인의 호구와 인구를 정리하면 [표 12][26]와 같다.

[표 12] 이리 거주 일본인 총인구 및 호구 현황(제1기)(단위: 호, 명)

| 연도 | | 1906 | 1907 | 1908 | 1909 | 1910 | 1911 | 1912 | 1913 | 1914 |
|---|---|---|---|---|---|---|---|---|---|---|
| 호수 | | 1 | 2 | 3 | 4 | 5 | 66 | 270 | 288 | 507 |
| 인구 | 남 | 2 | 4 | 8 | 7 | 6 | 131 | 532 | 543 | 1,041 |
| | 여 | 2 | 1 | 4 | 2 | 10 | 93 | 414 | 459 | 740 |
| | 계 | 4 | 5 | 12 | 9 | 16 | 224 | 946 | 1,002 | 1,781 |

26 『裡里案內』(1915), 10~11쪽.

한일병탄 이전 이리에 이주한 일본인 현황은 매우 미미하지만 호남선 철도 측량을 기회로 인구가 증가함을 보여준다. 1912년 호남선 부설과 이리역 영업개시 전후로 이리의 인구는 폭발적으로 성장하게 된다. 호남선과 군산선이 개통되는 1912년의 일본인 인구 수는 946명으로 전년도에 비해 322%의 인구증가율을 보이고 있다. 일본인 유입 인구 분포를 보면 이리에 거주하는 일본인은 야마구치(山口)현이 45명으로 가장 많다. 두 명의 조선총독을 배출하였는데 이토 히로부미(伊藤博文)도 바로 이곳 출신이다. 1897년 1월 7일에 전주로 처음 들어온 이노우에 쇼타로(井上正太郎)·모리나가 신소(守永新三) 형제 역시 야마구치 출신이었고 반면에 조선인 유학생들도 야마구치현으로 유학한 사람들도 많았다. 후쿠오카현(40명), 나가사키현(24명), 오이타현(24명)을 비롯하여 가고시마(鹿兒島), 사가(佐賀), 구마모토(熊本) 등 주로 일본열도의 서남단에 위치한 지역으로 비교적 한반도와 근거리여서, 지리적 인접성이 일본인의 한국 이주에 영향을 주고 있다고 할 수 있다.[27] 동일시기 전라북도로 이주한 일본인은 총 17,761명 중 1,000명 이상의 이주자를 보이는 지역은 전국에 분포했던 재조 일본인들의 출신지와 비슷하게 나타난다. 야마구치(山口)현[28]이 1,822명, 후쿠오카현 1,382명, 오이타현(大分縣) 1,125명 순으로 규슈를 비롯한 長州(조슈번)[29] 출신들이 많은 이주 형태를 보이고

---

27 참고로 『군산부사』(1935)에 보면, 1934년 당시 군산의 일본인 9,408명 중 야마구치현(山口縣) 출신이 1,355명, 나가사키현(長崎縣) 출신이 868명, 에히메현(愛媛縣) 출신이 602명 순으로 나타난다.

28 조슈번(長州蕃)의 본거지다. 일본육군의 본거지로 조선총독 데라우치 마사다케(寺内正毅)와 옥구의 시마타니(島谷)농장 역시 야마구치현 출신이다. 복어요리와 더불어 조선인의 유학이 많은 곳이다.

29 조슈번(長州藩)은 일본 야마구치현에 위치했던 에도시대의 4, 5위 안에 드는 경제력과 군사력을 갖춘 큰 번이었다. 메이지 유신 시대의 폐번치현을 통해 야마구치현으로 거

있다.[30] 참고로 작은 고을 도쿠시마(德島)현 출신이 많음은 불이(不二)농장 창업주인 후지이 간타로의 고향이라는 점이 작용한 것으로 보인다. 이리에 온 일본인들은 지역 연고에 따라 이동하였음을 짐작케 한다. 이들을 정리하면 [표 13][31]과 같다.

[표 13] 이리 거주 일본인 부·현별 출신표

| 부·현별 | 인원 | 부·현별 | 인원 |
|---|---|---|---|
| 야마구치(山口)현 | 45 | 후쿠오카(福岡)현 | 40 |
| 나가사키(長崎)현 | 24 | 오이타(大分)현 | 24 |
| 가고시마(鹿兒島)현[32] | 18 | 가가와(香川)현 | 17 |
| 사가(佐賀)현 | 18 | 구마모토(熊本)현[33] | 16 |
| 미에(三重)현[34] | 18 | 기후(岐阜)현[35] | 13 |
| 교토(京都)부 | 15 | 아이치(愛知)현[36] | 19 |
| 효고(兵庫)현 | 14 | 와카야마(和歌山)현 | 16 |
| 에히메(愛媛)현 | 15 | 오사카(大阪)부 | 18 |
| 도쿠시마(德島)현 | 12 | 후쿠이(福井)현 | 8 |
| 시즈오카(靜岡)현 | 7 | 오카야마(岡山)현 | 27 |
| 시마네(島根)현 | 7 | 도치기(栃木)현 | 3 |
| 도쿄(東京)도 | 12 | 이시가와(石川)현 | 5 |
| 사이타마(埼玉)현 | 5 | 후쿠시마(福島)현 | 3 |
| 군마(群馬)현 | 6 | 나가노(長野)현 | 7 |
| 돗토리(鳥取)현 | 4 | 시가(滋賀)현 | 9 |
| 가나가와(神奈川)현 | 6 | 야마나시(山梨)현 | 3 |
| 고치(高知)현[37] | 3 | 도야마(富山)현 | 6 |

듭나며 사라지게 되었다. 이토 히로부미와 정한론(征韓論)을 주창한 요시다 쇼인이 바로 조슈번 출신이다. 이곳 출신 인물들이 일본 제국주의 시대의 중심에 서서 활동했다. 2012년부터 2020년까지 총리를 지낸 아베 신조의 아버지의 고향이 야마구치현 나가토시로 조슈 번지역에 해당된다.

30 朝鮮總督府 全羅北道(1915), 『朝鮮總督府 全羅北道統計年報』, 28-29쪽.
31 『裡里案內』(1915), 제1장 총설 편, 8쪽.

| 이바라기(茨木)현, 미야기(宮城)현, 미야자키(宮崎)현, 지바(千葉)현 각 2명 |
|---|
| 나라(奈良)현, 이와테(岩手)현, 홋카이도(北海道), 니이가타(新潟)현[38] 각 1명 |

## 3) 지역유지와 학교조합

군산지역은 개항 이래 거류민단 및 일본인회(日本人會)를 중심으로 활동했다면 이리지역은 학교조합(學校組合)을 필두로 도시 형성의 기초를 다져나간다. 아직 통감부의 행정력이 지방에 미치지 못한 1909년 학교조합령에 따라 제도화되면서 학교조합은 이민자 사회의 주요한 관변단체를 넘어 이권단체로 변신한다.[39] 1910년대 이래 이리지역에는 각종 농회, 번영회, 금융조합, 수리조합, 위생조합,[40] 산업조합(면작조합, 양잠조합, 축산조합), 지주회(地

32 규슈 최남단 가고시마는 사쓰마번(薩摩藩)의 중심지로 간장과 소주로 유명한 곳이다. 해군제독 도고 헤이하치로(東郷平八郎)의 고향이기도 하다.

33 호소카와 가문(細川家)의 영지, 이마무라 이치지로(今村一次郎)농장주.

34 익산면 남중리의 미에(三重)농장주와 동산리의 구라타(倉田)농장주 역시 미에현 출신이다.

35 기후현은 오하시 농장의 창업주 오하시 요이치(大橋與市, 1866-1929)의 고향이다. 후루가와(古川)상점의 후루가와 역시 기후현 출신이다.

36 오가이(猪飼)목재부는 아이치(愛知)현 출신 공학사 오가이 세이타로(猪飼政太郎)가 경영하다가 동생 종7위 훈5등 공5급 오가이 요(猪飼 要)가 경영하고 있다. 이리학교조합위원, 이리소방조두(頭), 이리위생조합위원.

37 토사번(土佐藩)의 본거지.

38 가타기리(片桐)농장, 서수지역의 가와사키(川崎)농장주가 니이가타 출신이다.

39 정승진, 「식민지기 학교조합과 호남의 일본인 이민자 사회-全北 益山(裡里), 群山, 金堤, 全州의 단편 사례」, 『大東文化硏究』 제90집, 2015.

40 『裡里案內』(1915), 54쪽에 "衛生에 관한 사무는 1913년까지 일본인에 대해서는 學校組合, 조선인에 대해서는 面事務所에서 관할하였다."고 나와 있다. 1914년부터 행정구역 개편 이후 위생사무는 민족·국적을 불문하고 裡里衛生組合에서 전담하였다.

主會), 재향군인회, 청년단체, 부인회 등 각종 공공단체 및 사회단체가 우후죽순으로 설립되었다.

이리학교조합(1912)은 이리번영조합(1911)의 후원하에 창립된다. 사실상 학교조합은 일본인들만을 위한 교육사업을 핑계로 이리지역의 도시행정 유지 기능을 독점하는 유지정치의 산물이었다. 학교조합은 교육사업 이외에 시구(市區)의 획정(劃定), 철도의 신설, 교사(校舍)의 건축, 도수장(屠獸場)의 권리 매수 및 건설, 소방조(消防組)의 조직, 피역병사(避役病舍)의 건설 등 사실상 일반 관공서에 버금가는 광범위한 공공사업을 전개하였다.[41] 이들은 사업자금으로 설립 초기부터 국고보조금이 아닌 이리번영조합의 '기부금'에 의해 운영되었다. 학교조합의 추진 주체는 소수의 일본인 유지였는데, 이리번영조합의 운영에도 참여한 이리의 유지 3인방[枝吉元信·扇米助·田中富次郎]의 이름이 자주 오르내린다. 이들은 이리의 개발을 추진한 이민자 사회의 1세대 유력자로 지역의 공공사업과 개발사업을 독식하였다. 후일 이들은 이리조합(裡里組合)(1914)도 설립·운영하는데, 토목, 위생, 소방사업(消防事業)을 처리하고, 기타 이리 발전을 위한 필요한 시설 경영을 위한 자치적 기관이며, 그 사무소는 학교조합 내에 설치하고, 역원(役員)으로서 조합장, 평의원, 위원을 두고, 조합장 및 평의원은 학교조합 관리자 및 의원으로 이를 겸임하고, 위원은 각 구장이 맡으며 모두 명예직이었다.[42]

이리지역 유지그룹의 최상위에 포진한 핵심 멤버는 오하시의 대리인 에다요시 모토노부(枝吉元信)와 오네츠케(扇米助)가 중심이고 군 출신으로 경제력을 갖춘 이타이 신조(板井信藏)와 사사키 죠타로(佐佐木長太郎) 그리고 아오타

---

41 『이리안내(裡里案內)』(1915), 27쪽.
42 『이리안내(裡里案內)』(1915), 32쪽.

타케지(靑田竹治)가 실행그룹이고 야마시타 에이지와 함께하는 문필가 그룹
으로 다나카 도미지로(田中富次郎)와 요코미치 다다노쓰케(横道只之助), 미에
히데후미(三枝英文) 등이 중간그룹으로 보인다.

[표 14] 이리의 일본인 단체와 유지 그룹[43]

| 단체명 | 조직 시기 | 주요 인물 | 비고 |
|---|---|---|---|
| 이리번영조합 | 1911년 2월 | <u>枝吉元信</u>, 田中富次郎, 田中數一, 三好財次, 古川千代吉, 猪飼要 | · 관공서 이전 주도<br>· 기금으로 공공사업 추진 |
| 이리학교조합 | 1912년 3월 | <u>枝吉元信, 扇米助, 猪飼要, 横道只之助, 板井信藏</u>, 草ヶ谷英之助, 靑田竹治, 北川省馬, 佐藤幸三郎, 森島莊次郎, 大野新吉, 倉田光藏, 久能實之助, 大木房男, 金木彌三次, 土車仁作, 今井宅次郎, 山崎增平, 河本國三郎, 山内馬藏, 高山聰郎, 林昌治, 江田住繁 | · 학교 신축 및 운영<br>· 소방조 조직<br>· 묘지 관리<br>· 도시 개발 전반에 관여 |
| 이리소방조 | 1912년 6월 | <u>扇米助</u>, 加藤正信, <u>猪飼要</u>, 秋山春次, 在間甚太郎, 江田住繁 | · 번영조합 예산으로 조직, 조선인 일본인 혼성편재 |
| 이리위생조합 | 1913년 | <u>田中富次郎, 猪飼要, 扇米助, 三枝英文</u>, 森島莊次郎, 李仁徹 | · 학교조합과 면사무소에서 취급하던 위생사무 계승<br>· 오물 처리, 하수 처리 담당 |
| 이리조합 | 1914년 6월 | <u>枝吉元信, 扇米助, 横道只之助</u>, 佐藤幸三郎, 森島莊次郎, 大野新吉, 猪飼要, 倉田光藏, 吉田隼治, 久能實之助 | · 학교조합의 하부조직으로 토목, 위생, 소방사무 처리<br>· 학교조합 사무실 공유 |
| 제국재향군인회이리분회 | 1915년 10월 | <u>板井信藏, 佐佐木長太郎</u>, 細川隆春, 土車仁作 | · 재향군인 중심으로 조직(1915년 기준 194명 회원) |

* 빈도수에 따른 주요 인물 중 밑줄은 필자 강조

---

43 이명진, 『전북 이리의 식민지배 체제와 저항 연구』, 원광대학교대학원박사논문, 2021, 95
쪽에서 『이리안내(裡里案内)』(1915)와 『全羅北道發展史』(1928)를 재구성하여 일본인 단
체와 유지를 요약 정리했는데, 본고에서 재인용하였다.

학교조합은 사실상의 준(準) 행정기관으로서 여타 조합·단체에 비해 제도상의 우위를 점하고 있었다. 학교조합의 재정구조는 조합 구성원의 공동의 이득 중대를 위한 것으로 관공서 조직과 마찬가지로 세입과 세출이 일치하는 비영리회계를 취하였다. 초기 이리에 진입한 이리지역 유지들은 학교조합을 둘러싸고 '공직'을 독점하며 그들만의 네트워크를 구축하는 등 조합 자체가 유지들의 지방정치의 온상이었다.

이리위생조합(裡里衛生組合)은 도수장(屠獸場), 피병사(避病舍), 내지인 공동묘지 등을 관리했다. 내지인에 관련해서는 학교조합에서, 그리고 조선인에 관련해서는 면사무소에서 각지를 처리, 학교조합 및 면사무소에서 취급해오던 위생 사무를 모두 계승하였다. 오물의 처리와 하수처리, 기타 공중위생의 보전 등을 담당하였다. 새로운 조합장은 다나카 도미지로였고 식민지지배정책을 시행하기 어려운 상황에서 지역 단위 공공사업의 새로운 실질적 추진 주체였던 것이다. 『이리안내』(1915)에 보이는 일본인 이민 1세대들의 직업을 표시하면 [표 15]와 같다.

[표 15] 이리 거주 일본인 직업표

| 직업 | 인원 | 직업 | 인원 | 직업 | 인원 |
|------|------|------|------|------|------|
| 관리 | 12 | 철도원 | 91 | 의사(내외과) | 3 |
| 육군 | 13 | 농업 | 48 | 상업 | 68 |
| 목재상 | 3 | 정미업 | 3 | 금융 | 13 |
| 주조 | 2 | 청부업 | 11 | 장유 양조 | 2 |
| 잡화상 | 15 | 여관 | 9 | 도자기상 | 1 |
| 전통 복식 | 2 | 운송업 | 3 | 과자 제조 | 4 |
| 목욕업 | 4 | 전당포 | 3 | 요리점 | 12 |
| 미곡상 | 4 | 대서업 | 5 | 자전차상 | 2 |
| 음식점 | 11 | 재봉업 | 2 | 이발소 | 6 |
| 생선점 | 4 | 목공소 | 13 | 미장이업 | 2 |

| 신발점 | 4 | 사진사 | 2 | 당구장 | 3 |
|---|---|---|---|---|---|
| 차판매업 | 2 | 교원 | 5 | 제와조업 | 3 |
| 의사(치과) | 1 | 승려 | 2 | 약국 | 2 |
| 기타 | 139 | | | | |

일본인의 직업별로 나타낸 [표 15]를 보면 철도도시답게 철도원이 91명으로 이리역과 기관구, 보선출장소의 인원이 많은 이유일 것이다. 다음으로 농업 배후지에 위치한 도시로 농업인이 많고 다음에는 상업 분야의 인구가 많은데 흥미로운 점은 은행이 없는데[44] 대금업과 전당포가 16명에 달한다는 점이다. 당시 고리대금업자들에 대한 평가는 일본인 내에서도 욕심이 많은 무리들이라고 하여 경시하는 경우도 있었지만 이리 내에는 이렇다 할 금융기관이 없어 대금업자들이 활발하게 활동할 수 있는 좋은 조건이었다.

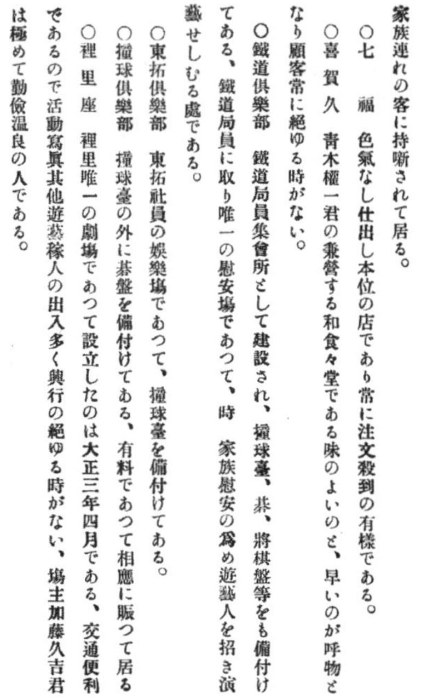

家族連れの客に持噺されて居る。
○七、 福　色氣なし仕出し本位の店であり常に注文殺到の有樣である。
○喜賀久　青木權一君の兼營する和食々堂である味のよいのと、早いのが呼物となり顧客常に絶ゆる時がない。
○鐵道俱樂部、鐵道局員樂會所として建設され、撞球臺、碁、將棋盤等をも備付けてある。
○鐵道俱樂部　鐵道局員樂會所に取り唯一の慰安場であって、時　家族慰安の爲め遊藝人を招き演藝せしむる處である。
○東拓俱樂部　東拓社員の娛樂場であって、撞球臺、碁、將棋盤等を備付けてある。
○撞球俱樂部　撞球臺の外に碁盤を備付けてある、有料であって相應に販つて居る。
○裡里座　裡里唯一の劇場であって設立したのは大正三年四月である、交通便利であるので活動寫眞其他遊藝稼人の出入多く興行の絶ゆる時がない、場主加藤久吉君は極めて勤儉溫良の人である。

그림73. 1915년 편찬된 『이리안내』에는 당구장(구락부)과 극장(이리좌) 등 오락문화가 있음을 보여준다.

당시 이리지역에 있는 고리대금업자의 수는 10여 명으로 그 대출고는 농업자금과 상업자금 등으로 이루어져 있었다. 이자는 1개월에 2분(分)으로 상당

---

44 『이리안내(裡里案內)』(1915), 124쪽에 의하면 1918년 식산은행 이리지점이 설립되기 전까지 이리에는 은행이 없었다.

히 높은 이율이었다.[45]

주택 건축과 건설을 도맡는 청부업자가 많음은 인구 증가와 더불어 주택이나 사무실 수요 그리고 많은 공사가 있음을 짐작케 한다. 또한 여관을 비롯한 요리점과 음식점·목욕탕·당구장 등 서비스업 종사자가 다수로 드러나는데 유동인구가 많음을 유추할 수 있다. 또한 정미업이나 장유 양조 역시 쌀과 관련된 직종으로 야마시타 에이지의 유망직종에 포함되는 통계이다.

---

45 『이리안내(裡里案內)』(1915), 127쪽.

## 2. 주요 기관과 이리의 문화

정서적으로 일본 종교기관이 들어 왔고 거기에 신사(神社)가 있는 이 도시는 헌병과 경찰을 통한 조선인의 저항으로부터의 안전보장, 위생과 의료서비스를 받을 수 있는 도시, 아이들의 학습 기회가 보장된 도시라 홍보하고 있는 것이다. 군산지역의 일본인들이 이사청 역할을 한 '민회' 대신 이리에서는 학교조합이 그 기능을 대신하는데 제국재향군인회를 비롯하여 번영조합과 학교조합 그리고 소방조 등을 거의 초기 이민자들이 독점하고 있는 구조였다. 전 조합장은 다나카 도미지로, 현 조합장은 오가이 요(猪飼 要)이며, 평

그림74. 동산동에 자리한 이리신사(裡里神社). 해방 후 원불교수도원이 들어섰다.

의원은 오기 요네츠케(扁 米助), 모리시마 소지로(森島莊次郎), 미에 히데후미
(三枝英文)⁴⁶ 등이다. 이를 정리하면 [표 16]과 같다.

[표 16] 이리 주요 기관과 특징

| 기관 | 특징 |
|---|---|
| 제국재향군인회 이리분회 | 이리헌병분대 관하에 재향군인 회원은 1915년 정회원 162명, 특별회원 32명이며, 회장은 예비역 보병 소좌 이타이 신조(板井信藏), 전 회장은 예비역 보병 소위 호소가와 다카하루(細川隆春). 매년 3대절(三大節)⁴⁷에 요배식(遙拜式)·칙어봉독식(勅語奉讀式)⁴⁸은 물론, 육·해군기념일의 축전, 전사자의 제전, 군사에 관한 간친회 등을 주요사항으로 행하고 있다. 회무는 정연하여 군인 식이다. |
| 학교조합 | 1912년 학교조합을 설립하여 시가지 구역의 획정, 노선의 신설, 교사의 건축, 도살장의 권리 매수 및 건설, 소방대의 조직, 피병사(避病舍) 건축 등 행정관청의 역할을 대신하면서 조합비를 부과하는데 1914년의 세입 세출은 5,580엔이었고 1915년에는 8,282엔으로 늘어나고 있다. |
| 이리소방조 | 1912년 6월 이리번영조합에서 소방기계기구 구입비로 금 200엔의 기부금을 기초로 하여 조장은 오기 요네츠케로, 부조장 1명, 소장 4명, 부소장 4명, 소방원 겨우 14명이었으나, 인구의 증가에 따라 오늘에는 일본인 소방원 80여 명이 되었다. 1915년 봄, 조선인이 200명에 가까운 소방조가 되었다. |
| 이리번영조합 | 1911년 2월 故 에다요시 모토노부, 오기 요네츠케, 다나카 도미지로 등이 이리 공공의 일을 처리하기 위하여 조직. 규약은 18개로 이루어져 매월 특등 4엔부터 10등 10센까지 거출금을 이루어 제반의 사무에 충당. 가로의 신설, 교사의 건축, 도살장의 권리 매수 및 건설, 소방조, 피병사(避病舍) 건설 외 헌병분대, 군청, 우편소의 이전 등도 본 조합의 운동이 효과를 얻은 결과이다. |
| 이리공립심상소학교(裡里公立尋常小學校)⁴⁹ | 1912년 3월 개교하여 현재 김제심상고등소학교 교장인 나미마츠 시게루(竝松 武), 교사 가와노 시즈코(河野靜子), 현 교장은 이노우에 유(井上 瀁), 교사는 아마노 마루노츠케(天野宗之助) 등이다. |
| 이리공립보통학교(裡里公立普通學校)⁵⁰ | 일련종포교소 주임 오하시 소쿠조가 1913년 인가를 거쳐 사립학교로 경영해 왔었는데, 1915년 3월 익산군이 계승했다. 교장 다케우치 쇼이치(武內勝一) 및 교사 서광훈, 대리교사 박재림 씨 등이다. |

---

46 『이리안내(裡里案內)』(1915)의 서문을 썼다. 도쿄에서 정치잡지를 발간하면서 이리에서
도 실업의 한편 《경성일보》《매일신보》《조선공론》등의 지국주임이기도 하다.

47 일본의 옛 3대 축제일로 四方節은 1월 3일의 元始祭, 2월 11일의 일본 개국절제인 紀元
節, 일왕의 탄신제인 天長節을 가리킨다.

48 요배식은 일왕이 머무는 황거(皇居, 궁성)를 향해 절을 하는 의식이며, 칙어봉독식은 일
왕의 칙어를 읽는 의식이다.

| 이리위생조합 | 1913년까지는 일본인에 대해서는 학교조합에서, 조선인에 대해서는 면사무소에서 각각 이를 행해왔으나 위생 관련 방침에 바탕하여 이리에 거주하는 사람은 일본인은 물론 외국인까지 편입시켜 이에 이리위생조합을 조직하였다. 학교조합 및 면사무소에서 취급하던 위생사무를 계승. 1914년부터 먼지와 오물의 청소, 하수도의 준설, 기타 공중위생의 보전 등의 업무. |
|---|---|
| 피병사(避病舍)와 공동묘지 | 1913년 여름 12명의 장질부사 환자가 발생한 것이 동기가 되어, 이리학교조합에서 건설. 위생조합에서 관리하고 있고, 일본인만의 공동묘지이다. |

  이리지역의 위생 관련 기관을 표로 정리하면 [표 17]과 같다. 병의원으로 산파 포함 6곳이 있고 약국과 목욕탕이 성업 중이었다.

[표 17] 이리 위생 관련

| 의료업 | 인물 |
|---|---|
| 의원 | 高芝의원 원장 다카시바 데에이(高芝庭榮)는 철도 촉탁의로 북쪽은 함열, 남쪽은 정읍, 서쪽은 군산까지 담당한다.<br>保生堂의원장은 가고시마 출신으로 사다하루(福原忠治), 총독부 공의. 宮川의원은 미야가와 슌카쿠(宮川春閣)로 前 경찰의, 헌병분대 근무<br>新井치과전문원장은 아라이 나오사다(新井直忠) |
| 산파 | 사토(佐藤)산파와 이쿠노(生野)산파 |
| 三枝약점 | 미에 히데후미(三枝英文) |
| 목욕탕 | 朝日湯, 花ノ湯, 榮湯, 櫻湯 |

49 이리중앙초등학교의 전신. 1912년 3월 현재의 익산시 중앙동 77에 개교하였다. 그러나 이 학교의 역사정리에서는 일제강점기의 과정은 생략하고, 해방 후인 1945년 10월 19일 설립으로 기록하고 있다.
50 이리초등학교의 전신. 익산시 중앙로(마동) 15길 20에 위치한다. 일련종의 승려 오하시 소쿠죠가 日蓮宗私立裡里普通學校로 개교하였는데, 후일 공립학교로 개교했다.

그림 75, 1916년 이리보통학교(현 이리 초등학교) 제1회 졸업식. 이리보통학교 붉은 벽돌 건물을 담은 엽서. 2024년 현재 교실로 사용되고 있다.

## 1) 이리의 언론과 출판문화

일제의 식민지배와 재조 일본인 엘리트를 알 수 있는 자료가 바로 언론사 관련 기록이다. 전방에서 관료와 헌병이 행정을 통치한다면 문화적으로 신문지국과 기자들은 의미를 생산 배포 또는 통제하는 자들이었다. 배포의 수단은 신문과 잡지 그리고 출판물일 수밖에 없었다. 일본인들이 상권을 형성하며 도시를 형성했던 군산에서 전북 최초의 신문이 발행된 것에 반해 전주에서는 그보다 2년여 늦게《전주신보》가 창간되었다.[51] 반면 이리지역에는 별도의 지역신문이 없었다. 이리읍 자체가 이리역을 중심으로 뒤늦게 형성되었고, 교통의 요지로 중앙지와 접촉이 용이한 반면 전주와 군산의 중간에 자리잡으며 양 지역의 영향권에 있었기 때문으로 보인다.

『이리안내(裡里案內)』(1915)의 기록을 보면 당시 이리에서 가장 독자가 많았던 신문은《전북일일신문(全北日日新聞)》[52]으로 다나카 도미지로가 지국장을 맡고 있었던 것으로 기록되어 있다. 더불어《군산일보》,[53]《호남일보》,《경성일보》,《조선신문》,《목포신보》 등이 있고 일본에서 오는 신문은《대판조일신문》,《대판매일신문》등 두 가지였는데 이는 오사카 직항으로 실어나른 이유도 있을 것이다. 또한 잡지로《상업지일본(實業之日本)》,《부인세계(婦人世界)》등이 있으며 전북, 군산, 호남은 각 지국을 두고 통신, 판매, 광고 모집 등의 사무 등도 담당하고 있다. 또한 상점에서도 신문과 잡지 중개를 하는 것을 엿볼 수 있다. 이 책에 보이는 언론기관을 정리하면 [표 18]과 같다.

---

51 1904년 모리나가 신소(守永新三)라는 일본인 유지가 그의 부하인 야마시타 지다유에게 신문 발행계획을 일임하여 1905년 12월 25일 주간 발행인 창간호를 발행한 것으로 알려졌다. 한일문(韓日文) 혼용인《전주신보》는 1912년 신문사에 화재가 발생하여 사옥이 전소되면서 자연스럽게 폐간되었다.

52 1912년 5월 14일 오가와 유조 사장과 한국인 부호들의 참여로 창간되면서 전주 최초의 일간지가 된《全北日日新聞》은 1920년《全北日報》로 바뀐다. 1914년에 『全羅北道案內』를 발간하고 1933년에 『全北案內』를 발간한다.

53 1904년에 최초로《群山日報》가 주간지로 발행되다가 1907년에는《한남일보》를 흡수하여 일간지가 되었다. 이후 1919년에는 『實業の朝鮮』이란 월간 잡지도 발행되는 등 약 18개의 신문지국 등이 생겨났다.

[표 18] 1915년 당시 이리 언론 관련 상황

| 신문명 | 관리자 및 중개 상점 | 비고 |
|---|---|---|
| 전북일일신문(全北日日新聞) | 지국 주임 田中富次郎54 | 미곡중개업, 여관 운영 |
| 군산일보(群山日報) | 지국 주임 山本希代士 | 宇津木初三郎<br>裡里支社 특파원 |
| 호남일보(湖南日報) | 지국주임 山下春圃 | 『이리안내(裡里案內)』 저자 |
| 경성일보(京城日報) | 취차 石井兵司 | |
| 조선신문(朝鮮新聞) | 취차 岡橋忠太 | 이리좌 경영 |
| 목포신보 | 취차 橫山상점 | |
| 大阪朝日新聞 | 취차 古川상점 | 實業之日本, 잡지 『부인세계』 취급 |

　이리에서도 일본인들의 성공적 무용담과 후발 조선 이민을 위한 홍보역할을 담당한 지방지(地方誌)가, 각종 신문 및 잡지와 함께 다채로운 식민지 출판문화를 연출하였다. 이리지역을 내외에 알린 출판물로 야마시타 에이지의 『이리안내(裡里案內)』 개정·증보판에 이어 이듬해 익산군청에서는 읍지 성격으로 촉탁 자격의 기하라 히사시(木原 壽)[55]가 정리한 『익산군사정(益山郡事情)』(1928)이 편찬된다. 또한 이리에는 문화상회나 에비스야서점이 자리해 다수의 서적을 출간했는데 이리에서는 전문 농촌잡지로서 월간지《조선지산업(朝鮮之産業)》이 1929년 5월부터 1936년 3월까지 발행되었다. 이리농림 출신들의 구독과 수많은 농장 사무실에서의 광고 수입으로 유지되었을 것으로 판단된다.

---

54 『裡里案內』(1915)는 '田中富次郎이 명치 39년(1906) 이곳에 온 이래 시종일관, 이리의 발전에 힘쓰고, 그 공헌하는 곳이 다대하다.'라고 서술하고 있다. 1914년《全北日日新聞》에서 『全羅北道案內』를 발간하는 중요한 역할을 하였다.

55 木原 壽는 1928년 조선총독부 및 소속관서직원록에 의하면 전라북도 익산군 소속의 屬 9등급 관등의 촉탁서기로 등재되어 있다. 1926년 진안군 촉탁 10급으로 출발해 1927년에서 1930년까지 익산군에서 근무하였다.

1931년 초 잡지의 발행인은 오자와 진타로에서 우즈키 하츠사부로로 교체되었는데 그는 군산일보 이리지사의 주임기자로서 『전라북도발전사, 일명 전북안내』(1928), 《조선지산업사》에서 발행한 『전북산업사』(1930), 『호남의 보고, 김제발전사』(1934)의 저자이다. 여기서 특히 발간처와 관련해 흥미로운 사실은, 저자인 우즈키를 매개로 당시 신흥도시 이리는 인근의 군산과 지역적 연관을 강화하며 지역 출판문화의 중심지로 부상하고 있었다.[56]

당시 인쇄문화의 특성상 한 권의 기본 틀(위치, 지세, 연혁, 기후)에 새로운 통계와 해석만 변환 삽입하면 한 권의 책으로 편찬할 수 있는 상황으로 언론인들은 상당한 권력이었다. 저널리스트인 우즈키 하츠사부로는 필명이 우즈키 쇼우(宇津木蕉雨)인데 '조선의 보고(寶庫)'라는 표현도 그가 구사한 것이다. 『이리안내』는 야마우치 사토루(山内 哲)가 경영하는 문화상회(文化商會)에서 출판한 책으로 이리농림학교 부근에 출판회사가 자리했다. 발행인(사장)의 교체와 함께 발행소도 기존의 이리 진곡인쇄소(眞谷印刷所)에서 군산의 실업지 조선사 인쇄부(實業之朝鮮社 印刷部)로 바뀌었고 잡지의 유통은 "지방유지의 열렬한 지원 하에 순항하고 있다."라는 사실을 명기하고 있다.[57]

또한 이리의 이민 1세대들은 소비와 오락문화로서 10여 년의 고생을 통해 경제적 분업이 발달하여 자신들의 성과를 전문화시킴으로써 전주나 군산과 경쟁이 가능하다고 여겼다. 다양한 취향에 맞는 의류를 판매하는 오복점과 양품점 그리고 레스토랑과 제과점 등이 등장했다. 정미소와 양조장과 간

---

56 정승진, 「開發農政의 宣傳과 '同化主義'-全北 裡里발행 『朝鮮之産業』(1929~1936)의 분석」, 『대동문화연구』 제84호, 성균관대학교 대동문화연구원, 2013.
57 결국은 '협찬'이라는 우회적 표현으로 해석된다.

장공장 등 상업적인 발달이 심화되었고 전북평야의 소비자들에게 소비욕구 상승을 위해 수많은 상점과 청부회사들이 들어서게 되었다. 소득과 구매력이 있는 이민 온 주민들의 취향을 만족시키기 위해 다양한 상품을 팔고 극장과 당구장 등 근대적 여가시설을 자랑하는 자신감을 보였다. 미적 향수를 위한 사진관과 여가를 위한 공원과 운동공간, 여흥을 위한 요정과 이동객을 위한 여관과 종교생활을 위한 일본식 사찰들이 들어왔다.

『이리안내(裡里案內)』(1915)는 이리지역 지방지로서는 최초로 사진 자료가 삽입된 책이다. 사진을 분석해 보면 첫 페이지의 사진은 이리 시가 사진으로 영정 1정목과 3정목의 시가지에 일본인 집들이 늘어서 있고 조선인과 일본인이 함께하는 잡거의 모습을 보여준다. 그리고 일본인을 위한 이리신사(裡里神社)에 모인 인파의 모습과 이리소학교와 이리헌병분대의 사진을 안내책자에 싣는다. 대장촌에서는 대장신사(大場神社)의 위용과 함께 일본인 유지들이 일본 전통 복장을 한 모습으로 호소카와(細川)농장의 가족 사진을 담고 있는데 곧 이곳이 일본과 다르지 않다는 것을 강조하고 있다. 그래도 조선 전통의 상징으로서 미륵탑과 왕궁탑이 실려있음은 익산면이라는 지명이 역사적 전통 도시임을 상징하는 장면으로 읽힌다.

옥구의 가와사키(川崎)농장과 저자 야마시타 에이지와 가까운 교분관계를 보인 이리의 후루가와(古川)상점을 보여주는데 유리창이 달린 상가 위에 '사포로 맥주' 광고 간판이 보인다. 이 책은 광고가 실린 것으로 보아 단행본 무크지의 성격을 띤 지역 안내서로 총 215쪽 중 본문 172쪽, 표지 5쪽, 사진 5쪽, 광고 34쪽인데 광고와 협찬은 '이 책의 간행에 있어서 각 방면에서 보내주신 다대한 원조와 협력에 대하여 깊은 감사의 뜻을 표해 마지않는다.'로 알 수 있다. 친일파 백작 이완용, 도지사 이두황(李斗璜)에 대한 감사와 백인기에 대한 자랑을 담고 있는데 거의 카탈로그 수준으로 대놓고 '공식 지정여관' 등을 광고한다. 거기다 찬조자 방명록을 보면 협찬이란 명분 속 저널리즘의 사업적 성격으로 보인다.

이 안내서는 헌병과 경찰의 역할을 강조한다. 치안이 좋아졌으니 이민 오라는 뜻으로 철도와 이리역에 대해 홍보한다. 대금업의 성공담을 자랑하면서 일본보다 땅값이 저렴하고 소작 비용도 매우 낮음을 강조한다. 또한 연초나 과수농사, 종묘원, 양잠이 유망하고 토질의 우수함 및 기반시설로서 학교를 강조한다. 또한 피병사, 도축, 묘지 등 위생사항이 구비되었고 운수 교통의 이점 그리고 도로와 강물, 철도의 편리성에 이어 여가와 요정 등 휴게시설이 많음을 강조한다. 그러니 일확천금을 꿈꾸는 사람들에게 매력 있는 도시라고 어필하는 것이다.

## 2) 인명록으로 살펴본 지배층

'신사록(紳士錄)'이나 '흥신록(興信錄)'은 인명사전의 역할을 한다. 당대 인물의 출생지, 학력, 경력, 가족관계 등, 해당 인물에 관한 기본적이면서 외형적인 정보에다 해당 인물의 인생 편력, 현직에 이르기까지의 활동과 업적을 넘어서 매우 주관적 성격으로 이해되는 업무 능력, 업무 스타일, 인물 됨됨이에 대한 세간 및 저자의 평가를 담고 있다. 출신 현을 나타내는 지연과 학연 등 파벌 관계와 인맥 등의 다각적인 정보를 담고 있다.

『이리안내(裡里案內)』에 보이는 인물군으로 야마시타 에이지를 비롯하여 서문을 쓴 익산군수 박영철 뒤에는 요코미치 다다노쓰케(橫道只之助), 미에 히데후미 등 언론계 종사자가 먼저 등장한다. 이후 1907년 오하시(大橋)은행주의 농장개설을 위한 토지구입을 진행한 대리인 오기 요네츠케(扇米助)가 진입하고 또한 상업을 목적으로 3가구가 군산항에서 진입한다. 또한 승려로 이리 일련종(日蓮宗)⁵⁸포교소 주임으로 부임한 오하시 소쿠죠 역시 일본군 기병대 출신이고 보병 특무조장 하라히토 헤이타(原仁平太), 오하시(大橋)농장 사무원 보병 대위 모로오 가쿠다로(百尾覺太郞), 익산헌병분견소 구라토미(倉富) 헌병 중위 등 여러 표현으로 보아 당대가 무단통치 시대임을 알 수 있다.

## (1) 이리의 주요 기관과 인물

임익(臨益)남부수리조합장은 오키 야스노츠케(大木安之助)이고 임익수리조합 조합장은 후지이 간타로인데 다이쇼박람회⁵⁹에서 모범 수리조합으로서 명예대상패를 받았음을 홍보하고 있다. 전익(全益)수리조합장은 구로다 니헤이(黑田仁平)이며 황등은 가타기리(片桐)이다. 이리지역의 동서남북을 분할하여 영지를 구축한 오하시 요이치와 호소카와 그리고 후지이 간타로 등 농장 경영주의 창립 시기와 소재지, 그리고 각 농장의 특징은 [표 19]와 같다.

---

58 일본불교 종파의 하나로 법화(法華)계. 종조는 일련(日蓮, 1222-1282)으로, 말법 시대의 대중이 구제받기 위해서는 오직 『법화경』에 의지해야 하며, 이를 제목(題目)으로 "남묘호렝게교(南無妙法蓮華經)"라 외우는 염법(念法) 교단이다. 개화기에 일찍 한국에 상륙한 종파의 하나로, 1881년 와타나베 이치웅(渡邊日運)이 건너와 부산에 포교소를 설립한 것이 시작이다.

59 1914년에 개최된 東京大正博覽會를 가리킴. 도쿄(東京)부가 주최하고 도쿄시 우에노(上野)공원을 주된 회장으로 하여 그해 3월 20일부터 7월 31일까지 열렸다. 입장자 수는 약 7,500만 명으로 기록되어 있다. 제1회장에서 제2회장까지는 에스컬레이터, 케이블카 등이 설치되고, 박물관·미술관을 비롯하여 교육학예관·공업관 등 20여 개의 관 외에 조선관·대만관·만몽관(滿蒙館)·서양관(西洋館) 등 십 수 개의 특별관을 두었다.

## [표 19] 이리지역의 대지주와 농장

| 경영자 | 소재지 | 창립 | 특징 |
|---|---|---|---|
| 오하시 요이치<br>(大橋與市) | 익산면 이리 | 1907 | 일본의 은행가. 기후(岐阜)현 출신, 오하시은행주. 이리 도심에 7만 평 부동산 소유. 사무소는 이리시장에 있으며 다나카 도쿠다로(田中德太郞)가 현 주임이다. 전북 40여 농장 가운데 굴지의 대농장이다. 개설 책임자는 고 에다 요시 모토노부(枝吉元信)이다. |
| 호소카와(細川) | 익산군 대장촌 | 1904 | 구마모토(熊本) 성주 후작 호소카와 모리시게(細川護成) 경영, 사무소는 대장촌에 있다. 1904년 9월 경영에 착수하여 40여 만엔의 대자본을 투자하여 많은 경지를 매수. 소유지 면적은 논 998정 1단, 밭 97정 9단, 산림 94정 3단, 들판 8정 7단, 합계 1,199정보 |
| 東洋拓植주식회사수납소 | 익산면 이리 | 1904[60] | 김제에 있던 동양척식회사 지점이 이리로 이전하였고 목천포에는 미곡수납소와 동척 이민촌도 운영되었다. |
| 시마타니(島谷) | | | 옥구군 외산리에 있으며, 야마구치(山口)현 출신. 경운·찬종(撰種)·시비(施肥)·관개 등 임익수리조합 사업에 진력, 임익남부수리조합 조합장. |
| 가타기리(片桐) | 북일면 보산리 | 1907 | 농장주 가타기리 가주죠(片桐和三) 니가타(新潟)현 출신. 황등 경지의 매수에 착수 후 황등 달관산의 석재채취, 임익수리조합 평의원, 황등학교조합 관리자 |
| 가와사키(川崎) | 옥구군 서수면 사리 | 1905 | 니이가타(新潟)현 출신. 부호 가와사키 후지타로(川崎藤太郞) 경영. 모범농장으로 기상관측을 행하여 농사의 개량, 종묘의 선택 시험. 서수식산조합 등을 조직. 서수신사 건립, 학교·의원·경지정리·영농자 이주 초치 등 노력 |
| 모리시마 소타로<br>(森島莊次郞) | 익산면 이리 | 1908 | 기후현 출신. 1907년 오하시농장의 토지매수 주임으로 출발. 농장 사임한 후 이리가지에 7만 평 매수해 보통농사·과수·화훼재배 등에 종사. 학교조합의원. |
| 백남신(白南信) | 익산면 이리 | 1911 | 화성농장으로 조선 최대 부호로 전주에 농장 본부를 두고 고산 및 이리 등에 지부를 두었으며, 본부·지부 다함께 일본인을 주임으로 하고, 일체를 일본식으로 처리하고 있다. |
| 쿠라타(倉田) | 익산면 동산리 | 1912 | 미에(三重)현 출신. 구라타 미츠죠(倉田光藏)가 경영. 1912년 사무소는 동산리. 아오야마(靑山)농업대학 출신. 현 학교조합회 의원 및 이리조합 평의원 |
| 이마무라(今村) | 익산군 대장촌 | 1906 | 구마모토현 출신. 이마무라 이치지로(今村一次郞), 사무소는 대장촌에 있다. 1906년 3월 경영에 착수. 박람회 및 공진회 등에서 금패·은패 등을 받아 전북도청 및 각 군청 등에서 쌀·보리류 종자의 필요가 있을 경우는 반드시 이를 그에게 지명하는 상태이다. |

| 오기 요네츠케<br>(扇 米助) | 익산면 이리 | 1909 | 나가사키(長崎)현 쓰시마(對馬) 출신. 1908년 이리 이주. 일찍이 이리 땅이 원만을 잃고 신·구 시가지가 서로 대립하고 있을 때도 그는 두 파를 묶는 역할자였다.[61] 이리 제일류의 부호로서 굴지의 대지주. 번영조합 간사, 학교 원조합 및 관리자. 도량형기의 판매. |
|---|---|---|---|
| 사나다(眞田) | 오산면 학곤리 | 1903 | 이리 송학리에 자리한 농장. 히로시마(廣島)현 미하라(三原) 출신. 사나다 시게요시(眞田茂吉)의 경영으로, 1907년 경부터 토지 매수. 강원도에도 당 농장에 35배의 토지가 있다. 군산에는 술·간장·식초 등의 양조업을 경영, 농장은 사위 도시츠케(壽助)가 관리. |
| 不二흥업농장[62] | 동 오산리 | 1904 | 이리의 서쪽 오산리에 있다. 후지이 간타로의 투자액은 25만엔, 소유지 면적은 수답 973정 4단, 밭은 63정 2단, 산림은 19정보로, 당시 유명한 한해였으나 임익수리조합을 조직하고, 수리의 편의로 전북 제일의 좋은 논이 되었다. |
| 모리타니(森谷) | 옥구군 서수면 | | 모리타니 모토카즈(森谷元一)는 히로시마(廣島)현 출신. 호남선 황등역에서 서쪽으로 5·6정에 있다. 임익수리조합 평의원, 황등학교조합 평의원 |
| 사사키 죠타로<br>(佐佐木長太郎) | | 1913 | 예비 포병 중위 종7위 훈5등 공5급의 재향군인. 시마네(島根)현 출신, 1913년 도한 후, 과수와 화훼류의 재배. 미간지를 매수하여 개간에 착수. 한국인 부인과 경운에 종사, 미곡소매상 경영. 이리청년회장. |
| 오하시 도라이치<br>(大橋寅逸) | | 1912 | 히로시마현 출신. 과수원 경영. 제대 후 1912년 이리의 남중리 논·밭·산야 등 20여 정보를 매수 보통농사·야채·담배·뽕나무 등의 재배에 종사, 양잠 준비 중. |
| 야마모토 기요쥬<br>(山本希代十) | | 1913 | 와카야마(和歌山)현 출신. 와세다대학 졸업 후 이리에서 미간지를 매수 1914년부터 약 5정보를 사과·복숭아·배 등 과수 농사에 종사. |
| 다카하시 후미츠구(高橋文次) | | 1912 | 히로시마현 출신. 육군 준사관으로, 러일전쟁 종군 후 투기사업 종사, 1910년의 쌀값 폭등 때에 타격을 입음. |
| 시즈가와 노보루<br>(靜川 昇) | | 1912 | 히로시마현 출신. 1912년 이리의 유망함에 착안하여 청주·간장 영업 외에 경지와 미간지를 매수하고 개간하였다. 현재 목천포에서 농사경영 및 매갈이업 경영. 소유지는 70정보에 임익남부수리조합 평의원. |

## (2) 이리의 지리적 이점

 1899년 5월에 군산항이 개항하는데 호남지역의 쌀을 비롯하여 각지에서 수탈한 각종 물자들을 일본으로 가져가기 위함이었다. 1900년 8월 일본 본토와의 직교역이 가능한 오사카[大阪]에서 군산 직항로가 개설된다. 1908년 이리 목천포를 지나는 전주 군산 간 전군도로가 완성되고 수탈의 가속화를 위해 호남선 261.3㎞의 철도가 1914년 1월에 완성되었다. 1912년 3월에는 이리에서 군산으로 이어지는 24.8㎞의 철로까지 완공된다. 이리는 전통도시 전주와 신흥 개항장인 군산의 중간에 위치한 지리적 이점을 활용하여 강경·옥구·삼례·김제 등 호남평야의 농업생산물 수출로 이익을 최대화하기 위한 전초기지로서 역할을 위해 새롭게 설립된 도시였다. 1912년 이리역사가 건립된 후, 군산선(1912), 호남선(1914) 및 전라선(1936)의 전구간 개통으로 일약 철도 중심지로 급부상한다.

 주지하다시피 이리는 철길과 역이 생기면서 탄생한 교통도시다. 도시의 역과 역을 잇는 기차의 발명은 속도에 대한 자본의 욕망에서 기인하고 제국주의의 발전은 열차 노선과 함께한다. 기차역과 기차는 선로를 이용한 단순

---

60 1908년에 동척이 설립된 것으로 보아 1908년 이후의 오기(誤記)로 보인다.

61 이리에 온 일본인들의 초기 갈등을 엿볼 수 있는 부분이다.

62 不二농촌은 1919년 옥구군(군산시)에 농장을 설립한 일제가 영구 소작권 보장과 소작료 3년 면제라는 광고를 내고 조선 농민 3,000여 명을 모집해 대규모 간척사업(1920~1924)을 벌여 농경지 2500ha(약 750만 평)를 개간, 본국에서 330여 가구를 이주시켜 조성한 마을 이름이다. 공사에 참여하고도 빈농으로 전락한 조선 농민들이 사는 마을은 '옥구농촌'으로 불리었다. 일제는 불이농촌을 제2의 新日本理想村으로 만들기 위해 '不二공립고등소학교' 부설로 不二공립실과여학교(2년제)와 불이척식농사학교(2년제)를 세우고 일본인 자녀만 다니게 했다. 마을 이름도 이주민들 출신지 이름을 따서 히로시마촌, 야마가다촌, 나라촌, 사가촌 등으로 지었다.

한 수송 수단과 이동을 넘어, 철로 개통 전 '솜리'라 불린 이리에는 역이 설립되면서 역 주변에 새로운 도시가 형성되는 가치를 낳았다. 물론 조선인을 위한 생활의 터전이라기보다는 일본인을 위한 도시였다. 군산선과 전주로 향하는 경편철도 등 주요 철로가 지나게 되자 이리는 하루아침에 신흥도시로 변모하는데 1915년 일본인 2,053명, 조선인 1,367명의 인구를 보여준다.

> 호남선은 착공된 지 3년 10개월 만에 개통되었다. 총독부에서는 그 빠른 작업속도를 대일본제국의 또 다른 능력으로 과시하는 동시에 막대한 돈을 들여 철도를 놓는 것은 순전히 조선사람들에게 살기 좋고 편한 개명세상을 만들어주기 위해서라고 일본의 은혜를 선전해댔다. …(중략)… 사람들은 우선 기차라는 그 해괴하게 생긴 물건을 신기한 구경거리 삼기에 바빴고, 말에 비교할 수 없이 훨씬 더 빠른 그 속도에 현혹되고 있었다. 겉으로 드러난 것으로만 볼 때는 분명 개명세상은 오고 있는 것이었고, 걸어서 열흘이 넘게 가야 할 길을 하루에 가버리니 일본의 은혜가 아니라고 할 수가 없기도 했다. -조정래,『아리랑』 4권, 294쪽.

이리역은 1912년 3월 6일 강경-이리 간 호남선과 이리-군산 간 군산선 개통으로 영업을 개시하였다. 정거장이 들어선 후 이리는 1914년 일제에 의해 추진된 지방제도의 개편에 따라 하나의 신도시로 자리 잡는다. 이리에는 일인들의 재산을 보호하기 위하여 헌병대와 경찰서, 위생조합과 번영조합이 들어선다. 역 앞 동서축으로 행정관공서가 들어서고 남북축으로는 양장점과 양복점, 금은방과 식당 유흥주점이 들어서면서 신흥도시로서 꼴을 갖춰가기 시작했다. 1914년 통계에 따르면, 이리역은 승하차 인원만 년간 16만에 이르는 호남선 각 역 가운데 1위의 역이 되었다. 비즈니스와 수탈의 통로로

이리역이 발전하면서 '군산-도매, 이리-소매'의 구도가 깨지고 호남 최고의 도매상들이 몰렸다.[63]

1914년에는 전북경편철도가 개통되면서 전통도시 전주를 잇는 전주-이리 간 철도가 호남선 지선을 통해 군산과 연계됨으로써 군산선으로 개칭되었고, 1930년대 들어서는 이리에서 전주 및 남원을 경유해 여수에 이르는 전라선으로 확장되었다. 그 대표적인 지역이 호남선에 연선(沿線)한 이리 및 김제 등이었는데, 특히 호남평야의 중핵으로 동진강 유역 일대인 김제는 군산이나 만경강 북단에 자리한 이리지역과 일정한 '개발' 시차를 두고 소수의 일본인 유지 중심의 이른바 '유지정치'[64]를 연출하였다.

### (3) 이리의 부동산 가치 홍보

전북평야를 두고 보고(寶庫)라고 하는 말은 마치 19세기 중반 미국 서부시대 골드러시(Gold Rush)의 안내서처럼 '북쪽에는 금광, 남쪽에는 쌀' 식이었다. 이리에 관한 여러 사정을 안내하고 있지만, 특히 주목되는 것은 이리의 지가(地價)에 관한 상세한 정보이다.

> 영업자 수는 10여 명으로 운수 자금은 통계 3만 8천 원에 달하고, 그 대출액은
> 농업자금으로서 8천6백90원, 상업자금으로서 1만 8천8백 원, 그 외 1천5백 원

---

63 이리의 도매거리에는 '어문옥(御問屋)'이라는 45개소의 상점거리가 들어서는데 미곡전 문상점은 물론이고 잡화, 신문, 여관, 판유리, 장신구, 화과자에 이르기까지 호남 최고의 상업지역이 되었다.

64 이 논문에서 사용하는 '유지(有志)정치'는 지역사회에서 '공직'의 취임(겸직)및 그 공직활동에 주목하는 지수걸의 개념에 의거한다. 지수걸, 「지방유지의 '식민지적' 삶」, 『大東文化研究』 제90집, 역사문제연구소, 2010.

에 달한다고 한다. 이것들은 주로 토지가옥을 저당으로 하고 있어서 극히 안전하고 또한 손실이 없는 영업이다. 다른 전당포 영업을 하는 자가 3채가 있고, 이것도 신개지에서는 희소가치가 있어 소중하고 충분히 이익이 있는 영업이다.

이 안내서는 1915년 당시 은행이 없는 이리에 자금 융통이란 명목하에 이득을 취한 대금업자들을 토지의 발전 1등 공신으로 여긴다. 대금업의 이자는 1개월에 2分, 3分이었고 일본 본토에 비해 터무니없이 비쌌다. 토지와 가옥을 저당하기에 안전하고 손실이 없다고 선전하면서 이리의 대금업 종사자는 10여 명이 넘는다 했다. 그리고 전당포를 여는 사람마저도 '신사'로 표현하고 있다.

세상 사람들이 때때로 금대업을 목적으로 강욕비도(剛慾非道)한 무리들이라 밝히고, 사갈처럼 혐오어린 시선으로 바라보기도 하지만, 대금업은 중류 이하의 유일의 금융기관으로서 특히 다른 금융기관이 없는 이리와 같은 곳에서는 상하에서 필수 불가결한 것이다.

대표적으로 이타이 신조(板井信藏)는 예비역 보병소좌 출신으로 토지 담보의 대금업으로 성공해 농장을 경영하기에 이른 사람이다. 이민 1세대들은 지대(地代)가 저렴하고 조선인들의 값싼 노동력이 널려 있는 데다 아무도 손대지 않은 섬이나 언덕이 아니라 인프라가 갖추어진 공간이니 내지인이 와서 그 확장성을 구조화시키라는 선동의 메시지를 갖고 있다. 헌병이 있고 의사가 있고 레스토랑과 극장 그리고 당구장이 있다는 식이다.

## (4) 일제의 종교인 파견과 포섭

일본은 조선반도 전역에서 다양한 직업 주체들의 생산과 실천 과정으로 식민지배를 강화해 갔다. 식민지 지배권력은 종교를 적극 활용했다. 일제의 식민지정책 실천에서 종교 세력의 침투와 승려의 역할을 간과할 수 없는 지점인데 이리지역에서는 오하시 소쿠죠가 적극적으로 활동했다. 식민권력과 식민정책의 실천 등 일본 제국주의의 성격을 파헤치는 재조선 일본인 연구[65]는 주로 정치가나 군인, 재벌과 언론인 중심에서 출판인, 교육자 등 하부구조로 이어지고 있다. 조선 포교에 앞장섰던 종교 세력 중 일련종의 가토 분쿄(加藤文教)가 제시한 국가주의적 불교의 확장 보급을 위한 조선에 대한 포교의 방법은 첫째, 학교를 설치하여 포교사를 양성할 것. 둘째, 한국 내에 30여 개소의 지부를 설치할 것. 셋째, 일·한 간에 서로 유학생을 파견시킬 것. 넷째, 경성에 대규모 회당을 지을 수 있도록 할 것. 다섯째, 출판 사업을 일으킬 것. 여섯째, 의식(儀式)에 대한 규정을 조직할 것 등이다.[66] 오하시의 회고록 『조선주재 36년』은 가토의 방침에 맞게 이리 남중동에 포교당을 열고 조선인에게 일본어 강습을 실시하는 모습을 보여준다.

---

65 지역적으로는 주로 부산, 인천, 진남포, 목포, 군산 등 개항장 위주로 시작되었으나 대전, 김천, 이리 등 내륙 거점도시에 대한 연구도 활발하다. 이연식의 논픽션 『조선을 떠나며』(역사비평사, 2012)를 비롯하여 이형식의 『제국과 식민지의 주변인』(보고사, 2013) 중 「재조 일본인 연구의 현황과 과제」, 엄인경 외. 『재조 일본인과 식민지 조선의 문화 1』(2014), 최근에도 최혜주의 「식민지 시기 재조 일본인의 출판활동과 조선인식」, 이가연의 「진남포의 '식민자' 도미타 기사쿠(富田儀作)의 자본축적과 조선인식」 고윤수의 「재조 일본인 쓰지 긴노스케를 통해서 본 일제하 대전의 일본인사회와 식민도시 대전」, 2018년의 나가시마 히로키와 이규수 외 『일제의 식민지배와 재조 일본인 엘리트』, 2019년 이동훈의 『재조 일본인 사회의 형성: 식민지 공간의 변용과 의식구조』 등 꾸준히 많은 연구가 나오고 있다.
66 류승주, 「일제의 불교정책과 친일불교의 양상」, 『佛教學報』 第48輯, 2005.

## 부동산 단기 급등의 효과

대만에서 다진 식민지 초기 경험과 부산과 인천 그리고 군산에서 벌어진 토지 수요의 단기 급등에 의한 부동산의 상승 여력과 효과를 지배자들은 단기간에 터득한다. 또한 대기 중인 일본 이민자들의 부동산 시장 참여에 대한 수요 예측은 잘 맞아떨어졌다. 이리지역의 낮은 지가(地價)는 짧은 시간에 급등한다.[67] 이리지역의 급격한 인구증가에 따른 토지 이용의 수요 확대와 농지의 수요 급증은 늦지 않게 농지를 취득한 오하시에게 자본가의 삶을 허락했다.

> 당시의 이리는 미개발지였지만 한국의 보고라 할 호남의 대평야를 끼고 있고, 10대 강의 하나인 만경강(萬頃江)의 배편(舟便)이 갖추어져 있었다. 역 소재지를 중심으로 일대 신시가지를 신설하는 대계획 아래 무논(水田) 매립공사가 한창 진행 중이었다. 대전-목포 직통의 철도는 이리역에서 나뉘어서 군산항역까지 통하고 있었으나, 익산-목포간은 성대하게 공사 중이었다. 장래는 이리-여수의 직통선이 전라북도 도청 소재지인 전주부(全州府)를 경유하여 부설할 계획이 되어 있었다. 실로 이리는 사통팔달의 분기점의 주요지역으로, 또는 호남평야의 농산물 집하역으로서 장래 발전의 요소를 다분히 구비하고 있다. 그런 관계로 다른 곳에서 이주해 오는 사람이 매우 많으며, 건설 조성공사로 시황은 활기에 차 있다.[68]

오하시의 초기 활동기간 중 이리의 일본식 종교로 이리신사(裡里神社), 서

---

67 대한국토도시학회, 『도시, 인간과 공간의 커뮤니케이션』, 커뮤니케이션북스, 2009, 212쪽.
68 『조선주재 36년』, 30쪽.

본원사(西本願寺派)포교소, 진언종(眞言宗)포교소, 천리교(天理敎)선포소 등 각파의 포교노선이 확장되는 시점이었다. 오하시는 포교를 위해 12평 규모의 일본어 강습소를 열면서 학교 설립에 뛰어든다. 오하시는 1913년 4월, 데라우치(寺內) 총독으로부터 전부터 출원했던 사립이리보통학교[69] 설립인가의 지령을 접하고 개교식을 열고 학감에 취임한다.

## 1912년 이리 부동산 인식

미개척지 이리에 도착한 오하시는 철도건설 중인 대전-목포를 연결하는 호남선 전선 개통의 분기점이 되는 전라북도 이리의 장래성에 대한 정보를 입수한다. 거기다 일본에서의 이민자들이 넘쳐난다는 것을 알아차렸다. 오하시는 토지 수요의 탄력성 즉 부동산의 상승 여력과 효과를 불과 몇 년 사이에 터득하고 실천한다. 오하시와 그를 둘러싼 시장 참여자에 대한 수요 예측은 잘 맞아떨어졌다. 열차역이 들어서고 토지에 대한 수요가 단기간에 급증했다. 일본인과 일본인 간의 거래도 눈에 띈다. 오하시가 기록한 1912년 4월 이리의 부동산 인식을 살펴보자.

> 홍수 위험이 적은 곳은 평당 5엔, 저습지는 1원 70전 토지의 소유자 모리시마 노인으로부터 해당 지역 근처 약 800평을 이리역으로부터 3km 정도 떨어진 목천포에 사는 지주 사이토(齋藤) 씨가 평당 1엔 70전에 팔고 있다는 말을 들었다. 목천포의 사이토 씨를 방문하여 해당 토지의 매수 교섭을 시작하였다.
> 이리의 토지는 신개지 발전의 꿈이 극히 왕성하여 토지가격이 날마다 올라,

---

69 私立裡里普通學校는 한인들이 다닐 수 있는 학교로, 이리 남중동 영국사 경내에 있었다. 공립학교와 합병하여 이리공립보통학교가 되었으니, 오늘날 이리초등학교의 전신이다.

어제의 3엔이 오늘은 5엔의 값어치를 나타낼 정도였다. 사이토 씨는 시가지로부터 멀리 떨어진 관계상 매일 같이 급등하는 토지 상황을 잘 모르고, 최근 판 가격에 만족하고 있었던 것이 행운이었다고 해야 할 것이다. …평당 1엔 60전으로 가격이 성립되었다. 그리고 800여 평을 매수키로 하고 가계약을 체결하였다.[70]

오하시 소쿠죠는 개인적 매수 자금이 한 푼도 없이 차입금으로 토지를 매입하고 소작료를 받는 계약을 한다. 오하시는 매입 전 경찰, 헌병대, 군청 등을 방문하여 토지의 장세와 개발계획, 인구동태 등을 자세하게 조사한다. 철도 개통이 되면 역 앞에 신시가지가 출현할 것과 부동산 가격의 상승은 자명한 이치였다. 오하시는 토지매수에 임하여 한국어를 배운 실력으로 거간이나 통역 없이 교섭을 시도해 토지를 값싸게 손에 넣을 수 있음을 자랑한다. 농지 면적을 표시하던 두락(斗落) 단위의 면적 호칭이 평(坪) 단위로 바뀔 무렵, 오하시가 구입한 이리의 부동산은 매입할 당시에 비하여 몇 배로 오른다.

반년 사이에 전답과 산림을 합하여 20정보[71]를 매수하고, 이를 융자자와 균등 공동관리로 하고, 소작료를 받는 등 직접관리는 나의 봉사로 융자자의 호의에 답하였다. 융자자는 후년 자기 소유분을 충분히 이식하여 매각하고, 나는 나머지 반의 소유권자가 되었다.[72]

70 같은 책, 32쪽.
71 1정보를 3천 평으로 계산하면 약 6만 평.
72 같은 책, 32쪽.

'가을 벼는 농부들이 직접 가져오니 힘들지 않은데, 소작농 집을 일일이 돌며 도장 찍는 일(계약)이 힘들다.' 1919년(다이쇼 8), 농지경영을 주로 하지 않는 나는 소유 전답의 관리에 대하여 한 가지 머리 아픈 일이 생겼다. 처음 토지 매입에 당하여 직접 희망자를 개별로 교섭했던 관계로, 매입 전답의 소재지는 띄엄띄엄 여러 지역에 흩어져 있어 모든 전답을 순시하는 데는 3일간을 요하게 되었다. 연공(年貢)은 소작인 스스로 가지고 와서 납입함으로 귀찮은 일이 없지만, 소작 협정을 하는데 있어서는 한국말에 타서 말꾼과 함께 하루가 걸리는 중노동에는 매년 신음을 내지 않을 수 없었다.[73]

1885년 일본 후쿠이현(福井縣)에서 태어난 오하시는 1892년 일련종 승려로 출가한 후 종단의 명령으로 1903년 조선에 건너와 부산의 정칙한어학교(正則韓語學校)를 1기로 수료했다. 1905년 도쿄의 일련종대학 중등과에 입학하였지만 오하시는 조선수비대로 파견되어 2년간 복무하고 전역 후[74] 종단의 식민화 매뉴얼대로 호남선 개통시기에 맞추어 이리에 진출하여 1912년 일련종포교소를 열고 1913년에는 일련종사립이리보통학교를 개설했다. 오하시는 1912년 포교당을 설립하기 위해 부동산 매매 과정 즉 싼값에 사들인 토지를 다시 되파는 수법으로 부를 축적하고 금융업으로 부를 늘리는 방식의 식민지 수탈의 첨병으로 활동한다. 이후 낙찰계 형식의 '뇌모자강(賴母子講)'[75]이라는 사금융과 무진회사(無盡會社)라는 공적 영역의 하부 금융에 종사

---

73 같은 책, 51쪽.
74 1906년 3월 4일 朝鮮守備隊 기병 제19연대에 파견된다. 제15사단 육군위생부교육소에 관비 입학하여 1908년 11월 만기 제대한다.
75 '다노모시코(賴母子講)'라 부르는 일본식 낙찰계(契). 賴母子講은 일본의 전통적 금융조직으로서 講員 상호간에 자금의 융통을 목적으로 하는 無盡講과 講主가 일정 시기마다

하면서 학교와 사찰, 금융업 등 다방면으로 사업을 확장하였다. 오하시의 회고록『조선주재 36년』은 '일본인이 경험한 이리'라는 귀중한 역사자료로 '솜리'라는 전통 경관이 '이리'라는 식민공간으로 변화되는 과정과 오하시의 사적인 욕망과 공적인 변화의 모습을 보여준다.

일정 금액을 불입하고 매회 추첨이나 낙찰 방법으로 약간의 금액을 강원에게 교부하는 營業無盡의 두 종류가 있었다. 이경란,「韓末時期 日帝의 農業金融政策과 地方金融組合의 設立」,『國史館論叢』第79輯 재인용.

## 3. 위성타운과 인물

　일본은 병합 이후 조선민사령을 통해 사유재산권을 확립하여 1912년부터 토지조사사업을 진행한 한편, 부동산을 담보로 대출을 하는 금융상품도 같이 출현시켰다. 토지조사사업의 결과로는 하나의 토지에 하나의 권리가 존재하는 일물일권적 토지소유권이 확립되었고, 부동산 등기 제도가 완전히 자리잡게 되었다. 이에 따라, 지주들의 경제력이 강화되고, 토지의 매매가 자유로워져 이리의 일본인 중에서 근대적인 토지소유권을 획득한 대지주가 출현하였다. 아직 은행지점이 없는 이리에는 수많은 전당포와 질옥(質屋)들이 등장하게 되었다. 학교조합을 비롯한 유지들이 새로운 도시를 기획 실행하는 동안 이리는 끊임없는 인구 유입으로 인한 부동산 거래가 활발한 도시가 되었고 일찍 땅을 구입한 자본가들은 부를 축적했다. [표 20]은 익산군청이 취급한 부동산 이전과 설정에 관한 건수가 3만 5천 건에 이르는 부동산 거래의 활발함에 대한 표시일 것이다

[표 20] 1914년 익산군청이 취급한 부동산 거래 상황

| 소유권 보존 | | 소유권 이전 | | 전당권 설정 | | 기타 | | 합계 | |
|---|---|---|---|---|---|---|---|---|---|
| 건수 | 등수 | 건수 | 등수 | 건수 | 등수 | 건수 | 등수 | 건수 | 등수 |
| 2,995 | 2,654 | 1,897 | 10,905 | 400 | 5,622 | 478 | 6,362 | 5,730 | 34,543 |

이들은 조선인들의 강력한 저항에 눈치를 보다가 한일병탄이 되면서 번영조합을 조직해서 전통 공간 옛 금마(益山)에 소재하고 있던 익산우편소를 1911년 11월 8일 이리로 이설하고 이리우편소로 개칭하였다. 이 결과 이리는 열차를 통해 매일 우편물을 받을 수 있게 되었다. 호남선 개통과 더불어 경찰 사무가 빈번해지면서 대장촌에 소재하고 있던 헌병분대가 이리로 이설되고 명칭이 이리헌병분대(裡里憲兵分隊)로 개칭되었는데 일본군에서 조선에 파견되었다가 제대한 재향군인들에게 이리의 농장은 성장의 인큐베이터였고 대금업을 통해 그들은 부를 축적해갔다. 이리지역의 일본군 출신 사업가들을 정리하면 [표 21]과 같다.

[표 21] 이리지역의 일본인 군 출신 사업가

| 성명 | 경력 |
| --- | --- |
| 로오카 유키고(城岡幸吾) | 에히메(愛媛)현 출신. 헌병으로 호남선 공사 당시 이리분견소장. 토지를 매수한 다음 바로 금산분대로 전임함과 동시에 사직하고 경영에 착수 후 지가폭등. 토지경영과 금융대부업 종사. |
| 이타이 신조(板井信藏) | 금융대부업자. 예비역 보병 소좌. 토지의 경영 및 토지 담보의 금융대부업자. 제국재향군인회 이리분회장에 추대, 이리청년회 고문. |
| 사사키 죠타로(佐佐木長太郎) | 시마네(島根)현 출신. 예비 포병 중위 종7위 훈5등 공5급의 재향군인. 1913년 4월 조선에서 농사 경영 착수. 과수와 화훼류의 재배를 위해 미간지를 매수하여 개간에 착수하고 한국인 부인과 미곡 소매상을 경영. 1930년대에 파산하여 이리에 큰 충격을 주었다. |
| 가메다 츠다로(龜田津太郎) | 이시가와(石川)현 출신. 한국주둔 군부(軍附)로 1906년 한국으로 건너왔다. 군사령부 소속으로 서울에 주둔 후, 1913년 황등우편소장으로 임명되어 지금 통신사무를 관장. |
| 가타기리 분조(片桐文三) | 헌병출장소장 오장(伍長) 출신 목천포 개발 진력. |
| 다니후지 간키치(谷藤勘吉) | 1915년 12월 1일 함열파견소로부터 목천포 헌병출장소장으로 영전. |

그림76. 1926년 우리나라 최초로 경지정리가 된 동척 오산리의 들판

## 1) 오산, 대장촌, 황등, 함열

이리는 식민도시 발전의 기틀을 마련하여 이리역을 중심으로 점차 신흥도
시의 꼴을 갖추고 있었다. 『이리안내(裡里案內)』(1915) '근접지 사정'에 의하면
이리가 정중앙에 위치하고 만경강변 가까이는 목천포, 호남선 북쪽에 황등
과 함열, 경편철도를 이용하는 동쪽 방면으로 대장촌, 군산선 서쪽으로는 오
산리에 작은 위성 타운이 마련되었고 농장주들이 서로 이리 밖의 영역을 나
누어 가졌다. 목천리는 만경강변의 포구 목천포(木川浦)[76]의 중심으로 전통
도시 전주와 신흥 개항장 군산을 연결하는 전군가도가 지나가고 후일 만경
교가 놓이면서 김제역과 부용역 그리고 이리 사이의 지리적 이점을 가진 공
간으로 성장하게 된다. 서쪽은 임익남부수리조합(臨益南部水利組合)의 관개

---

76 상습 침수 구역에 토지를 보유하고 있던 사람들은 수리시설이 완비될 경우 땅값이 크게
  뛰어오를 것이라는 기대감을 숨기지 않았다.

그림77. 익산시 오산면에는 아직도 '동척길'(익산시 농수산물도매시장 뒤쪽에 있는 법정 도로명)이라는 주소 표시가 있다.

용 수로를 사이에 두고 오산리를 향하며, 또한 대간선수로가 옥구지역으로 연결되는 수리시설을 갖추고 가깝게는 동양척식회사 이민촌이 자리한다.

오산리는 만경강 북쪽에 자리한 감조하천(感潮河川)[77]의 특성상 조수해(旱水害)의 땅인데다 교통도 불편했지만 불이흥업주식회사(不二興業株式會社) 사장 후지이 간타로가 주변 땅을 매수하여 농장을 설치하고, 수리조합을 조직하면서 발전하고 있다고 서술하고 있다. '조선총독부를 설득하여 고액의 공사비를 투입해서 수리사업을 완성하고, 조수해를 이긴 것으로 지금은 전북평야의 농업 중심지가 되었다'고 홍보하고 있다. 전군도로가 가깝고 군산선 열차의 운행에 이어 오산면사무소, 오산리학교조합, 오산리소학교, 불이(不二)흥업주식회사 전북농장, 정미소, 소방조, 위생조합 등 모두 이 지역에

---

77 감조하천(感潮河川)은 만조 시에는 해수가 역류하여 수위가 상승하여 해수를 이용하여 선박이 내륙으로 들어가는 것에는 유용하지만, 홍수 시 하천 범람의 가능성이 높고 농작물에게는 염해를 초래한다. 만경강이 대표적인 감조하천이다.

있다고 강조하고 있다.

대장촌은 '한국에서 일본인의 모범농촌으로 만경강이 그 중앙을 흘러 배편이 편리하며, 전북경편철도가 이곳을 통과하여 이용객의 출입이 편리하며 일본인 77호 273명, 한국인 1,228호 5,250명이 살고 있다. 헌병출장소·우편소·면사무소·심상소학교·신사(神社)·호소카와(細川)농장·이마무라(今村)농장·수리조합 등이 있어서 편리하고 번화한 곳'이라 서술하고 있다.

조선 내의 이상촌 내지는 모범촌이 된 원인으로, 호소카와농장이 일본으로부터 다수의 자가농적 이민을 초치하여 순연한 일본류의 농촌을 형성했고, 농장주 이마무라 이치지로가 농사의 개량에 부심하여 선종(選種)·농구 보급·녹비(綠肥) 재배·노동 장려 등을 원인으로 상찬하고 있다. 이마무라가 익산군 내에서 활발하게 재배 보급하고 있는 자운영은 5·6년 전부터 그 유

그림78. 대장촌 부근의 9개면 농민 5천여 명이 수리조합 건설에 불만을 품고 시위했음을 담은 신문기사

리함을 알려 크게 재배를 장려한 결과로 금비(金肥)에 비해 녹비는 1단보에 1엔 20센부터 1엔 80센 정도로 족하여 국가 경제상 커다란 이익이라고 서술하고 있다.

황등(黃登)은 이리에서 열차로 12분 걸리는 황등정거장과 전북 3대 시장의 하나인 시장과 남한 제일이라는 유원지 겸 황등평야의 젖줄인 요교제(腰橋堤)를 갖춘 곳이다. 달관산은 무진장의 화강암 석재가 있는 곳으로 우편소가 있으며, 면사무소·헌병출장소·학교조합·수리조합·정거장·호세이도(保生堂)의 원출장소 등이 있어 농업지는 물론 상업지로서 유망한 곳이라고 소개하고 있다. 황등평야의 요교제는 관개(灌漑)시설로 어떤 한발에도 끄떡없으며 매월 6회 여는 시장은 현저하게 증대하여 소·쌀·잡곡과 일용잡화 등의 거래고가 높고 시장 출입 인원이 평균 3,000명 이상인데 음력 추석 및 설을 맞이할 때는 1만 명 이상의 사람들이 이용한다고 서술하고 있다.

함열역은 정거장, 헌병출장소, 학교조합, 소학교, 지방금융조합 등의 소재지로 일본인 이민자가 150명에 달하는데 동양척식회사의 이민만 10여 호에

그림79. 황등은 이리북쪽에 자리한 위성도시로 기차역이 있다.
사진은 황등호에 소풍나온 학생들이 뱃놀이 하는 모습.

그림80. 1918년 제8회 함열공립보통학교 졸업기념

달한다면서 상업으로는 주로 미곡중개상이 추수시기부터 이듬해 2, 3월경
까지는 예년 10여 개의 임시출장의 중개점이 개설됨을 설명하고 있다. 함열
과 용안 읍내, 여산(礪山)과 강경(江景)이 가깝고 황등이 지척이니 운수 교통
이 매우 좋다고 홍보하면서 미곡류는 주로 군산항과 강경으로 반송한다고
서술하고 있다. 일본의 거물 '비료왕' 오키(多木久米次郎)의 함열지역 합류는
다른 농장주들에 비해 조금 늦은 편이었다.

전라북도 지역에서 발행된 이리 관련 서적의 편찬 의도는 역시 지역의 홍
보와 새로운 이민자들을 위한 안내에 있다. 이리의 언론인이자 문필가 우즈
키 하츠사부로(宇津木初三郎) 역시 부동산 선점 및 투자를 권유하고 있다. 선
착자들의 부동산 선점 및 투자에 따른 금융대부업[79]의 발달과 토목청부업의

---

78 목천포의 통계는 사실 오산리를 합한 오산면의 통계치이다. 동척집단마을과 후지이 농
   촌이 자리하기에 인구가 500여 명 가까이 되었다. 오산리에는 신사도 있었다.
79 군 출신으로 제대 후 금융업에 종사한다. 말이 좋아 금융업이지 대부업과 전당포이다.

발달은 하나의 고리를 이루고 있다. 이리가 앞으로 유망한 토지인 것을 간파하고 논을 매수하는 것과 동시에 이리 시가지 경영에 있어서 셋집을 건설하거나 부지를 무료 대출해 준다고 홍보하고 있다. 명분은 산미증식(産米增殖)에 두고 있고, 동양척식회사를 비롯하여 이리금융조합, 식산은행 이리지점, 익산금융조합의 조합장은 일본인이었다.

[표 22] 『이리안내(裡里案內)』에 보이는 근접지 사정(近接地 事情)

| | 목천포 | 오산 | 대장촌 | 황등 | 함열 |
|---|---|---|---|---|---|
| 위치 | 이리 남부 | 이리 서부 | 이리 동부 | 이리 북부 | 이리 북부 |
| 교통 특징 | 全群가도, 裡里 가도의 교차점 | 군산선 오산역 | 경편철도 대장역 | 호남선 황등역 | 호남선 함열역 |
| 학교와 기관 | 오산과 이리로 통학 | 오산면사무소, 오산리학교조합, 오산리소학교, 정미소, 소방조, 위생조합 | 헌병출장소, 우편소 · 면사무소 · 경편철도정거장 · 심상소학교 · 神社 | 우편소, 면사무소 · 헌병출장소 · 학교조합 · 수리조합 · 호세 이도의원출장소 | 정차장, 헌병출장소, 학교조합, 소학교, 지방금융조합 |
| 농장 | 동양척식주식회사 소작수납소 | 不二흥업주식회사 오산리농장 | 호소가와농장 · 이마무라농장 · 수리조합 | 가타기리농장 | 多木농장 |
| 주요 인물 | 金廣魯 | 후지이 간타로 | 호소카와 이마무라 | 片桐和三 | 多木久米次郎 |
| 인구 | 일본인 35호 137명, 조선인 93호 469명79 | 도쿠시마 출신 10여 호 이상 | 일본인 77호 273명, 조선인 1,228호 5,250명 | 500여 명 | 일본인 150명 동척 이민 10호 |
| 특징 | 이리헌병분대 헌병출장소 | 不二농촌 | 내지인의 모범농촌 | 요교호, 석재 채취 | 미곡류는 군산항과 강경으로 반송 |

*옥구평야 부분은 『이리안내(裡里案內)』(1927)에서 다루지 않아 생략함.

▬▬▬

대출과 일수에 따른 불법추심을 하는 사람들임을 알 수 있다.

토목청부업은 인구 증가와 더불어 도시 확장에 따른 유망한 사업이었다. 또한 이는 건설업이 갖는 고용 유발 효과와 연결되어 출신지의 배경과 관련이 있었다. 오카야마현(岡山縣) 출신 아사기리 아사노죠(朝霧淺之丞)는 일본에서부터 토목 경험을 갖춘 청부업자였다. 1904년 오카야마사단(岡山師団)의 매립 공사 경험을 토대로 1909년에 조선에 건너와 경의선 토공 완성 후 동남선(洞南線)[80] 제2·제3 2공구 토공, 지경(地境)[81] 임피(臨陂) 간·군산항 인입선을 완성하고 1918년부터 이리에 거주하면서 익옥수리조합(益沃水利組合) 공사, 강경(江景) 방수공사, 용진수리조합(龍進水利組合) 공사를 진행하였다. 또한 야마구치현(山口県) 출신 우에다 쿠마지로(上田熊二郎)는 현대식 건축업자로 건축물의 규모와 형식이 컸다. 1925년 이리역 앞 현대식 양옥 2층 아오키도(青木堂)[82]와 인쇄출판사 문화상회 건물과 영국사(榮國寺) 그리고 명치여관(明治旅館)과 함라공립보통학교를 건축하였다.

인구 증가와 아울러 운송업 증가 상황 속 마쓰우라(松浦)는 80여 평의 큰 창고를 가지고 화물을 취급하였다. 만경강 개수공사 및 전주와 이리를 연결하는 경전북부선(慶全北部線) 개수와 더불어 운송 취급 건수의 증가로 이리역이 갖는 철도 인프라는 집산하는 화물 취급소를 성장시켰다.

<hr />

80 남동선(南洞線)은 북한 남포특별시 온천군(溫泉郡)에 있는 평남온천역(平南溫泉駅)에서 평안남도 숙천군(肅川郡)에 있는 남동역(南洞駅)까지를 연결하는 철도 노선이다.
81 현재 군산 대야역(大野駅)으로 1912년 지경역(地境駅)으로 개업하여 1953년에 대야역으로 개명했다. 시마타니농장과 구마모토 농장에서 자주 이용하는 역이었다.
82 일부 연구자료에 '1925년 이리역'으로 알려져 있으나 이리역 앞에 세운 모던한 레스토랑 건물이었다.

## 2) 일본인 유지와 사업

　대부분의 농장주들은 전라북도 익산, 옥구, 김제, 전주와 정읍 등 여러 곳에 농지를 소유하고 있었는데 이리지역은 교통의 발달과 더불어 은행과 여러 서비스업이 발달한 관계로 농장사무소가 집중되어 있었다. 일제는 한국의 토지와 일본인 농업자를 결합시키는 '척식 이민사업'을 통해 한국 농업을 침탈하면서 1921년에는 동척김제출장소를 동척이리지점으로 승격하여 이리로 유치하였다. 이리지역은 수리·치수 사업의 중심지[83]로 1908-1911년에 옥구서부(沃溝西部), 임익(臨益), 전익(全益), 임익남부(臨益南部), 임옥(臨沃) 등 다섯 개의 수리조합이 설립되었는데 이 지역이 조선 최대의 곡창지대 중 하나인 전북평야라는 점과 관개(灌漑)농업이라는 전형적인 수자원 개발이 상대적으로 용이했기 때문이다.[84] 이들 조합을 운영한 유지들을 『조선공로자명감(朝鮮功勞者銘鑑)』과 『조선총독부시정25주년기념 표창자명감』, 『조선의 인물과 사업-호남편 제1집』에 나타난 것을 정리하여 표로 요약하면 [표 23]과 같다.

---

83  1915년 판 『이리안내(裡里案內)』에서는 '수리' 자체가 하나의 장(章)으로 '수리조합'이란 단어가 39회, 1928년 『益山郡事情』에서 총 25회가 등장한다.

84  우대형, 「일제하 만경강 유역 수리조합 연구」, 『일제 만경강 유역의 사회사』, 혜안, 2006, 29쪽.

## [표 23] 이리지역 유지 정치의 일본인

| 성명 | 친일 공적 |
|---|---|
| 北川省馬 | 1885년 高知縣 출생. 1906년 전라북도 익산군 금마면에 의원을 개업 이후 잡화상 경영. 農業部, 礦油部, 釀造部, 自動車部를 설치함. 1934년 양조장을 매수 연간 1,000석의 소주를 제조함. 全北鐵道에 枕木 공급, 텍사스石油會社의 충남 및 전북 總代理店과 트럭운수업 겸영. 學校組合위원. |
| 片桐和三 | 1878년 니가타(新潟)縣 출신. 전라북도 익산군 黃登面에서 경작 개시. 盆山郡農會 주최 水稻多收競進會에서 特等賞. 稻作의 개량, 肥培法의 개선, 자급비료의 증산에 진력. 1918년 조선잠업주식회 설립. 1919년 익산군잠업조합장, 황등에 익산상회를 설립하고 裡里・黃登・咸悅의 가마니 생산 장려. 1920년 全北畜産株式會社 설립. 1921년 盆山煙草耕作組合장. 1927년 全北肥料叺組合 조직. 1917년 黃登尋常高等小學校 건축비 기부. 1927년 道種苗場 裡里 이전위원, 1930년 農事試驗場 南鮮支場의 설치 설립위원. 道會議員, 面會議員, 農會評議員 역임. 1919년 忠南 舒川郡 長項里 國有墾地 公有水面 11만여 평의 매수 매립 1928년 1월 준공, 臨盆水利組合 組合長, 黃登學校組合 管理者, 舒川水利組合長, 裡里農林學校와 黃登神祠 건립, 水稻試驗場의 설치에 주력, 消防組 組頭, |
| 大橋與市 | 株式會社 大橋農場 사장 1890年 岐阜縣 출신. 大橋三郎은 1929년 부친 이름을 襲名하고 가업을 계승함. 1916년 京都帝國大學 法學部 졸업 후 大橋農場과 昭和殖産合名會社를 경영함, 1936년 자본금은 270만 원, 시가지가 4만 평, 경지가 1,300정보. 大垣商工會議所 副會頭 취임. |
| 今村一次郎 | 1874년 熊本縣 阿蘇郡 출생. 1897년 熊本縣立師範學校 졸업. 9년 동안 교편생활. 1906년 大場村里로 이주 농사 경영. 籾摺機를 갖추고 현미 제조를 조선 농가에 보급 장려. 原種採種畓 설치하고 稻作 增收 示導 및 비료의 貸與와 퇴비 제조 장려함. 가마니 제조 傳習會를 개최. 1908년 用水汲上水車를 일본에서 들여와 보급. 퇴비용 호크, 籾節唐箕 등 米穀調製 농구의 보급 장려, 1911년 자운영 재배 보급, 短冊苗代 줄모의 보급, 장려. 1908년 大場村학교조합議員, 1920년 官立裡里公立農林學校의 설립위원. 1912년 전라북도의 大豆 개량, 이 종자는 種苗場에서 今村撰이라 명명. 1920년 8,000圓을 들여 養蠶室을 신축 장려함. 1923년 鷄舍 2동과 부화장과 양계장을 설치하여 初生 병아리와 種鷄卵 등을 분양하고 양돈 및 양봉을 장려함. 1925년 조선총독으로부터 養鷄功勞者로서 표창. 1935년 현재 全北産業株式會社 사장, 今村農場 농장주. 1925년 全羅南道 長興郡 冠山面에서 간척사업 1933년 9월 준공해 논 314정보를 완성함. 1929년의 朝鮮博覽會에서 최고상. 郡農會 會長, 道評議員, 全羅北道農會 顧問 역임. |

| | |
|---|---|
| 板井信藏 | 1871년 福岡縣 출생으로 全羅北道 益山郡 裡里邑 농장 경영, 道會議員, 1897년 少尉 임관 후 1911년 臨時朝鮮派遣隊에 편입 公州守備隊長. 全羅北道 道會議員, 裡里市民會 會長. 1915년 3월 전라북도 益山面 초대面長에 임명 1916년 裡里學校組合 議員, 益山面協議會員, 裡里消防組 組長 역임. 1914년 帝國在鄉軍人會 光州, 全州支部 副長, 裡里分會長 겸임. 1922년 裡里農林學校, 1923년 裡里高等女學校 建設委員에 선임. 1930년 朝鮮總督府農事試驗場 南鮮支場을 추진, 익산, 옥구, 김제, 전주 각 군에 걸쳐 토지 가격의 앙등으로 巨富가 됨. 만경강 개수공사 착수. 裡里學校組合 管理者. 東洋拓殖株式會社 支店의 유치. |
| 靑田竹治 | 화성(華星)농장 지배인. 1876년 福島縣 출신, 1904년 8월 러일전쟁에 참가하여 滿洲에 출정. 1913년 7월 朝鮮憲兵隊에 배속. 黃海道 松禾分隊長을 거쳐 1915년 全羅北道 警務部 警視를 겸하여 全州憲兵隊 副官'이 됨. 大尉 진급. 1918년 裡里憲兵分隊長 퇴직 후 華星農場 支配人으로 초빙. 1919년 퇴직 후 농업에 종사. 1931년 현재 裡里在鄉軍人分會長, 裡里金融組合長, 龍進水利組合長(전주군). 正6位 勳5等의 位勳. 帝國在鄉軍人會 裡里分會長, 學校評議員, 裡里金融組合長, 全北畜産株式會社 取締役, 裡里魚菜市場株式會社 取締役, 全北企業株式會社 取締役, 南鮮지방의 대지주인 白南信에게 화성농장 경영권 일체를 넘겨받아 경영. 전북축산, 이리어업시장, 서울고무공장 등의 중역. |
| 藤井寬太郞 | 1876년 원적은 大阪市이지만 德島縣 출신으로 배우자 藤井知惠野의 부친은 '일본의 시멘트 왕'이라 불리는 사람이다. 不二興業會社의 사장으로, 농장 개간·부동산 신탁업·쌀 수출업 이외에 이민사업 경영. 大正, 益沃, 於雲, 臨益, 中央 水利組合組合長. 朝鮮土地改良會社의 專務理事. 農業, 開墾, 信託, 精米 및 穀物 雜貨의 賣買 업무. 1917년 6,000여 町步 토지 소유. |
| 多木久米次郞 | 1858년 兵庫縣 출생. 全羅北道와 忠淸南道 일대에 多木農場을 개설, 함열이 본거지다. 貴族院議員이자 대지주로 일본의 肥料王으로 衆議院 議員, 1918년 株式會社 多木肥料所를 설립. 朝鮮農會 顧問, 全羅北道農會 顧問 등으로 활동. 농장 안에 山林部를 두어 慶尙北道 盈德, 忠淸北道 永同, 京畿道 永平의 국유임야를 불하 15,000정보의 임야에 식목사업. 東津水利組合 조합원으로 활동함. |
| 齋藤竹次郞 | 1891년생으로 이바라키현(茨城縣)출신. 1931년 東津拓殖株式會社 裡里지점장으로 농사개량에 힘씀. 東洋水利組合長, 호남지방의 대지주들 모임인 農友會 간사. |

# IV

# 제2기, 유지 정치와
<small>有　志</small>
# 사회상(1915-1927)

조선에서 만경강 지역은 일본의 산미증산계획에 따른 식량기지로 전락했다.
만경강 남단 백구지역의 쌀 수매 현장의 모습이다.

# 1. 이리지역의 유지 네트워크

도시의 핵심은 교통이었다. 수운(水運)의 위험성과 비교할 수 없는 철도의 안정성과 속도는 인접 도시와의 교류를 활성화시켰다. 이리는 호남선, 전라선, 군산선 중앙에 위치한 철로의 결절점으로 떠오르는 신흥도시가 되었다. 호남 서부지역의 모든 길은 이리역으로 모이게 설계되었다. 일본으로서는 유사시 신속한 병력 이동이라는 식민지 경영의 군수적 이점도 작용했다. 교통의 발달은 재화와 물품의 이동과 교환에서 가장 중요한 것은 말할 것 없거니와 또한 빠른 정보유통에 기여하였다. 철도와 정거장이 생기면서 화물의 집산 증가와 더불어 통신기관인 우편소의 이전은 정보의 신속성과 편의성을 가져왔다. 전신과 집배 업무를 통해 매일 우편이 도착하고 열차로 경성과 일본의 신문이 다른 도시보다 빠르게 도착하는 도시가 이리였다.

1914년 도청소재지인 전주부에 이르는 경편철도(輕便鐵道) 개통을 시작으로 익산군청, 경찰행정의 헌병분대, 법원등기소, 토목사무소, 읍사무소 등의 여러 관공서가 들어 왔다. 일본인을 위한 공립이리소학교 교사의 신축 낙성과 더불어 식산은행이 등장하고 수리조합과 금융조합을 비롯한 대농장의 모습과 극장이자 문화회관 역할을 한 이리좌(座)의 개장 등, 인구 3천5백여 명 중 일본인 인구만 이천 명이 넘는 이리는 신흥도시 성장의 파노라마를 보여준다.

일본인 이민자들은 한일병탄 후 조선에서 여러 '조합(組合)'[1]의 형태를 통해 식민지 지역사회에 정착하고 있었다. 개항장 주변의 일본 거류민단이 합방 이후 학교조합으로 개편되었다. 학교조합이나 위생조합이라는 언어는 사실 복리민복이라는 말 뒤에 그들만의 민족이라는 범주의 배타성이 숨어 있는 언어다. 이리에서는 대지주 오하시를 비롯한 상인과 유지들이 조직한 번영조합을 필두로 학교조합, 수리조합, 위생조합 등이 도시의 근간을 이루었는데 거의 중복되는 인물들이었다. 학교조합은 일종의 공공사업 위원회로서 도로 정비, 하수도 건설, 식수 사업에 집중했다.[2]

## 1) 조합 전성시대

러일전쟁 이후 일본인 이주 문제가 중요했던 것은 인구 팽창과 식량문제를 해결해야 하는 절박함 때문이었다. 이민은 동양척식회사 이민촌 및 후지이전북농장과 사나다농장이 자리한 이리의 남쪽 만경강 주변의 목천리와 서쪽 오산리에 집중되었다. 동척 이민사업 이전 자국민을 데려온 호소카와와 이마무라 등 대형 농장이 자리한 춘포면에는 일찍부터 일본인을 위한 심상소학교도 있었다. 그런데 『이리안내(裡里案內)』(1927)에 이민의 숫자가 매

---

1 '조합(組合)'은 독일 민법상의 'Gesellschaft'를 일본 민법에서 '組合'이라는 단어로 번역하여 차용한 것이다. 일제는 1905년 10월에는 탁지부령 제16호로 「手形組合條例」를 제정하여 재산과 신용이 있는 자로 조합을 구성하여 어음의 유통을 장려하도록 하였다. 그 뒤 수리조합 등의 명칭이 사용되었으며, 일제강점 후 1912년 3월에는 「조선민사령」에 의하여 일본의 「민법」을 의용하게 됨에 따라 조합이라는 용어가 널리 사용되게 되었다.
2 정승진·마츠모토 다케노리, 호남지역의 위생·의료문제 제27권 제3호(통권 제60호) 357-396, 2018.

우 적게 나타난 것은 집계상 착오라기보다는 자료 미제출 탓으로 판단된다. 이리지역의 각 지역별 일본인 이민자 수는 아래 표와 같다.

[표 24] 이리지역에 온 일본인 이민자 수

| 소속 | 호수 | 인구 | |
|---|---|---|---|
| | | 남 | 여 |
| 익산면 | 8 | 18 | 13 |
| 북일면 | 3 | 7 | 6 |
| 성당면 | 3 | 5 | 4 |
| 함열면 | 12 | 26 | 23 |
| 황화면 | 2 | 4 | 6 |
| 춘포면 | 3 | 5 | 4 |
| 오산면 | 104 | 277 | 192 |
| 황등면 | 3 | 4 | 7 |
| 용안면 | 8 | 16 | 13 |
| 망성면 | 21 | 46 | 36 |
| 여산면3 | 34 | 71 | 85 |
| 합계 | 201 | 479 | 389 |
| *오산면은 목천리 통계를 수용한다. | | | |

1912년 이리역이 들어서고 짧은 시간에 이리는 인구가 폭발적으로 늘었다. 도시의 랜드마크는 역이었고 역 앞에는 비즈니스와 이동자들을 위한 여관과 도시를 관리할 공공기관들이 들어섰다. 이민자들을 위한 학교가 필요했기에 그들은 학교조합을 통해 일본인을 위한 근대적 교육기관인 이리심상소학교를 설치한다. 인구의 증가는 다시 지대(地代) 상승으로 이어졌고 그 혜택을 본 자들은 개발정보를 먼저 입수한 오하시를 비롯한 일본 거대농장주와 박영철 부자 같은 일부 조선인 기업가들이었다. 일본에서는 은행가, 조

---

3 특이한 점은 여산면에 일본 이민이 많았는데, 헌병대 주둔이라는 치안 원인으로 판단된다.

선에서는 부동산업자로 성공한 오하시는 농장의 저택을 쇠창살 대문과 튼튼한 성벽을 쌓고 요새화했다. 지배자나 통치자의 위엄을 상징하는 성벽은 가히 영주의 모습이었다.

학교조합장은 대장촌은 이마무라, 오산은 사후쿠 등 거대농장의 2인자가 맡는 경우가 많았다. 경찰관 파출소는 각 면에 1개소인데, 익산면은 정차장 파출소 그리고 오하시농장 바로 곁에 있었고 나머지 15개소는 경찰관 주재소였다. 특별히 도축검사원은 경찰서 위생계에서 일본인이 맡았다. 소방조직 역시 가타기리 가쥬죠나 이타이 신조 같은 주요 인물들이 반두(班頭)를 맡았다. 이리지역의 일본인 상공업자들을 표로 정리하면 아래와 같다.

[표 25] 이리지역의 일본인 상공업자

| 상점 | 특징 |
|---|---|
| 후루가와(古川)상점 | 기후현 출신. 후루가와 지요기치(古川千代吉)는 이리 선참자. 잡화·식료품과 신문 취급. 히노데(日の出)정의 구장 |
| 도모토(堂本)상점[4] | 도모토 고로마츠(堂本五郎松) 경영, 의류·도구·잡화·철물 등 |
| 大野상점 | 오노 신기치(大野新吉)는 메이지(明治)여관 경영, 잡화·식료품 |
| 草ヶ谷상점[5] | 시즈오카(靜岡) 출신. 구사가야 히데노츠케(草ヶ谷英之助)가 경영. 영업 종목은 문방구·차(茶) 등 상업 외에 임대가·대서·측량 등 |
| 도도(藤堂)상점 | 시마네(島根)현 해군 출신, 도도 겐지로(藤堂權次郎)의 미곡전문 상점 |
| 안자이(安西)상점 | 안자이 쇼죠(安西正藏)가 경영 장신구·주머니 류의 판매와 전당포도 운영. 안자이씨는 오가이 목재부의 지배인 |
| 오가이(猪飼)목재부 | 아이치(愛知)현 출신, 종7위 훈5등 공5급 오가이 요(猪飼 要)가 경영, 이리학교조합 의원, 이리소방조두(頭), 이리위생조합장으로 천거 |
| 요코미치(横道)상점 | 야마구치현 출신. 요코미치 다다노츠케(横道只之助)[6]가 경영하는 이리의 대상점으로 잡화·장신구·철물·문방구 등 일품 |
| 구니히로(國廣)상점 | 야마구치현 출신. 밀가루·설탕·석유·비료·외국쌀·기와 등, 전세집 운영 |
| 식료잡화상 | 구리이하라(栗飯原)상점 : 청과물, 다수 임대가옥과 다수 토지 소유. 요코야마 히사시(横山久士) : 식료품·잡화상, 임익남부수리조합의 토목기수 출신 |
| 사카가미깅카(阪上錦花)당 | 과자 제조 도소매, 군산 아카마츠(赤松) 간장의 제일 특약판매점 일제의 식료품 및 주류 등도 판매 |
| 葉軒 | 무라세 요소기치(村瀬與惣吉)의 이리 정거장 구내매점 |

| | |
|---|---|
| 교에이샤(共榮舍) | 오쿠라구미(大倉組)토목부 이리대기소의 용달 목적. 기시모토 손지로(岸本孫次郎)는 마이즈루(舞鶴)군항에서 해군용달에 종사 |
| 호남이농사(湖南利農社) | 야마구치현 출신. 뽕나무 묘목, 비료·가마니·농구·종묘 및 담배 특약판매 |
| 이시이(石井)상점 | 이리정거장 앞 이시이 헤이시(石井兵司)가 경영. 재목 및 기타 건축재료를 판매하며,《경성일보》를 취급하고 여객 대합실 등을 운영 |

 

이리의 선참자인 후루가와(古川)는 일찍 이리에 진입하여 잡화와 신문을 취급하면서 정(町)의 구장을 맡았다. 토목과 건축업을 하는 청부업자 아래에는 건축재료로 목재와 철물점, 철공 세공과 유리와 램프, 도기 판매하는 이들이 있었다. 생필품점으로 오복(吳服)점⁶이라는 일본 전통 복식점과 의류점을 통해 중고 메리야스를 파는 가게를 비롯하여, 신발, 우산, 양말과 구두와 장신구를 파는 상점이 많았다. 이들은 대형여관을 경영하면서 상점을 운영했고, 국화(國華)당 같은 과자점을 열었다. 다수의 토지와 가옥을 갖춘 이들은 상점 경영과 동시에 전셋집과 전당포를 운영하는 경우가 많았다. 청과물과 식료품점을 운영하고 설탕, 간장과 주류 생선 등 특약점을 운영하면서 전방위로 이리의 상권을 장악하였다. 이들은 영정통의 번화가에 상점을 갖고 소비재를 팔면서 대출업무와 전당포를 운영하거나 임대가옥을 운영하면서 유지로서 구장을 맡거나 학교조합위원, 위생조합장으로 천거되었다. 이리는 일본인 세상이 되었다.

 

---

4  지금도 익산시 중앙동에 건물이 유지되고 있다.
5  이리 사진엽서를 발행한 상점이다.
6  우리 식으로 포목점, 이리 영정통에는 전흥라사 등 라사점이 많았다.

## 2) 이민자 사회의 유망사업군

농업기반 도시로 생산력의 향상을 위해 끊임없이 새로운 수원을 찾고 물길을 정비하는 과정은 자연스럽게 많은 노동력을 필요로 했다. 농촌의 빈농들은 호남의 이리로 몰려들었다. 그렇다고 이리로 모여든 빈농들 모두가 일자리를 구할 수 있는 상황은 아니었기에, 도시 내 주거 빈민은 큰 사회적 문제가 되었지만 일본인만의 문제는 아니었다. 한일병탄 전 진출한 이민 1세대보다 몇 년 뒤처진 1910년대 조선에 이주하려는 사람들의 가장 큰 관심사의 하나는 조선에서 장래 어떠한 사업이 유리할 것인가라는 점이다. 따라서이 시기에 간행된 안내서에는 새로운 이민자를 위한 지가와 유망산업에 대한 정보로 부동산과 고리대금업 그리고 정미업과 양조업을, 그밖에 철공소와 농기구 제작, 고무공장 등이 있었으나 비교적 영세한 상황이었다. 여타의산업이 발달하지 못했던 이리에서는 도소매·유통업과 유흥·서비스업이 유난히 발달했다.

[표 26] 이리의 유망사업군 소개

| 업체 | 유망사업 소개 |
|---|---|
| 정미소 | 군산의 이와다(岩田)정미소, 이마이(今井)정미소는 오사카의 호상(豪商) 이마이 소타로(今井宗太郎)가 경영, 호남철도의 개통과 더불어 설립. 1914년 20마력의 와사(瓦斯)발동기를 수입 하루 제곡고는 5백석 |
| 주조장 | 오카야마(岡山)현 출신 사토 고사부로(佐藤幸三郎), 호남선의 개통과 함께 개업하였다. 조석고(造石高)는 3백 석 이상, 시라기쿠(白菊)·기쿠미요(菊御代)·와카기쿠(若菊) 등의 청주를 양조, 철도 편으로 연선 각지로 수출. 야노(矢野)주조장은 金鶴, 銀鶴, 正勝의 3종 |
| 간장, 양조장 | 出口, 兒玉는 간장 양조 외에 가옥 전세업, 기타 간장의 특약 판매 |
| 初田인쇄소 | 1914년 개업. 보통의 활판은 물론 장부의 제작과 종이·문방구류 판매 |
| 사진관 | 가네스기(金杉)사진관, 다베(田部)사진관 |

| 토목청부업 | 야마가와(山川)공장, 하라타 쇼타로(原田庄太郎), 아키야마 슌지(秋山春次) 토목청부업자, 이리소방조 부조두 |
| | 토목건축청부업: 二葉여관 주인 모토타 긴시로(本田金四郎) |
| | 건축전문: 구니베(國部)·이에츠네(家常)·신도(信藤)·하야시다(林田), 철공업: 후지이(藤井)철공장 |
| 대변업 | 이리에는 아직 재판소가 없다. 민형사소송·부동산등기, 기타 민원서류의 대서 사무 및 메이지공채(明治公債)를 모집 취급하고 있다. |
| 오락계 (娛樂界) | 이리구락부, 철도구락부, 호남구락부, 이리정구회(庭球會). 이리좌(裡里座)는 극장으로 1914년 4월 오카하시 츄타(岡橋忠太)가 신축하였다. 철도대합소에는 당구대를 설치했다. |
| 여관과 요리점 | 여관업: 메이지(明治), 아사히야(朝日屋), 후타바(二葉), 이리여관, 하나노야(花の家), 가도야(角屋), 하시모토(橋本), 에도야(江戸屋), 마이즈루야(舞鶴屋), 요리집(기생집): 스에히로(末廣), 이치리키루(一力樓), 무사시노(武藏野), 아라네코(新猫), 후지야(富士家), 오노우라(王の浦), 미야코(都), 하카다루(博多樓)·킷쿄야(桔梗樓)·하나츠키(花月)·화카노우라(和歌の浦)·간케츠(觀月) 등 |

이리는 철도의 중심지이자 호남지역 만경강 중하류지역을 비롯한 수리·치수를 위한 끊임없는 공사가 벌어졌던, 일본인의 진출이 상대적으로 활발한 신흥 식민도시임은 주지의 사실이다. 이리는 비즈니스맨과 거간꾼들이 출장이 잦아 많은 여관과 요정들이 있었고 거주자들을 위한 주택을 건설하는 청부업자와 집장사들이 많았다.

무엇보다도 정미소는 가장 큰 이익을 남기는 사업이었다. 대표적으로 이마이 타쿠지로(今井宅次郎)가 경영하는 이마이정미소는 1911년 개설하여 30마력의 동력을 갖추어 1년에 약 3만 석을 도정하였다. 이리의 정미업은 농업배후지 평야에서 생산되는 대략 50만 석의 벼가 반드시 한 차례 이리에 모이거나 혹은 이리를 통과하여 각지로 분산되는데, 조선인들이 벼 그대로 운반할 때 일본인들은 정미한 후, 제곡 반출하면서 가격과 운임에서 많은 이익을 볼 수 있었다.[7]

이리에서 정미업과 함께 유망한 사업은 양조업이었다. 미질이 우수한데

---

7 宇津木初三郎, 『全羅北道發展史』(1928), 202쪽.

다 간장을 만드는 데 필요한 가격이 저렴한 보리도 있으며, 콩도 또한 풍부
했다. 이리의 수질은 모두 담수로 염분이 없고, 각 샘물의 용출량도 풍부한
데다 교통이 편리하여 판매의 확장에 극히 유리한 위치에 있었다. 이리에는
이리소주와 전북소주라는 브랜드가 있었고 '豊の秋', '山錦'이라는 청주 생산
가가 있었다. 누룩과 간장 사업 역시 모두 전화(電話)를 소유할 정도로 알짜
사업이었다.

일본인들은 생활필수품 판매를 독점하였다. 히데노스케(草ヶ谷英之助) 가
게는 문구, 서적·잡지 및 차 등을 판매하고 또 호남총포화약주식회사(湖南鉄
砲火薬株式会社) 지점도 겸영하였다. 쓰치구루마상점(土車商店)에서는 석탄·
연탄·기계유·휘발유·석유·토관·만년기와(萬年瓦)·간편 우물벽 등 생필품
을 공급하였다. 과일 도소매상 야마노는 키슈밀감(紀州蜜柑)을 판매하였고,
미곡상이자 농사 경영자 카사마쓰 타카유키(笠松譽行)는 농업혁명의 새 무기
라 할 금비(金肥)를 배포하며 돈을 벌었다.

인구 증가는 의료서비스 발달을 가져왔다. 이 책을 통해 이리에서의 의료
서비스[8]체계를 알 수 있는데 이리에는 이리철도병원, 회생의원(回生醫院),[9]
고하의원, 중촌의원, 단야안과분원, 등정치과의원을 비롯한 8개의 의원이
성업 중이었다. 조선인으로 김병수의 삼산의원, 문치순의 천성당의원[10]이
이리 사쿠라마치(櫻町)에 있었다.

---

8 『이리안내(裡里案内)』(1915), 『益山郡事情』(1928) 86쪽의 내용과 대동소이하다.
9 카나메 마사시치(要政七)는 나가사키 의학사 출신으로 고창에서 이전하여 이리 사카에
마치(栄町)개업. 이리고등여학교, 보통학교 등의 촉탁의사였다.
10 원장은 쿠마모토 의학사(熊本醫学士) 출신 조선인 문치순(文致淳)이었다.

## 3) 부동산업과 대금업자의 시대

농장을 비롯한 사업체의 증가는 자연적으로 많은 노동력을 필요로 하였다. 1918년 토지조사사업이 완료되고 산미 증산 계획이 시작되면서 조선의 농민층은 토지를 빼앗기게 되었다. 경제적으로 몰락한 이들은 그나마 자신들의 노동력으로 일할 수 있는 도시로 이주하였는데 이리지역에서는 많은 공사가 벌어지고 있었다. 1919년과 1920년까지의 호경기 때 청부업자 즉 주택건설 개발업자들은 큰 사업 기회를 거머쥐었으니 부동산개발업자들과 은행권 관련자들 세상이었다. 『이리안내(裡里案內)』(1927)에는 은행권에 접근하기 어려운 서민들은 낙찰계 혹은 대부업을 이용해야 하는 상황을 아래와 같이 표현하고 있다.

> 근년에 이르러 은행·회사·도시금융조합 등의 금융기관이 충실해져 대부분 유감없이 금융은 현저하게 완화되었다. 지방 경제계의 온건한 발달에 따라 각종 사업의 발흥을 촉진하고 토지 발전에 다대한 편의를 주었다. 농·상·공업 자금의 수요도 점차 증가하고 있는 것도 은행·회사 등의 금융은 주로 대물적이라, 금융조합은 자금 및 금융원으로 제한되므로 누구나 중산계급 이상에 국한되는 꺼림이 있어, 중산 이하에 있어서는 지금도 많은 경우가 개인금융업자로부터 자금의 융통을 구하거나 혹은 무진강(無盡講)[11]에 가입하여 금융을 꾀하는

---

11 무진강(無盡講)은 다노모시코(賴母子講)라고도 불렸다. 사설 금융조합으로 이른바 낙찰계에 해당한다. 이리에서는 낙찰계가 유행하였고, 강주(講主)들의 부실 운영으로 1928년 이리사회를 뒤흔드는 금융 파탄이 일어났다. 이의 해결을 진두지휘한 오하시 소쿠죠(大橋卽淨)를 중심으로 1929년 이리무진주식회사(裡里無盡株式會社)가 탄생하였다.(大橋卽淨 저, 양은용 역, 『조선주재36년』, 2020, 60쪽 이하 참조)

광경이어서, 무진강 및 개인금융업자 역시 의연하게 경제계에 무게를 이루는 상태이다.

야마시타 에이지는 『이리안내(裡里案內)』(1927)를 통해 토지의 발전을 계획하려면 먼저 제일로 금융기관의 충실을 도모하지 않으면 안 된다고 설파하면서 '자금이 부족한 사람은 개인금융업자에게 가서 일시적인 미봉책으로 변통하는 참담한 광경이었다.'라고 서술한다. 작금은 식산은행을 비롯한 은행이 들어오면서 토지업자들에게 많은 편의를 주었지만 중산계급 이하 계층의 어려움을 토로하면서 금융대부업을 통하여 이리의 경제계가 발전하였음을 자랑하는 모순을 보이고 있다. 소위 '일수'와 '월변'이라 부르는 전통적 의미의 사채, 고리대금을 칭하는 용어, 점잖게는 대부(貸付)업[12]이라고 한다. 이러한 고리대금업자들을 『이리안내(裡里案內)』 시리즈는 자랑스럽게 표현하고 있다.

---

12 사채, 도박과 함께 조직폭력배들의 주요 돈줄이다. 실제 조직폭력배들은 이권이 있는 곳이면 불법과 합법을 가리지 않고 어디든 개입할 수 있다는 것을 볼 때, 다른 업종에 비해 유흥업소의 이익이 어느 정도인지 심히 짐작할 수 있다. 알콜 중독, 마약 중독, 도박 중독 업주나 직업 여성(매춘부)들이 많은 도시에 대부업이 발달하는 것이다.

[표 27] 이리의 금융기관과 대금업자[13]

| 명칭 | 창립일 | 1927년 중 대출금액 | 동 회수금액 | 1928년 3월 대출금액 | 동 현재 예금 |
|---|---|---|---|---|---|
| 동척 | 1908.12.28 | 7,818,800엔 | 4,804,566 | 7,831,670 | 미상 |
| 식은 | 1918.10.1 | 6,937,450 | 7,354,374 | 5,774,670 | 1,714,359 |
| 상은 | 1924.4.1 | 4,490,104 | 4,320,321 | 584,739 | 656,617 |
| 익은 | 1913.7.17 | 163,902 | 156,675 | 148,539 | 111,986 |
| 全北상사주식회사, 内外土地주식회사, 窪田好助 금융부, 櫻谷質본점 외 13개의 질점[14] | | | | | |

　　『이리안내(裡里案內)』(1927)에 따르면, 전북상사주식회사나 내외토지주식회사는 유수의 상업회사였지만 대부업을 겸했고 15개의 대부업자 모습이 보인다. 말만 금융대부업이고 실제로는 담보물품을 저당하는 전당포였다. 에히메(愛媛)현 출신 시로오 카코오고(城岡幸吾)는 헌병으로 호남선 공사 당시 이리분견소장을 하면서 토지매수 후 지가 폭등으로 많은 수익을 얻은 후, 토지경영과 금융대부업을 하는 자였다. 이타이 신조 역시 금융대부업자로 출발했는데 예비역 보병 소좌로 토지의 경영 및 토지 담보의 금융대부업을 하면서 제국재향군인회 이리분회장에 추대, 이리청년회 고문을 지냈다. 군인 출신으로 정8위 훈6등의 위훈을 가진 스즈키 이치사부로(鈴木一三郞)를 비롯한 많은 일본인들이 금융대부업으로 부동산을 담보로 대출해 주는 등 부동산과 대금업자들의 세상이었다.

---

13　'상은'은 상업은행이리지점을 가리키나 내용은 당시(1928.4.18 조사) 삼남은행이며, '익은'은 익산금융조합을 가리킨다. 이리금융조합은 '1928년 11월 30일까지 회답이 없어서 기입에 빠졌다.'라고 『益山郡事情』에 보인다. 표 아래의 대금업자 내용은 『이리안내(裡里案內)』(1927)에서 발췌함.

14　질(質)은 전당물로 질점(質店)은 전당포를 의미한다.

## 2. 이리의 약진과 농장주

1917년 지정면이 되고 1922년에는 익옥수리조합에서 만든 대간선수로가 개통되고 이리농림학교가 설립된다. 큰길가에 식산은행과 동척지점이 들어서고 도매점이 줄을 이었고 여관업과 식당이 늘었다. 조선총독부내무국 이리토목출장소가 들어서고 전라북도종묘장과 전매국출장소 그리고 곡물검사지소가 속속 들어섰다. 1세대들은 사망하거나 은퇴하고 새로운 세대들이 이리지역에 속속 진입했는데 주로 재향군인회 멤버들이 많았다.

제2기의 조합관리자는 요코미치 다다노츠케(橫道只之助)[15]이다. 종합평의원은 사토 유키사부로(佐藤幸三郎)·모리시마 소타로(森島莊太郎)·오노 신기치(大野新吉)·이노가이 요(猪飼 要)·구라타 미츠조(倉田光藏) 등으로 군 출신 혹은 금융계 인사, 언론인, 의사, 교장 등 지역의 행정, 금융, 교육, 언론인이 망라되었다. 텍스트 속 사진을 들여다보면, 행정기관보다 더 우아한 건물을 소유한 농장주와 은행관계자들은 조선인 현지민과는 확연하게 구별되는 일본인 유지(有志)그룹의 사회경제적 차별성과 격차가 선명하게 나타난다. 일본인 농장주와 유지들의 성공담은 지역사회에서 '공로자'로서의 이미지를 한층 증폭시키는데 이리에 조기에 진출한 지역 연고성을 기반으로 학교조합 등의 다양한 관변단체를 통해 폐쇄적인 식민지 공공영역을 구축하고 있

15 야마시타 에이지와 가까운 관계로 『이리안내(裡里案內)』(1915) 서문을 썼다.

었다.

이들의 특색으로는 조선에서 군대를 제대하고 재향군인회원으로 이리에서 활동하면서 금융대부업으로 성장한 이들이 많다. 익산면 초대면장을 지낸 이타이 신조(板井信藏)[16]나 아오타 다케지(青田竹治)가 대표적인 사람으로 이들은 농장 지배인에서 독립하여 농장주로 성장하면서 자연스레 이리의 유지 대열에 합류했다. 이타이 신조는 제국재향군인회 이리분회 분회장을 맡고 이리학교조합관리자, 이리농림학교 설립위원, 동양척식주식회사 이리지점 유치위원에 관선 도회의원을 지냈다. 또한 다케치[17]는 화성(華星)농장 지배인[18]인데 1912년 이리분대장에 보임되어 경무(警務)로 일하다 1919년 퇴역한 후 백남신(白南信)[19]에게 화성농장 경영권 일체를 넘겨받아 운영하고 전라북도회 의원, 학교조합의원, 이리금융조합 조합장, 재향군인회(在郷軍人會) 호남지부 평의원 등의 공직 및 전북축산, 서울고무공장 등의 중역으로 활동했다.[20]

---

16  一戸彰晃. 坂井信蔵(福岡) 裡里邑日出町. 陸士卒 日露戦争に中隊長として出征し功四級金鵄勲章を受ける 大正3年予備役陸軍少佐,渡韓して裡里に農場を開設.

17  같은 책. 青田竹治(福島)裡里邑曙町. 陸軍特務曹長として 러일전쟁종군 明治39年 陸軍少尉のち憲兵中尉, 大正6年大尉翌年裡里憲兵分隊長, 同9年軍職を退いて, 華星農場(農場主白寅基)支配人, 裡里金融組合長(在郷軍人裡里分会長).

18  『朝鮮功勞者銘感』(1935), 248쪽.

19  갑오농민전쟁 당시 전주 진위대 책임자 백남신의 아들 백인기는 화성농장을 설립한다. 그 지배인으로 대만전쟁과 러일전쟁을 다녀온 후 이리헌병분대장을 지낸 예비역 대위이자 경무인 아오타 다케치(青田竹治, 1876)을 임명한다. 살뜰한 관계다.

20  『朝鮮功勞者銘感』(1935), 248쪽.

## 1) 이리농림학교의 설립과 차별

그림81. 1937년 이리공립농림학교 농업과 제13회, 임업과 제11회 학생들이 이리역 미카형 기관차 위에서 졸업앨범 사진을 찍고 있다. 근대의 상징인 열차로 교통도시임을 보여주는 동시에 당대 최고의 학교인 이리농림학교를 통해 이리가 교육도시임을 나타내는 사진이다.

이리농림의 목적은 조선교육령[21]에 의거하여 농림업에 종사하려고 하는 자에게 필요한 교육을 베푸는 것으로 1922년 이리지역에 거주하는 일본인 지주들의 적극적인 노력에 의해 설립되었다. 일본인 지주들은 농업생산력의 증진과 식민지 농업경제에 필요한 인재를 얻기 위한 학교설립 운동을 하였고, 이에 학교설립기부금 14만 6천 엔을 조성하였으며, 국내와 일본의 요로에 청원을 통해[22] 결국 이리에 5년제 전국 유일의 갑종학교 출현을 보게된 것이다. 관립이리농림학교의 커리큘럼은 다음 표와 같다.

---

21 일제는 1911년 제1차 조선교육령을 발표하는데 1912년 전통도시 금마와 함열에 공립보통학교가 4년제로 개교한다. 1922년 제2차 조선교육령을 통해 일본제국에 충성하고 복종하는 황국신민을 만들고, 국어(日本語) 보급 등 한민족을 일제에 동화시키겠다는 계산으로 한국역사 과목은 아예 제외시켰다.
22 마츠모토 다케노리, 앞의 글, 49-56쪽.

[표 28] 이리농림학교 교육지침

| 교육분야 | | | 커리큘럼 |
|---|---|---|---|
| 농업교육<br>(內鮮共學)<br>지방 연락 ·<br>강습 · 강화 ·<br>실지지도 | 실제 교육<br>활동 교육 | 덕육(德育) 품성도야 | 수신(修身) · 훈화 · 강화(講話) |
| | | | 접견감화 · 위인전기 · 표창 |
| | | | 수양회-풍기단속-조행조사 |
| | | | 경신(敬神) · 독서단속 |
| | | 지육(智育) 지능계발 | 직원각오-부동-분투 |
| | | | 강의-진도-훈련-시험-협의-통일 |
| | | | 견본원(園)-실물표본-모형 |
| | | | 견학시찰-수학여행 |
| | | | 품평회-전람회-학예회 |
| | | 체육(體育) 심신단련 | 실습-노종조사-표본수집-사생(寫生) |
| | | | 일지기입-실행 |
| | | | 풍년제-전식축(田植祝)-조림축-수난축(收蘭祝) |
| | | | 격검(擊劍)-유도-등산-소풍 |
| | | | 경쟁-경기-소방연습 |
| | | | 유기(遊技) |

이리농림학교는 학년별로 농업과와 임업과 50명씩 100명의 정원을 두었고, 1931년 수의축산과가 신설되면서 3과 체제가 됨으로써 학교의 위상이 크게 높아졌다. 당시 이리 농림학교는 조선인과 일본인을 반반으로 뽑았기 때문에 우수한 조선인 학생들이 대거 응시하였다.

전북 이리농림교에서 수험하는 인원수 만도 실로 716명이라는 多大數에 달하여 동교의 각 강당에서 수험하기 곤란하였다. 이 때문에 인근 공립보통학교 강당까지 빌려서 시험장으로 보충하였다. 이리농림교는 본시 관립으로 전 조선의 유일한 중등 정도의 농림학교이므로, 취직알선에 제일 좋은 방편이 많고 실제에 적절한 바이므로 이와 같이 입학지원이 많은 성황을 드러낸다고 하더

라.[23]

일본은 조선 병합과 함께 칙령 229호에 의거 1911년 조선교육령을 반포한
후 보통학교가 들어서고 일본인이 많은 곳에 우선적으로 심상소학교가 설
립되었다. 1922년 제2차 조선교육령을 반포하면서 말로는 내선일치를 주장
했지만 교육적 경제적 차별이 심했다. 1924년 4월에는 일본인 여학생들이
다니는 이리공립고등여학교(裡里公立高等女學校)가 개교하는데 수업연한은
4년이었다. 바로 오늘의 이리여자고등학교다. 이후 1940년 이리공립공업학
교가 개교한다.

1928년의 공립소학교 직원명부를 보면 교장과 훈도와 교도 등 모두 일본
인으로 되어 있다. 구체적으로 이리농림의 교육지침 속 덕육(德育)분야에는
경신(敬神)[24]과 독서단속 등이 행해졌다. 이리지역 각 학교의 학생수와 경상
비를 비교하여 표로 제시하면 아래와 같다.

[표 29] 이리지역 각 학교 학생 수와 경상비 비교

| 위치 | 교명 | 개교 | 직원수 | 학급수 | 생도수 | | | 경상비 (엔) | 1인 평균 경상비(엔) |
| --- | --- | --- | --- | --- | --- | --- | --- | --- | --- |
| | | | | | 남 | 녀 | 계 | | |
| 이리 | 이리공립 농림학교 | 1922 | 21 | 10 | 448 | | 448 | 108,770 | 242.79 |
| | 이리공립 고등여학교 | 1924 | 10 | 4 | | 201 | 201 | 26,629 | 132.48 |
| | 이리공립심상 고등소학교 | 1912 | 16 | 14 | 245 | 258 | 503 | 29,010 | 57.67 |
| | 이리공립 보통학교 | 1915 | 13 | 13 | 589 | 163 | 752 | 16,771 | 20.55 |

23 《동아일보》1927년 03월 30일, '百名募集에 應募 七百, 裡里農林校에서'라는 기사를 실었다.
24 경신(敬神)은 일본제국주의에서 신봉하는 國家神道로 신사참배 등이 교육현장에서 행
해졌다.

| 대장촌 | 대장촌공립<br>심상소학교 | 1909 | 2 | 2 | 22 | 19 | 41 | 4,277 | 104.32 |
|---|---|---|---|---|---|---|---|---|---|
| | 춘포공립<br>보통학교 | 1923 | 4 | 4 | 182 | 19 | 201 | 5,250 | 263.12 |
| 오산 | 오산공립<br>심상소학교 | 1911 | 4 | 4 | 69 | 46 | 115 | 6,575 | 57.17 |
| | 오산공립<br>보통학교 | 1923 | 4 | 4 | 201 | 16 | 217 | 6,043 | 27.84 |
| | 사립<br>신성학교 | 1920 | 2 | 2 | 32 | 27 | 59 | 961 | 16.29 |
| 황등 | 황등공립<br>심상소학교 | 1914 | 2 | 2 | 39 | 23 | 62 | 4,186 | 67.52 |
| | 황등공립<br>보통학교 | 1927 | 2 | 2 | 67 | 15 | 82 | 2,425 | 29.57 |
| | 황등사립<br>계동학교 | 1910 | 2 | 2 | 36 | 8 | 44 | 1,850 | 42.05 |

*소수점 둘째 자리에서 반올림

이리농림학교와 이리공립고등여학교는 상급학교이니 예외로 치고 각 지역의 소학교 학생 수와 경상비를 비교하면 차별은 분명해진다. 심상소학교는 주로 일본인이 다니는 학교이고 공립보통학교는 조선인 학생이 다니는 학교로 개교년도가 일단 차이가 난다. 다음으로 학급당 학생 수는 이리심상학교는 약 35명인데 반하여 이리공립보통학교는 약 57.8명을 나타낸다. 황등 역시 마찬가지다. 학생 1인 경상비를 보면 이리공립심상소학교는 약 57원임에 비해 이리공립보통학교는 20원 정도이니 무려 3배의 차이를 보이고 있으므로 사립학교의 열악함은 말할 것이 없다.

## 2) 지역 유지들의 기차역 독점

1912년 호남선 개통과 이리역의 설립은 과거 강경과 전주를 중심으로 한 운송과 교류 수단으로서 금강의 역할을 새로운 문명의 기호인 철도가 대신

하는 구체적 증표였다. 호남선 철로의 측량과 부설이라는 거대한 토목 과정을 통해 상인과 노동자가 유입되면서 이리 거주 일본인 수가 급증한다. 농촌 배후지로서 이리지역의 일본인들은 단기적인 상업활동으로 이익을 얻으려 하기보다는 이주 초기부터 농장을 중심으로 장기 거주할 계획으로 진입한다.

　이리지역의 굴지의 기업형 농장주들은 이리역을 기준으로 동서남북으로 흩어져 조합의 유지로 살면서 공공재인 이리 주변의 군소 열차역을 독점했다. 물론 주변의 농민들도 열차역을 이용했지만 농장주들은 자신의 생산물을 집하하고 타 지역으로 보내는 거의 사적 용도로 사용하였다. 그 대표적인 예가 전북경편철도 역인 이리의 동쪽으로 첫 번째 역인 구이리(東이리)

그림82. 1938년. 조선철도약도의 부분확대. 이리역을 중심으로 한 호남선과 전라선 그리고 군산선의 기차역 중 이리역은 동양척식회사, 황등의 가타기리, 함열의 오키, 대장촌의 호소카와, 동이리의 오하시, 오산의 후지이, 지경의 오쿠라(大倉)농장, 시마타니 등 개인농장의 플랫폼 역할을 했다.

역은 오하시, 대장촌의 호소카와, 동서로 이어지는 군산 쪽으로 향하는 오산역은 후지이 간타로의 불이농장과 지경역은 구마모토와 시마타니 농장이 사용했다. 역 앞에는 어마어마한 창고가 설치됐고 가까이는 작은 타운이 들어섰다. 이리지역에서 생산된 50만 석에 가까운 벼들은 이리역을 비롯한 동서남북의 작은 역에 집산되었다가 군산으로 실어날랐다. 거대 농장주들이 농장에서 생산한 쌀을 직접 군산으로 실어나르기 전 현미 혹은 정미로 제곡한 정미업(精米業)자들 역시 정거장의 운송체계를 통한 큰 이득을 보았다. 이들 기업형 농장주들의 공간구획과 정거장을 표로 정리하면 다음과 같다.

[표 30] 기차역 독점과 농장주

| 열차 노선 | 역명 | 지역유지, 농장 | 특징 |
|---|---|---|---|
| 호남선<br>(이리 남북) | 함열역(상행) | 오키(多木)농장 | 조선의 비료왕 |
| | 황등역(상행) | 가타기리(片棟)농장 | 황등 석산개발 |
| | 이리역 | 동양척식회사, 익옥수리조합 | 정미소 산재 |
| | 부용역(하행) | 하시모토(橋本) 농장 | 김제 농장재벌 |
| 전라선<br>(이리 동쪽) | 동이리역 | 오하시(大橋)농장<br>화성농장(백인기) | 조선의 토지왕 |
| | 대장촌역 | 호소카와농장, 이마무라농장 | 조선의 이상촌 |
| | 三禮역 | 이엽사(二葉社)농장 | 박기순 농장 |
| | 東山역 | 미쓰비시(三菱) 계열 | 전주 입구 東山村 |
| 군산선<br>(이리 서쪽) | 五山리역 | 不二興業株式會社<br>사나다(眞田)농장 | 조선의 수리왕<br>후이지 간타로 |
| | 지경(地境)역 | 시마타니(島谷)농장<br>구마모토(熊本)농장 | |

그림83. 이배원이 경영
하던 함열 삼성농장

그림84. 원 안은 함화농
장주식회사의 김병순

그림85. 함열 거부 김병
순 앞으로 보낸 엽서

그림86. 조해영농장의 사무실

그림87. 황등금융조합

## (1) 이리역

이리역은 상행(上行)으로는 서울과 대전 방면, 하행(下行)으로는 김제·정읍·목포에 이르고 군산항으로 이송되는 지역 농산물의 집산지, 하역지로서 그 역할이 증대하였다. 동양척식회사 이리지점은 이리역에서 곧게 뻗은 도로를 중심으로 한 블록 넘어 자리하는데 익산군청과 경찰서가 지근거리에 자리했고 익옥수리조합은 이리역 남쪽에 자리했다. 거대 농장재벌 외에 이와다(岩田)정미소, 이마이(今井)정미소 등은 최고의 발동기를 마련하여 하루에 5백석 이상의 쌀을 제곡하여 기차역으로 실어 날랐다. 오하마야(大濱屋) 주조장 역시 이리역 코앞에 자리해서 생산된 소주와 청주가 철도를 이용하여 전국으로 보내졌다.

## (2) 함열역 그리고 함라 3부자

농장주 다키 구메지로(多木久米次郎)[25]는 귀족원의원(貴族院議員)이자 대지주로 '조선의 비료왕(肥料王)'으로 알려져 있다. 오키화학(多木化學) 설립자로 함열역을 통하여 호남지역 일원에 비료를 실어 날랐다. 실제로 오키는 함열에 거주하지 않고 농장에는 호주 상속인 양자가 거주하면서 대리인으로 활동하였다. 함열에는 김병순, 이배원, 조용규 등이 경영하는 거대한 조선인 농장이 자리했다.

## (3) 황등역

이리역과 12분 거리에 위치한 데다 황등제와 더불어 황등평야가 자리하는

---

25 『조선의 인물과 사업』, 227-280쪽과 『일제의 식민지배와 재조 일본인 엘리트』(어문학사, 2018) 중 이규수가 쓴 「다키 구메지로의 조선 진출과 농장 경영」에 자세히 나와 있다.

데 가타기리농장은 달관산에서 석산 개발로 채취한 황등석을 전국으로 실어날랐고 양조업의 조선인 박지근 또한 유지였다.

### (4) 오산리역

이리역에서 군산으로 향하는 가장 가까운 익산군 오산리에 오산리역이 자리한다. 오산리 인근 송학리에는 1904년 4월에 개설된 사나다(眞田)농장을 비롯하여 후지이 간타로[26]가 6월에 후지이(藤本)농장(不二興業, 전북농장의 전신)을 설치한다. 불이흥업회사의 영업종목은 농장 개간·부동산신탁업·쌀 수출업 이외에도 불이농촌으로 대표되는 이민사업 등이었다. 동척1길·2길로 지목된 오산면 남전리, 이리 목천리에 자리한 동양척식회사의 이민촌과 동척수납소와도 가까운 거리였다.

### (5) 동이리역

이리역과 대장촌역 중간에 자리하고 만경강과 목천포가 가까운 동이리역은 오하시농장 지적에 자리했고 후일 화성(華星)농장으로 바뀐 백남신농장 지부 등이 위치하였다.[27]

---

26 『益山郡事情』(1928) 서문에는 藤井敏子(장녀)와 藤井聰次郎(2남)이 있는데 자녀 둘을 조선에서 잃었다고 기록되어 있다. 배우자 藤井知惠野의 부친은 일본의 시멘트왕이라 불리는 사람이다. 一戸彰晃가 쓴 『湖南の日本人』에는 '大阪藤本合資会社(米穀商)の店員となり, 明治37年同社群山出張所主任として渡韓し土地の買収を始めるが 氷利の必要を痛感し同39年臨沃水利組合を設立し水利事業を推進する.大正元年不二興業(株)から35万円を出資させ開墾水利事業で3500町歩の耕地をえる 朝鮮の水利王'이라 쓰여있다.
27 山下英爾, 앞의 책, 89-90쪽.

그림88. 1950년대 한자로 새겨진 대장역

그림89. 1980년대 한글로 된 대장역 간판

(6) 대장촌역[28]

호소카와농장 그리고 이마무라농장을 중심으로 우편소와 헌병부대 그리고 심상소학교가 존재할 정도로 이른바 일본인의 이상촌이었다. 경편철도 완성

28 1914년 전주 이리간 경전철 정거장인 대장촌역으로 출발한 후 춘포역으로 바뀌었다.

그림90. 1933년 대장촌 용연교회 유년주일학교 학생들

후 열차 역이 설립되고 쌀을 비롯한 농산물이 실려 나갔다. 이마무라는 부화장을 개설해 종계와 종란들을 철도를 통해 전국으로 실어날랐다. 삼례의 이엽사 농장 그리고 미쓰비시 계열은 동산역이 경편철도의 이웃 역이었다.

　일본 본토에서 조슈번·토사번·사쓰마번을 이루듯, 영주급 지도자 밑에 헌병이 지켜주는 보호망 속에서 농민과 상인 그리고 수공업자가 하나의 타운을 이루는 형태로 동서남북으로 갈라 이리지역을 지배했다. 1927년 식민도시 이리는 조선의 45개 도시 중 26위를 차지할 정도로 외형적 인구 성장의 모습을 보인다. 하지만 유지정치는 1927년 야마시타 에이지의 『이리안내(裡里案內)』를 통해 이리지역의 문제점을 지적하고 시의성 있는 주장 즉, '일본인 농장주는 조선에 거주하라'고 외치면서 이리지역의 일본인 이민사회는 균열의 시대를 맞게 된다.

# V
# 제3기, 균열과 침체(1928-1945)

1942년 이리공립공업학교 학생들이 군복차림으로
칠보발전소 파이프라인 건설에 동원된 모습

## 1. 이민사회의 균열과 공황 진입

야마시타 에이지는 1927년에 발행된 『이리안내(裡里案內)』 개정·증보판 서문을 통해 부산에서 경부선 북행열차로 6시간 만에 호남선의 분기점인 대전역에 도착해 호남선으로 갈아타면 열차는 가수원·두계·연산·논산·강경·함열·황등을 지나 2시간 만에 '호남지방에 있어서 최고의 요충지이자 규모가 굉장한 대 정거장' 이리에 도착한다고 접근성을 피력한다. 아울러 이리에서 도쿄·오사카·후쿠오카, 중국의 북경·장춘·대련 등까지 거리를 밝히면서 "이 책에 의해서 기업자나 시찰자 등에게 다소라도 보탬이 될 수 있다면 다행"이라면서 투자와 이주 등을 권하고 있다. 자신감의 표현이었다.

1926년 4월 1일 조선총독부는 그동안 시행한 산미증식계획을 변경 실시하기에 이르렀다. 4월 22일에는 조선 전국의 은행이 모라토리엄으로 일제 휴업하는 미증유의 사태가 발생하였고 그 여파는 이리에도 미치기 시작했다. 1926년 12월 25일부터 새롭게 출범한 쇼와시대(昭和時代)는 다이쇼(大正) 데모크라시와 달랐다. 1927년 쇼와금융공황으로 인해 와카쓰키 레이지로(若槻禮次郎) 내각이 총사퇴하면서 금융공황을 모라트리움 선언으로 가라앉히고, 보통선거법을 실시했으나 안보법 등의 악법으로 공산주의자와 사회주의자, 기타 반정부 운동가들을 대거 검거하는 등 시절이 어수선했다. 1927년 4월 1일에 발효된 '병역법'은 일본 국민의 남성에게 병역의 의무를 부과하는 법률이었다. 1927년 2월 15일 조선에서 좌우합작 독립운동단체인 신간회가 결성되었고 10월에는 이리에서 가까운 서수 이엽사(瑞穗 二葉社)농장 소작인들의 소작료 불납동맹 항쟁이 있었다. 1928년 1월 25일《조선일보》주필 안재홍과 편집인 백관수가 사설의 내용 문제로 구속되고 6월 29일에는 치안유지법이 개정 공포되면서 쇼와(昭和) 일왕을 기축으로 하는 일본제국 파시즘 시대가 열렸다.

쇼와공황을 당하여 동경의 주가는 제1차 세계대전(1914-1918) 이전의 상황으로 폭락하고 1929년 10월 24일 뉴욕발 주가 폭락에 이은 세계공황이 겹치는 상황에 1930년의 유례없는 풍작은 쌀값의 폭락을 가져왔다. 1930년 군산항 이출미는 전년보다 격감[1]했고 소작료를 현물(쌀)이 아니라 돈으로 받은 농민들의 생활은 더욱 바닥 수준으로 떨어졌다. '다이쇼(大正) 데모크라시'의 정당정치는 후퇴하고 일제가 타개책의 일환으로 밀어붙인 만주 개발과 중일전쟁을 타고 조선인들은 만주로 떠나야 했다. 군국주의 파시즘과 결합한 일본경제는 군수물자 생산을 위해 중공업 우선 정책으로 선회하였고 1931년 만주사변으로 시작해 1937년 7월 중일전쟁 도발과 1941년 12월 태평양전쟁 도발에서 1945년 패전에 이르는 15년 전쟁이라는 광적인 전쟁과 패망으로 귀결되었다.

## 1) 인구 증가와 이리읍으로 성장

1917년 익산면은 영등포·대전 등과 함께 철도요충지로 지정면이 된다. 10년이 지난 1927년에는 이리를 중심으로 한 익산면 인구가 1만4천 명으로, 특히 일본인이 3천5백 명 가까이 거주하는 신흥도시로 성장한다. 1925년부터

---

1 《동아일보》1930년 12월 06일 기사.

시작되어 무려 14년에 걸친 만경강 개수(직강)공사를 중심으로 많은 노동력이 필요했고, 이리의 인구 유입의 큰 요인으로 작용한 것으로 보이지만 양질의 기관이나 산업적 측면의 성장은 아니었다. 1931년 익산면 일대는 읍으로 승격되는데 그 명칭을 이리역 주변의 인구집중지역인 이리를 사용하여 이리읍(裡里邑)을 탄생시킨 것이다.

[표 31] 1912-1943년 이리 거주 인구 및 일본인 연도별 현황[2]

| 연도 | 총인구 | 일본인 호구수 | | 연도 | 총인구 | 일본인 호구수 | |
|---|---|---|---|---|---|---|---|
| | | 호수 | 인구수 | | | 호수 | 인구수 |
| 1912 | 1,650 | 270 | 946 | 1927 | 14,012 | 920 | 3,473 |
| 1913 | 1,383 | 300 | 946 | 1928 | 15,076 | 926 | 3,731 |
| 1914 | 2,744 | 437 | 1,506 | 1929 | 15,684 | 955 | 3,499 |
| 1915 | 2,298 | 550 | 1,893 | 1930 | 17,803 | 958 | 3,789 |
| 1916 | 2,886 | 443 | 1,434 | 1931 | 18,098 | 934 | 3,748 |
| 1917 | 3,860 | 616 | 1,833 | 1932 | 17,392 | 959 | 3,939 |
| 1918 | 3,963 | 618 | 1,844 | 1933 | 17,321 | 958 | 3,914 |
| 1919 | 3,865 | 617 | 1,840 | 1934 | 18,515 | 1,004 | 4,252 |
| 1920 | 4,054 | 402 | 1,447 | 1935 | 19,807 | 1,024 | 4,226 |
| 1921 | 4,942 | 591 | 2,281 | 1936 | 20,519 | 1,040 | 4,150 |
| 1922 | 5,143 | 555 | 2,114 | 1937 | 21,335 | 1,126 | 4,163 |
| 1923 | 6,127 | 658 | 2,445 | 1940 | 22,347 | 1,050 | 4,390 |
| 1924 | 7,089 | 743 | 2,817 | 1941 | 22,916 | 1,217 | 4,279 |
| 1925 | 8,476 | 853 | 3,815 | 1942 | 25,156 | 956 | 4,259 |
| 1926 | 14,735 | 980 | 4,182 | 1943 | 27,463 | 943 | 4,274 |

\* 1926년 통계는 1925년에 비해 총인구가 급증하는 것으로 나타나는데, 이는 1926년 통계부터 이리 통계를 익산면의 전체 인구에 포함했기 때문에 나타난 결과임.

---

2 이명진, 『전북 이리의 식민지배 체제와 저항 연구』, 원광대학교대학원 박사학위논문, 2021년, 78쪽을 재인용하였다. 『朝鮮總督府 統計年報』의 각 연도별 통계를 토대로 재구성했다고 밝히고 있음.

그림91. 당본백화점 건물과 사장 모토 고로마츠(堂本五郎松). 이 건물은 해방 후 자유당 익산군 갑지구당 사무실로 사용했고 오늘날 카페로 사용하고 있다.

　『이리안내(裡里案內)』(1927)에는 100여 장의 사진 화보가 실려 있다. 213쪽 중 2-46쪽이 화보(사진)이다. 1935년에 간행된 『군산부사(群山府史)』에도 50여 장의 사진이 게재된 것을 보면 상당히 제작비가 많이 든 책임을 알 수 있다. 사진 중 이리엽서와 중복되거나 같은 구도로 찍은 사진이 있어 과거 사진과의 비교가 가능한데 이리 시가지의 모습은 반듯한 도로 및 서양식의 모던한 은행의 모습과 주택들을 보여준다. '이리번영조합 금배하사 기념' 촬영을 필두로 이리신사와 동산리 익옥수리조합제수문(制水門)을 자랑하고 있다.

　노년이 된 개척 1세대, 이타이 신조, 백인기농장 지배인 아오타 다케지, 오기 요네츠케의 저택과 저자 야마시타 본인의 모습도 보인다. 이어서 철도병원, 천성당의원, 양복점과 백화점, 그리고 이리역 앞 거대한 2층 건물인 아오

그림92. 2019년 영정통에 자리한 당본백화점을 리모델링한 후, 문화행사가 벌어지고 있다.

키도 레스토랑이 보인다. 황등에는 요교호, 황등수리조합, 황등석산, 황등금융조합, 가타기리농장을 소개하고 있다. 대장촌의 이마무라농장을 담은 사진에서 일본인들은 일본전통복장을 입고 자신감에 가득 차 있는 모습을 보인다. 특이한 점은 조선총독부 토목국 이리출장소, 군청과 경찰서 등은 작고 보잘것없는 반면 식산은행 이리지점, 동척 이리지점, 이리금융조합, 익산금융조합, 오하시농장 등은 행정기관보다 훨씬 세련되고 웅장한 모습을 보여준다.

## (1) 지역 농장주와 유지정치

12년 간격으로 발행된 『이리안내(裡里案內)』에서 제공하고 있는 지배적 네트워크의 출신, 학력, 경력, 인간관계 등은 지역 유지(有志) 정치를 통해 지배하는 일제의 지배정책을 이해하는 가장 기본적인 자료일 것이다. 지수걸 교수에 의하면, 유지의 개념은 '재산'과 '사회활동', '당국의 신용'과 '사회적 인망'을 획득한 유력자들을 말한다.

『전라북도발전사(全羅北道發展史)』(1928)에 드러나는 이리의 기관과 인물은 책 편찬에 따른 협찬에 응한 것으로 보이는데, 전북 사업계와 경영자 중 첫 번째 등장하는 사람은 역시 이리의 부동산 재벌 오하시 요이치이다. 이어서 부동산과 함께 유지되는 금융

그림93. 1927년에 간행된 이리안내, 책의 정가는 2원이다. 화보가 많은만큼 비싼 가격을 책정했으나 기성 유지들을 비판한 나머지 익산의 유지들은 이듬해 새로운 안내서를 펴내게 된다.

으로서의 은행업자가 보인다. 익산금융조합은 당국에 의한 농사 개량 장려와 대출 증가의 경향을 소개한 이후에 주택 장사와 건설현장을 좌우한 청부업자가 등장하고 이리역을 중심으로 한 화물운송업자가 소개된다. 또한 의원을 연 천성당의원과 이리고등여학교, 보통학교 등의 촉탁의인 회생의원장 카나메 마사시치(要政七), 그리고 상인으로 일본 밀감의 특약 판매 도매 소매상 야마노 야스타로(山野安太郎) 등 미곡상이자 농사경영자들도 보인다. 이리지역의 대표적인 기업들인 동척이나 불이농장 등이 보이지 않는 것으로 보아 아무래도 전체를 발로 뛴 취재보다는 자료를 제공받아 취합하여 쓴 것임을 알 수 있다. 이것을 표로 요약하면 아래와 같다.

[표 32] 『전라북도발전사』(1928)에 보이는 이리지역의 기업

| 경영집단 | 특징 |
|---|---|
| 오하시(大橋)농장 | 전라북도 익산군 구이리에 사무소를 마련해 김제군 논 1,300정보 농사 경영. 275만엔(円)으로 주식회사에 조직을 변경하고 오하시 요이치(大橋與市)가 사장이다. 1907년 8월 이리 토지 유망성 간파해 논을 매수. 현재 아들 시로(四郎)가 상무취체역 경영을 담당. |
| 裡里通送合資会社 | 이리역에서 집산하는 화물 취급하는 운송회사. 이리가 만경강 개수공사와 慶全北部線의 개수에 의해 운송 취급이 증가. |
| 上田熊二郎 | 토목건축청부업자. 야마구치현(山口県) 출생. 1925년 이리역 앞 아오키식당(青木食堂), 문화상회(文化商會), 영국사(榮國寺), 메이지여관(明治旅館), 함라공립보통학교(咸羅公立普通學校) 건축. |
| 佐々木商店 | 사카에마치 거리(栄町通)에 각종 도기류와 살림도구 잡화 일체. |
| 三南銀行 裡里支店 | 전주에 본점이 있는 삼남은행이 1924년 3월 이리에 지점 설치. 이리지점이 전주 본점보다 예금이 많다. 금융조합의 예금 총액 230만 엔(円) 중 약 1/4는 삼남은행 소유. 상업 대출 기한은 2개월. |
| 文化商會 | 인쇄, 석판(石版), 양장(洋帳), 제본하는 야마우치 사토루(山内哲)는 이리금융조합 이사 역임. 1924년 문화상회를 개업. 1년간의 인쇄 금액은 약 4만 엔(円)을 돌파. 히노데마치(日の出町) 중앙에 160평 큰 공장을 신축, 최신 활판인쇄기 6대, 최신식 대량 제산석판(製産石版)기계 1대, 석판수인쇄기(石版手印刷機) 2대, 양장제작기(洋帳製作機) 2대, 종이단기(紙断機) 2대 설치. |
| 裡里金融組合 | 1920년에 都市銀行으로 설립, 1926년 말 예금 37만 엔(円), 대출금도 15만 엔(円). 조합원은 내지인 333명, 조선인 103명, 합계 436명, 출자 1,292구 1926년도의 잉여금은 9,840엔(円)에 달해 연 7할의 배당. 조합장은 아오타 타케지(青田竹治). |
| 朝霧淺之丞 | 土木建築 청부업자. 오카야마현(岡山縣)에서 1904년 오카야마사단매립 공사 후 1909년 경의선(京義線) 토공 완성 후 洞南線 2공구, 지경(地境) 임피(臨陂) 간·군산항 인입선 공사 완성. 1918년 이리 거주 益沃水利組合 공사·강경(江景) 방수공사, 龍進水利組合 공사 진행. |
| 裡里殖産銀行支店 | 이리의 발전에 따라 자금 수요는 해마다 증가해 최근 1년간의 통계는 예금 1,439만 엔(円), 환불 1,397만 엔(円), 대출 717만8천 엔(円) 회수 339만 9천 엔(円), 현 지점장 오오쓰카 쿄로쿠(大塚卅六). |
| 天誠堂醫院 | 쿠마모토 의학사 출신 문치순(文致淳). 함열(咸悅)에서 공의(公醫)개업 이리 이전. 치과부(歯科部) 설치. 익산면협의원. |
| 草ヶ谷英之助 상점 | 문구, 서적 잡지 및 차 등을 판매, 호남총포화약주식회사 지점도 겸영. 이리학교조합의원, 이리금융조합의원. |
| 土車仁作 | 석탄·연탄·기계유·휘발유·석유·토관·만년기와(萬年瓦), 간편 우물벽 등 영업하는 이리의 대표적 상점. 익산면협의회원. |

이리 화성(華星)농장은 조선 굴지의 부호로 경성에 거주하는 백남신의 아들인 백인기(白寅基)가 경영하는데 처음에는 전주에 사무소를 두고 삼례와 이리 그리고 그 외의 전라북도 여러 도시의 토지를 관리하고 있었다. 1908년 11월에 전주와 삼례에 있는 사무소를 폐쇄하고 이리에 사무소를 개설한다.[3] 거기다 함열지역을 중심으로 소위 함라 3부잣집 역시 농장을 소유한 자본가였다. 또한 거대 농장과 은행을 소유한 박기순·박영철 부자와 백인기의 영향력은 이리와 전주지역에도 걸쳐 있었다. 『익산군사정(益山郡事情)』(1928)에 협찬한 이리지역의 유지를 재구성하면 [표 33]과 같다.

[표 33] 『익산군사정(益山郡事情)』(1928) 편찬에 협찬한 유지

| 구분 | 협찬 유지 명단 |
|---|---|
| 일본인 농장주 | 多木久米次郎(함열), 今村一次郎(대장촌), 片桐和三(함열), 關 宗一郎(西岡농장, 함라), 西岡 穰(關농장주 함라), 田坂佐三郎 田坂농장주(용연리), 坂井信藏(板井농장주), 森山治郎平(右近상사주식회사남선출장소장), 眞田壽助(眞田농사합명회사사장), 笠松擧行, 田島 弘山陽농원주 |
| 조선인 농장주 | 김병순(咸和농장, 함라) 이배원(三成농장, 함라), 조용규(西成농장, 함라) 최병위(황등) |
| 행정관리 | 酒匂 大(익산군수), 土井長助(익산군 서무계주임), 山口儀助(익산군 재무계주임), 合田公久(이리우편국장), 野田房次郎(이리역장), 栗田淸藏(이리경찰서장), 河本國三郎(익산면장), 川澤章明(내무국토목과 이리출장소소장) 望月 隆(전라북도종묘장장) 소진문(전라북도도평의회원, 팔봉면장) |
| 면협의원 | 窪田好助 익산면협의회원 |
| 조합관련 | 中村安雄(익옥수리조합이사), 桐原彦吉(임익수리조합이사), 永原房彦(侯爵細川조선농장주임, 전익수리조합장), 石崎新太郎(여산산미개량조합장) |
| 교육계 | 山本寅雄(이리공립농림학교장), 中西長次郎(이리공립고등여학교장) |
| 금융계 | 相良卅六(조선식산은행 이리지점장) 中村章一(조선상업은행 이리지점장), 靑田竹治(이리금융조합장, 華星농장주임), 山崎增平(주식회사大橋농장주임, 淺田三郎익산금융조합이사), 宮永龜年(이리금융조합이사), 佐藤福太郎(不二흥업주식회사전북농장지배인), 阿波榮一(주식회사三重농장주임, 이리학교조합회의장), 宮尾伊勢治(조선면화주식회사 이리공장주임) |

3  宇津木初三郎, 『全羅北道發展史』(1928), 187쪽.

| 동척 | 佐佐木久松(동양척식주식회사 이리지점 전 지배인), 新谷俊藏, 齋藏竹次郎(동양척식주식회사 이리지점 지배인) |
|---|---|
| 의원 | 福岡榮太郎(福岡의원장), 要 政七(回生의원장), 古賀第五(吉賀의원장), 中村新一郎(中村의원장) |
| 회사 중역 | 扇 米助(군산무진주식회사 사무취체역), 大木房男(전북상사주식회사 지배인), 林 昌治(東山산업주식회사 사무취체역), 佐藤正行(남조선전기주식회사 이리출장소 주임), 堀內三郎(내외토지주식회사 전무취체역) |
| 청부업자 | 朝露淺之亟, 在間甚太郎, 兒玉吉太郎(이리공우회장, 청부업) |
| 양조정미업 | 박지근(황등주조장), 村井留吉(村井정미소주) |

## (2) 신문지국과 언론인

일제의 식민지배와 재조 일본인 엘리트 중에서 언론은 매우 중요했다. 『이리안내(裡里案內)』(1927), 『익산군사정(益山郡事情)』(1928)에 나타난 언론기관은 1932년 발간된 『익산군지(益山郡誌)』에 나타난 언론사와 동일하다. 『이리안내(裡里案內)』(1927)에는 《군산일보》[4] 이리지사장 미나가와 기요시(蜷川淸), 잡지 《조선지실업(朝鮮之實業)》 이리 특파기자 우즈키 쇼우(宇津木蕉雨)와 《전북일보》[5] 이리지사장 아라키 겐지(荒木源二), 《조선신문》 이리지국장 우에자키 츠네요시(上崎恒義), 《경성일보》 호남지국장 후모토 시게키(麓茂樹), 《호남일보》 이리지사장으로 바바 츠네오(馬場恒雄) 등이 이리의 언론인으로 실려 있고 이리지역의 신간회 운동을 주도한 동아일보의 배헌과 중외

---

4 『군산부사』(1935)에 의하면 1903년 군산에서 발행된 최초의 신문은 《군산신보》로 확인된다. "1906년 여름 오가와 유조가 경영을 맡았고, 군산에 거주하는 일본인들의 사랑을 받았으나 자금난을 겪은 것" 기록되어 있다. 군산신보는 훗날 《군산일보》로 바뀌어 전북 최초의 일간지로 변화했다.

5 1904년 12월 25일 창간된 《全北新報》는 한일어 혼용 주간지였다. 이후 1912년 출발한 《全北日日新聞》은 1920년 《全北日報》로 바꾸었고, 1941년 6월 1일에 《東光新聞》과 《群山日報》가 통합되어 《全北新報》로 이름을 바꾸어 발행되었다.

그림94. 일제강점기 일본인 유지들은 이리의 발전을 이야기했지만 1929년
2월 13일 이리지역을 다룬 소식에는 '굶어죽으나 마저 죽으나'라는 기사가 떴다.

일보의 임혁근이 이채롭다. 결국 『이리안내(裡里案內)』(1927)를 통해 이리의
문제점과 발전책을 제시한 후, 지역유지들의 미움을 산 야마시타 에이지는
퇴출된 것으로 판단된다.

## 2) 상수도 문제와 학교 유치 실패

일본인들의 이리 진출로부터 20년이 경과하면서 조합과 지연으로 대표되
는 네트워크를 통한 공고한 이민자 사회는 균열을 맞게 된다. 이리의 이민 1
세대들은 호남철도의 개통 이후 지역개발에 진력하여 도로의 신설 수리, 神
社의 건설. 교육·산업·위생 등에 많은 노력을 기울였다. 그런데 도시를 체
계적으로 운영하는 기술이나 제도 등이 정비되어 있지 않아 의료기술 낙후,
건축기술의 한계 등 수많은 문제가 발생하게 되었다.

도시 주변의 농민들이 도시 안으로 들어와 인구가 집중하면서 도시발전이 가속화되고 교육열이 높은 이들을 위한 이리농림학교가 설립되었다. 그러나 시내 곳곳에는 신용이 좋지 않은 금융불량자를 위한 '질옥(質屋)'이라는 이름의 전당포들이 즐비했다. 거기다 위생과 복지의 최우선 문제인 상수도 설치는 오래도록 이리의 숙원사업이었다. 수원지 확보 등 많은 예산을 요구하는 사업으로 공공을 위한 수로 개발이 터덕거린 것은 초기 도시를 건설한 유지들의 에너지와 공공성의 하락을 의미하는 것이었다. 그래서 1927년『이리안내(裡里案內)』에서 도이즈미 세이기치(豊泉政吉)[6]는 실명을 공개하면서 '일본인은 반도에 은거해야'[7]라면서, 20년 전과 지금은 다르다. '로스안젤레스'의 발전에 비해 이리의 발전이 늦음을 한탄하면서 '이리(裡里)는 이전 리리(狸里)' 등으로 종종 잘못 쓰고 있다면서 지명문제를 공개적으로 지적하게 되고 이는 사회갈등으로 야기된다.

(1) 상수도 문제

이리의 문제는 물이었다. 전통적 도시는 산과 산 사이 강이 흐르는 분지 지역에 입지하는 이유로 수원을 가지지만 이리는 허허벌판에 형성되어 물이 부족한 도시였다. 개항장 군산은 거류민단이 주체가 되어 1913년 상수도

---

6 『조선의 인물과 사업, 호남편』제1집 230쪽에 의하면, 1885년생 동경시 출생으로 동경 開成中學校 졸업 후 싱가포르로 건너가 澁谷商店에서 근무하다가 南洋諸島를 전전하여 약과 잡화를 판매함. 이후 수마트라에서 東洋商會와 東洋무역주식회사를 창립하여 고무와 야자를 재배하고, 멕시코에서 수코모스광산 등을 경영하는 한편, 北米證券株式會社 사장으로 세계무대에서 활약함. 1925년 이후 군산과 이리에서 잡화점 豊泉洋行을 경영하였다.

7 후지이 간타로의 주소지는 京城府 旭町 1丁目이었고 오하시 요이치와 호소카와 등은 아예 일본에 거주하고 있었다.

그림95. 수도산에서 바라본 금강정수장의 모습.
익산 시민들 중 66%는 2024년 현재 대아댐에서 흘러온 물을 정수하여 상수도로 사용하고 있다.

건설공사가 시작[8]되어 1915년 준공되었지만 이리는 취수한 물을 사용자에게까지 공급하는 시스템 문제[9]를 오래도록 해결하지 못했다. 도이즈미 세이기치는 상수도 부족을 지적한다.

우리 이리의 큰 결점은 이른바 옥에 티로 물에 있다. 단 음용수는 질 좋고 또 풍부하다고 해도 대도시가 되기 위해서는 공업용수가 있어야 한다. 다만 듣는 바에 의하면 상수도의 계획이 있다고 하는데 과연 그러한가? 그 실현을 얻어 가까운 장래에 완성된다고 해도 이 때문에 이리로서 현실적으로 크게 불리함을 보이고 있다. 나는 나이 들어 시민 각위에 대하여 대갈일성으로 경고하려는 것은 물이 있다고 해도 상수도 혹은 이리수리조합의 계획으로 수리 편리를

8  국가기록원, 「일제시기 상수도 건설사업의 전개 과정」, 343쪽.
9  이리는 급수 구역 내 도시인구 22,347명에 급수인구 7,466명.

만족시킬 수 있는가, 수백 공업의 발흥과 연돌의 숲을 보게 되어, 일대 도시가 될 수 있는가 하는 점이다.[10]

총독부는 공적기관 설립에 지역의 경쟁을 도모했다. 각 지역의 유지들은 기성회를 조직하고 청원과 로비를 통해서 지역의 과제를 해결해갔지만 도시 인프라로서 수원 부족이나 상수도 하수도 등 갈 길이 멀었다.《매일신보》와《동아일보》에 보도된 이리의 상수도에 관한 신문 기사를 정리하면 아래와 같다.

1928/07/17 이리의 상수도, 공비 14만 원으로 수원지 결정, 인가 신청 중

1929/03/29 이리 상수도 실지조사 완료

1929/06/01 이리 상수도 익옥수리를 이용 계획 성립으로 인가신청, 명년부터 공사 착수

1930/02/03 상수도 문제 등 5개 조항을 진정, 남순중의 총감에게 이리공직자 대표 등

1931/03/28 이리상수도 금년부터 착수

1933/08/25 이리상수도 10월부터 급수, 총공비 31만 원으로 9월 말에 준공식 거행

1933/10/17 이리상수도 통수식 거행, 지난 11일 청량한 날에 3개년 사업 준공

일본인이 이리에 입성한 지 30여 년이 되어서야 이리에는 상수도가 완성된다. 군청이나 면청은 추진력이 부족하고 자치 조합 측은 많은 예산이 드는

10 『裡里案內』(1927), 72쪽.

관계로 지지부진하게 이어지던 상수도 문제가 해결되었으나 1938년 07월 01일 자《동아일보》는 '이리 상수도 이용자 극 희소'라는 제목의 기사를 보여준다.

### (2) 학교 유치 실패에 따른 공개 저격

1926년 이리지역 유지들은 익산군민대회를 개최하고 여자고등보통학교를 이리에 유치하는 것을 전라북도당국 도평의회에 진정하기로 결의하고 진정위원(靑田竹治, 扇米助, 文炳玉, 李源鎔)을 선출한다. 또한 관립사범학교 설치기성위원을 선출하여 청원하였지만 두 학교 모두 전주로 넘어갔다.[11] 대전은 병영 설치는 실패했지만 도청 유치에 성공한 데 반해 이리는 더 이상 나아가지 못했다. 지역 발전을 위한 야마시타 에이지를 비롯한 차세대들의 고언은 갈등을 야기했다. 야마시타는 『이리안내』(1927)를 통해 이리의 단점과 결점 그리고 당면문제를 이야기하고 현안의 완성 유무의 문제점을 들면서 독자 여러분의 양해를 구한다면서 이민 1세대 기득권자들을 공격한다.

> 이리관으로서 잃어버리지 않아야 할 최근 문제인 농사시험장, 연초전매국 분공장, 또 장래에 속하는 중학교도 특히 병영(兵營)과 같은 조선 호남으로서 이리를 들어 달리 구해야 할 일이다. 그런데 어지러움을 보이고, 실정·실책이라 아니할 수 없는 의심된 바가 있다.[12]

---

11 『全羅北道要覽』(1927) 62쪽, 현 전주여자고등학교.
12 『裡里案內』(1927), 72쪽.

토요이즈미 사키치(豊泉政吉)[13]는 "거주자의 일치협력을 요한다."면서 실정 실책이란 표현을 써가면서 일본인 이민자 즉 유지들의 불협화음을 이야기하고 있다. 번영 지역의 대부분을 독점하는 대지주의 무지와 유지(有志)된 자의 무능이 큰 원인이 되고 있다면서 '대도시가 되기 위해서 필요한 공업용수와 상수도[14] 계획의 미비를 지적한다. 또한 도시 구획의 정리를 위해서는 막대한 재정회계가 필요함을 강조하면서 농사시험장, 연초전매국, 인문계 학교의 설립과 특히 병영유치의 실패를 지적하고 있으니 후지이 간타로를 비롯한 영주급 권위를 가진 최정상급 포식자에게 이것은 크나큰 도전이었다.

풍부한 해외 경험을 바탕으로 국제성과 선진성을 강조한 토요이즈미의 논설은 다이쇼 시대의 사회민주화 과정 속 자유로운 토론문화 교양을 갖고 던진 공개저격이었다. 사실 다 옳은 말이었다.

나름대로 오하시의 고민도 깊었다. 오하시의 긴축 조치는 내면에 축적된 불안에 따른 은밀한 저항이 아니었다. 그에게 이리의 토지는 '비축분'에 불과한 것인데, 뜨거운 피를 가진 젊은 세대들은 일본에 거주하는 권위적 경영자에게 협업적 경영자가 되라고 요구하는데, 시기는 이미 다이쇼 데모크라시가 끝나는 시점이었다. 이들의 요구는 『이리안내』(1927)라는 책을 펴내면서 찬조를 받지 못함은 물론 이리를 지배하는 상층부는 『익산군사정』이라는 관찬 지방지를 발행하게 된다.

---

13 이리백화점이라 불린 풍천양행 사장으로 남양군도에서 구미 각국까지를 무대로 삼아, 청년 시대부터 세계. 각지를 20여 년간 다니며 활약분투한 사람이다. (『조선의 보고 전라북도 발전사』 - 일명 전북 안내 -)
14 참고로 군산은 1912년에 군산선의 개통과 더불어 군산전기 건설, 1915년에 상수도가 완공되었다.

## (3) 동척 이민의 중지와 소작쟁의

일본은 1908년 12월 조선에서 이민사업을 목적으로 국책회사로서 동양척식주식회사를 설립[15] 운영한다. 일본 자본주의 최전방에 위치하면서 식민 경영을 담당할 반관반민(半官半民)의 특수회사로 설립된 동척의 중심사업은 초기에는 이민사업에 필요한 토지집적과 척식 자금의 대부에 있었다. 또한 일본식 농법을 식민지에 보급시켜 농업생산력을 증대시킴으로써 일본의 인구문제와 절실한 식량문제 해결에 기여하려 하였다.[16] 동척은 1911년부터 1927년까지 총

그림96. 제5회 동양척식주식회사 이민 모집 전단

17차례 일본인을 조선으로 이주시켰다. 하지만 그 인원 규모는 계획에 턱없이 모자라는 5,908호에 불과했다. 동척 이민의 대부분은 정착한 농촌에서의 자작 경영을 포기하고 도회지로 나가 상업이나 고리대업 등 농업 이외의 활동에 종사하는 경우가 늘어났고, 특히, 이민 수용지의 확보 과정에서 비옥한 농경지를 탈취했기 때문에 조선 농민의 격렬한 이민 반대 투쟁에 직면하였고, 가격상승과 토지겸병 저항으로 인한 토지 매입의 곤란, 이민 대상인 일본 농민의 주저와 부적응 등으로 이민사업이 별 성과를 올리지 못하게 되자 경영방침을 바꾸어 소작제 농장 경영에 주력하였다.[17]

---

15 이규수, 「전남 나주군 '궁삼면'의 토지소유관계의 변동과 동양척식주식회사의 토지집적」, 「한국독립운동사연구」, 독립기념관 한국독립운동사연구소, 2000, 1~2쪽.
16 김석준, 「동양척식주식회사의 사업전개 과정」, 『사회와 역사』, 한국사회사학회, 1986.
17 이규수, 위 같은 논문, 2~3쪽.

1923년《동아일보》는 매년 건너오는 수백 명의 일본인이 수만 명의 조선인의 생명을 빼앗는다며, 동척을 '조선잠식회사'로 부르며 맹비난했다. 결국 1927년에는 제17회 이민을 마지막으로 이민 모집이 중지되었다.[18] 이리지역의 토지 유효수요 창출의 한 부분이 막힌 것이다. 거기다 1920-1939년 사이에 전라북도의 소작쟁의 발생 건수가 전국에서 가장 높은 21,730건에 적지 않은 비율(15.4%)을 차지했던 것을 보면 일제 지주와 소작농 간의 갈등 심화 정도를 알 수 있다. 1930-1939년 사이에 전북은 전남 다음으로 쟁의가 많이 발생했으며 그 가운데 익산군은 김제 정읍에 이어 세 번째로 많은 건이 발생했다.

## 3) 이민 1세대의 몰락과 친일파

후지이 간타로에게도 경영 위기가 찾아왔다. 1920년대 들어 만성 불황과 세계공황으로 자기 자본 조달에 차질을 빚은 데다 미가(米價) 하락과 서선농장의 장기간 소작쟁의까지 겹쳐 20년대 말 불이(不二)흥업의 재무구조가 극히 악화된다. 이에 주 채권은행인 조선식산은행은 20년대 후반부터 불이흥업의 기구 개편, 이사 선임, 사채(社債) 발행 등에 통제를 가했고, 30년대 초에는 기구 개편, 자본금 변경, 중역 선임에 개입함은 물론 업무 조사, 회계 감독에 이르러 결국 조선식산은행의 자회사인 성업사(成業社)를 최대 주주로 만들고 만다. 1930년대 후반 불이흥업주식회사는 경영난에 부딪혀 1934년 조선식산은행으로 넘어가고 만다.[19] 오하시는 죽고 그 아들은 이리의 토지를 팔아 자국의 은행을 건사하고 후지이 간타로는 이리 땅에서 퇴출되고 사

---

18 이규수, 「일본인 농업이민의 전개과정」, 한국농촌경제연구원 연구자료, 2003, 65쪽.
19 『한국민족문화대백과사전』 중 不二興業株式會社.

사키는 파산을 선언했다. 이민 1세대의 몰락이었다.

일제는 조선을 식민 통치하기 위해 무력 사용과 아울러 이해관계를 같이 하는 조선인 조력자들을 포섭하였다. 일제는 그 포섭 과정에서 조선인 유지들에게 정치적으로는 각 단위 자문기관의 협의회원(의원)과 관변 단체 임원 자리를 제공하여 일본과 만주 등 선진지 시찰이라는 이름의 공짜여행을 비롯한 많은 특혜를 주었다. 또한 지역 유지들은 각 금융조합의 조합장·감사·평의원 같은 임원 자리를 차지하면서 공생관계를 유지했다. 이리지역이라고 예외가 아니었다.

『조선공로자명감(朝鮮功勞者銘鑑)』(1935)은 그 확실한 증거다. 조선총독부는 1910년부터 1935년까지 25년 동안 일제통치에 협력한 민관 공로자와 일제의 식민지배 속 재조 엘리트이자 친일파를 직접 선정한 명단을 책으로 냈다. 총 2,256건에 조선인 공로자 353명 중 이리지역 인물은 11명으로 대표적으로 박기순·박영철(朴基順·朴永喆) 부자가 보인다. 초대 익산군수 박영철은 도시 설계의 가치중립적 전문가이자 주창자로서 역할 수행을 넘어 역세권 개발 이익 차익 챙기기에도 충실했다.[20]

또 다른 대표적인 이리 출신 친일 인사로 조선 전국에 널리 알려진 굴지의 부호이며, 도처에 토지를 가지고 있다고 알려진 백남신(白南信)·백인기 부자 그리고 그의 사위 군참사 김병희(金丙熹)까지 족벌 형태의 친일을 보여주고 있다. '전주에 농장 본부를 두고 고산과 이리 등에 지부를 두어, 본부와 지부에 모두 일본인을 주임으로 삼고, 업무 일체를 일본식으로 처리한다.'고 기록되었으니 부끄러운 일이다. 한인운송업자로 오인근(吳仁根)과 김화형

---

20 김경남. 「일제하 식민도시 개발과 조선인 자본가형성의 특징-전북지역 朴基順·朴永喆 일가를 중심으로」『영남학』 30, 2016.

(金和炯), 오시영(吳柴泳), 하동호(河東鎬), 박노흡(朴魯洽)과 1914년 익산공립 보통학교 학무위원에 임명된 실업가 박병철(朴秉喆) 등에 대한 자세한 연구가 더 필요할 것이다. 『이리안내』를 비롯한 서적과 『조선공로자명감(朝鮮功勞者銘感)』(1935)에 드러난 이리지역의 친일 인사들을 정리하면 [표 34]와 같다.[21]

[표 34] 이리지역 친일파(1936년 기준)

| 성명 | 친일 공적 |
|---|---|
| 김수업<br>(金秀業) | 全羅北道 益山郡 熊浦面 熊浦里, 海陸物産 도매업자. 學校 評議員. 1927년 面協議員에 당선된 이래 중임. |
| 박기순<br>(朴基順) | 全羅北道 益山郡 黃登面 소재 全北畜産株式會社 理事. 1920년 3월 20일 창설, 자본금은 20만 원, 畜牛 貸付, 生牛 및 輸移出, 牛皮·獸脂·鷄卵·獸骨의 매매 및 輸移出, 목축, 축산물의 이용, 공업 및 농업 관련 부대사업, 가마니와 조선누룩(麯子)의 취급. |
| 박지근<br>(朴智根) | 1890년생. 總督府 中樞院 參議,[22] 전라북도회의원 역임. 全羅北道 益山郡 黃登面 黃登里출신으로 1912년 土地調査局 技手로 취임 이후 1917년 11월 퇴직. 全北畜産會社 지배인, 소득세조사위원, 소작조사위원, 면협의회원, 군농회의원, 藥酒釀造場 운영. 金融組合 監事. |
| 손홍모<br>(孫弘模) | 全羅北道 益山郡 裡里邑 출신. 孫永台의 아들로 1896년생, 1918년 조선식산은행 행원에서 1928년 朝鮮商業銀行 全州지점 지점장 대리가 됨. 1936년 1월 현재 朝鮮商業銀行 裡里支店 支配人. |
| 송병우<br>(宋炳雨) | 全羅北道 益山郡 王宮面 농장 경영, 조합 임원. 구한국시대에는 宣陵參奉을 제수받음.. 全羅北道 完州郡 參禮面에 昌新農場을 개설 소작인 1천명에 연간 수확고가 6천석. 전라북도 익산군 王宮水利組合長. |
| 최학수<br>(崔學洙) | 1889년생. 전라북도 익산군 이리읍 욱정. 관료(군수), 조합 임원. 1910년 3월 私立郡山今湖學校 中學科 졸업하고 1911년 보통문관시험에 합격. 全羅北道 扶安郡守, 沃溝郡守, 高敞郡守. 高敞産業組合 組合長. |

---

21 한국사 데이터베이스 '한국근현대인물자료'에는 『朝鮮功勞者銘感』, 『조선의 인물과 사업』, 『인사흥신』 등의 자료를 함께 제시하고 있다.
22 民族正氣의 審判 第2部 日本帝國議會議員 歷任者 편. 국사편찬위원회 친일파 관련문헌

| | |
|---|---|
| 박영철<br>(朴榮喆)<br>23 | 1902년 일본육군사관학교에 입학, 일왕의 왕자인 죽전궁(竹田宮)[24]과 동기로 졸업(제15기) 후 러일전쟁에 종군. 육군기병소좌, 시종무관 역임. 익산군수, 강원도지사, 함경북도지사. 중추원참의.「亞洲紀行」「吾人吾線」「오십년의 회고」「多山詩集」등의 저서가 있다. 조선상업은행 頭取, 조선철도주식회사 취체역, 조선신탁주식회사 취체역, 조선맥주주식회사 취체역, 경성상공회의소 특별의원, 朝鮮簡易生命保險 자문위원, 조선방송협회 이사.[25] |
| 백남신<br>(白南信) | 1893년 4월 武科及第. 司憲府監察, 1897년 宮內部營繕司主事 10월 陸軍三等軍司全州鎭衛隊餉官, 1902년 全羅南北道度支檢稅官兼任, 1903년 全羅北道視察使兼任, 全羅北道督制官兼任, 1904년 陸陸軍參領補全州鎭衛隊大隊長, 1905년 移補淸州鎭衛隊大隊長, 陸嘉義 동년 9월 陸陸軍副領補硏成學校, 全北各郡地方委員設立委員長. 1907년 全北各郡金融組合設立委員長, 全州私立涵育學校校長, 全州農工銀行監査. 1908년 全羅北道地方裁判所請設會會長, 全羅北道東洋拓殖會社設立委員.[26] |
| 백인기<br>(白寅基) | 1882년생 白南信의 아들. 배우자 李潤成(1884, 李在漢의 딸)이다. 장남 白命坤(1905년생). 1900년 度支部에 임관 후 惠民院 奏任官. 1903년 육군보병 參尉, 通政大夫로 퇴관. 漢城農工銀行 감사, 한일은행전무 취체역, 경성전기회사 취체역, 조선식산은행 상담역, 조선화재보험회사 취체역 역임. 조선거래소 증권거래원 및 전북기업주식회사 사장. 朝鮮勸農株式會社 이사로 재직 중. 조선 최고 청년실업가임. |
| 유대근<br>(柳大根) | 익산지방금융조합장, 益山公立普通學校학무위원, 익산군 권업부원, 학무위원 역임. 1914년 익산지방금융조합장.[27] 1905년 이리지적도에는 조선인으로는 상당히 많은 땅을 소유함이 보인다. |
| 김병희<br>(金丙熙) | 김제군 반월리 김준희의 아우이며, 백남신의 사위. 1907년 한국정부에서 정릉참봉에 임명, 일본 유학. 1915년 익산군 참사에 임명되었다. |

23 같은 책, 59쪽.

24 다케다노미야 쓰네히사(竹田宮恒久王, 1882-1919)는 일본의 황족으로 일본육군 장교이다. 北白川宮能久親王의 제1왕자로, 비는 메이지 일왕의 황녀 昌子內親王이다. 관위는 대훈위 공5급. 1919년 4월 23일 스페인 독감 감염으로 인해 사망하였다.

25 조선방송협회 이사 재직시 이리방송국 개설에 영향을 미쳤다.

26 국사편찬위원회.『대한제국관원이력서』(한국사료총서 제17), 서울: 탐구당, 1971.

27 1908년 조선인 의병들에 의해 가택 습격되었음이『裡里案內』(1915), 91쪽에 나타난다.

## 2. 이리 이민사회의 침체

1927년판 『이리안내(裡里案內)』에는 유지들의 협찬 명단이 없고 광고 지면
도 거의 없었다. '이리의 농장주들은 이리에 거주하라'는 요청과 비판적 기
사가 유지들의 압력을 불러일으키면서 협찬과 광고를 게재하지 못한 것으
로 보인다. 당파는 사회생활에서 자연스러운 일이다. 야마시타 에이지 등은
언론이 가진 선한 영향력을 믿고 도시 발전을 위한 제안을 했지만 그 결과는
자본의 횡포에 따른 언론 길들이기로 이어졌고 결국 익산군청에서는 바로
이듬해 오로지 통계자료에 충실한 『익산군사정(益山郡事情)』(1928)을 출간한
다. 『이리안내』(1915)에서 오기 요네츠케(扁 米助)를 소개하면서 '일찍이 이리
땅이 원만을 잃고 신·구시가지가 서로 대립하고 있을 때도 그는 두 파를 묶
는 역할자였다.'[28]고 표현했지만 이러한 갈등을 중재할 사람은 없었다. 위에
서 살펴본 바와 같이 지역의 새로운 유지그룹의 비판적 태도의 견지는 익산
의 유지정치와 사회상의 변화 즉 간섭 집단의 등장을 의미한다.

---

28 이리에 온 초기 일본인 이민자들의 갈등을 엿볼 수 있는 부분이다.

## 1) 오하시농장 사태와 이리지역 경제 상황

1915년 판 『이리안내(裡里案內)』의 제9장 농업 파트, 농사경영자 란[29]에는 이리 부근에 소재한 20개의 농장이 소개되고 있다. 동척수납소와 백남신농장지부를 제외하면 모두 일본인 개인 소유였다. 이 중에서 빅3로 오하시와 호소카와 그리고 후지이 간타로만 소개하면 아래와 같다.

오하시(大橋)농장주는 기후(岐阜)현 오가키(大垣)정 사람으로, 오하시은행주인 오하시 요이치(大橋與市) 씨이다. 사무소는 이리시장에 있으며 다나카 도쿠다로(田中德太郎) 씨가 현 주임이다. 전북 40여 농장 가운데 굴지의 대농장이다. 개설한 것은 1907년 가을로, 개설 책임자는 고(故) 에다요시 모토노부(枝吉元信) 씨이다. 당시 조선은 폭도가 사방에서 봉기하여 내륙여행은 실로 위험하였다. 하지만 그는 이 위험을 무릅쓰고 오늘날의 대성공을 이룬 것이다.

구마모토(熊本) 성주 후작 호소카와 모리시게(細川護成) 씨가 경영하는 곳으로, 사무소는 대장촌에 있다. 1904년 9월 경영에 착수하여 40여만 엔의 대자본을 투자하여 많은 경지를 매수하였다. 조사에 의하면 소유지 면적은 논 998정 1단, 밭 97정 9단, 산림 94정 3단, 들판 8정 7단, 합계 1,199정보인데, 사실은 그 이상을 소유하고 있는 모양이다.

후지(不二)흥업주식회사농장은 처음 후지모토(藤本)농장이라는 이름으로 1904년 6월에 창립하였는데, 이리의 서쪽 약 30정 여의 오산리에 있다. 이 계통의

---

29 『裡里案內』(1915) 91쪽.

조사에 의하면 투자액은 25만 엔, 소유지 면적은 수답 973정 4단, 밭은 63정 2단, 산림은 19정보이다. 소장 실업가로서 이름 있는 후지이 간타로(藤井寬太郞)씨의 창설로, 당시는 유명한 한해지였으나 그의 발기에 의해서 임익수리조합을 조직하고, 수리의 편의를 열었기 때문에 지금은 전북 제일의 좋은 논이 되었다.

인구 증가에 따라 주택과 농경지가 필요했고, 이에 따라 오하시농장이 소유한 이리의 토지가격이 급등했을 것은 의심할 여지가 없다. 일본에서는 은행가였고 조선 이리에 1907년 진출한 이후 부동산업자로 성공한 오하시는 농장에 성벽을 쌓고 요새화했다. 오하시는 이리 시가지에 7만여 평을 가지고 있었는데, 실제 토지매입은 모리시마 소지로(森島莊次郞) 매수 주임이 하고 그 관리는 초기에는 에다요시 모토노부 등 지배인들이 따로 하

그림97. 영주급 대농장주 오하시 요이치는 기후현 출신 은행가로 이리시의 절반 가까운 토지를 소유했다.

는 상황이었다. 이는 호소카와농장도 마찬가지였다. 이들 영주급 대농장주에 대해서 『이리안내(裡里案內)』(1915)에서 찬양 일색이었는데 12년 후, 야마시타 에이지는 이리에 살지 않는 부재지주 및 자본가를 신랄하게 비판한다.

오하시농장과 같은 경우는 '오하시의 이리인가, 이리의 오하시인가'라 외칠 정도까지 깊은 연고를 가지고 있다. 그만큼 토지의 발전에 깊은 주의를 기울이고 있지만, 다른 농장은 관리자 자신이 상주하는 땅인 만큼 토지의 발전에 최선의 노력을 하고자 하는 의사가 있어도 농장주 때문에 거부하는 경우가 적지 않다. 저 농림학교 건축기금 모집에 있어서 농장 관리자가 편협한 입장에 빠

진 사실로 보아서도 이를 웅변으로 증명하고 있지 않은가?

우리 이리가 얼마만큼 뛰어난 지리(地利)를 가지고 있다고 해도 금후의 발전에는 커다란 노력을 요하며, 거주자의 일치협력을 요한다. 그것이 이상과 같이 각 농장주가 내지(일본)에 거주하고, 토지의 발전에 하등의 고려도 하지 않고서는 실로 대타격이다. 더구나 이들 각 농장이 매년 수납하는 소작료를 벼 15만 석으로 보아도 1석의 시세를 15엔으로 가정하여 그 금액이 225만 엔에 달하게 된다. 이 많은 금액은 가령 이 땅의 사업에 투자한다고 하면 이에 따라서 자연히 내선인의 이주를 촉진하여 저절로 장족의 대발전을 가져올 것이다. 그러면 경부선에 있어서 대구, 경의선에 있어서 평양과 같이 호남선에 있어서 유일한 대도시를 형성할 것은 감히 어려운 일이 아닐 것이다. 그런데 농장주가 이곳에 거주하지 않는 결과로서 그 금액의 거의 전부가 농장주의 거주지로 전송되어 토지의 윤택에는 하등의 도움이 되지 않는다. 요컨대 이리의 발전책으로서는 먼저 각 농장주를 이곳에 거주시키는 것이 급요한 일이라고 생각한다.[30]

이리의 발전책으로 가장 시급한 일로 각 농장주들의 '이리 거주' 문제를 지적하고 있다. 이리에서 생산된 이익 금액의 전부가 농장주의 거주지로 전송되어 토지의 윤택에 도움이 되지 않는다고 지적하면서 구체적으로 오하시를 지적하고 있다. 농림학교 건축기금 모집 시 편협한 입장에 빠진 일을 상기시키면서 거주자의 일치협력을 요한다고 직격하고 있다.

구체적으로 후작 호소카와는 호남의 엄청난 땅을 소유하고 있지만, 실질적으로 거주하지 않는 부재지주(不在地主)였다. 오하시 역시 마찬가지였고 후지이 간타로를 비롯해 조선인 자본가로 화성농장의 백인기나 은행자본가

30 『裡里案內』(1927). 56쪽.

인 박영철 역시 경성에 거주하고 있었다. 최정상의 자본가는 일본이나 경성에 거주하고 실제로 '이리'를 이끄는 이들은 일본인 유력자층으로 주로 번영조합 관리자들이었다. 초기 이민 1세대들이 보여준 리더십에 대해 요코미치 다다노츠케(橫道只之助)와 야마시타 에이지를 비롯한 이리지역 간섭 집단의 저항에 맞서 최상층 기득권자들이 『익산군사정(益山郡事情)』이라는 새로운 책을 발간하면서 '봉합'의 과정을 보인다. 그렇지만 일본인 저널리스트가 남긴 이리의 지방지(地方誌)에서 보여 준 지역사회 내의 헤게모니 쟁탈전은 공고한 유지(有志) 정치 균열의 서막으로 판단된다.

그런데 이리의 부호 오하시 요이치가 1929년에 사망한다. 부친 이름을 그대로 계승한 그의 아들 요이치가 농장주가 되면서 경영방침을 종전과 달리하고 이리의 토지 43만 6천 평에 대하여 대대적인 매각을 단행한다. 이는 일본경제 불황의 시작인 1927년 금융공황으로 시작한 쇼와공황(昭和恐慌)[31]과 1929년의 세계공황과 깊이 관련돼 있는데 일본 내의 大橋銀行 보존을 위한

---

31 今井淸一, 『日本近代史 II』, 東京:岩波書店, 2007, 284-285쪽. 쇼와 공황은 1923년 발생한 관동대지진의 경제적 피해를 일본 정부가 구제해주는 과정에서 일어났다. 지진피해 지역에서 발행한 어음은 결재할 수 없었기 때문에 이를 소유하고 있는 은행은 큰 부담이 될 수밖에 없었다. 일본 정부에서는 부실 어음을 재할인해 줌으로써 은행의 부실을 덜어주는 정책을 펼쳤다. 그러나 1927년 3월 제국의회에서 이 어음의 처리방식이 스즈키상점(鈴木商店)을 비롯한 일부 자본가의 구제책이라는 이유로 공격당하게 된다. 그러자 어음을 소지하고 있던 은행에 대규모 인출사건 뱅크런이 발생하고, 이로 인해 도쿄와 중소도시의 은행이 휴업에 들어가게 된다. 4월에는 스즈키상점에 거액의 대출을 했던 대만의 중앙은행인 대만은행이 파산했으며, 이 문제의 해결을 위해 제1차 와카쓰키(若槻) 내각이 사퇴하고, 다나카(田中) 내각이 들어서는 등 경제적 정치적 혼란은 가중되었다. 새로 들어선 다나카 내각에서는 4월 22일 3주간 은행의 지급중지를 명령하는 모라토리엄을 선언했으며, 이 기간 일본 정부에서는 거액의 대출을 각 은행에 지원해 주면서 공황을 수습해 나갔다. 이렇듯 1927년 3월~5월의 쇼와공황은 1920년대 일본의 경제 불황을 상징하는 사건이었다.

고육책으로 보인다. 1930년 당시의 상황은 주요한 사회문제가 되어 조선의 중앙지《경성일보》는 다음과 같이 전하고 있다.

> 오하시농장은 이리를 버리는가?
> 이리의 대지주 오하시농장은 이리시내의 택지 전부를 개방하여 희망자에게 이를 분양한다고 발표하였다. 원래 이리는 호남선 개통과 함께 발전한 신흥도시로, 이리시가지의 많은 부분을 몇 명의 대지주가 나누어 가지고 있어서 개인이 소유하기는 실로 어려운 일이었다. 이를 빌려 가옥을 건축해도 종래 지상권의 설정을 하지 않아 금융상 많은 불편을 견뎌왔다. 이리의 발전에 지장을 주는 것은 실로 대지주의 토지독점에 의한 것이라는 세평이 있을 정도였다. 이때 익산면 총 지번 수 3,655필, 213만 1,282평 가운데 오하시농장이 소유한 지번 수로서 그 9분의 1, 즉 432필, 면적으로 43만 6천여 평이다. 익산면의 거의 4분의 1에 해당하는 오하시농장의 토지개방은 마른 하늘에 벼락이 떨어지는 격으로 그 법정 지가는 12만 7,286엔(圓) 정도이다. 그런데 이리시가지만으로 하면 실로 그 4·5배의 지가가 될 것인데, 농장의 희망대로 각 개인에게 분양된다고 하면 이리 재계에 미치는 영향은 각 방면에 걸쳐 커다란 충동을 줄 것임은 말할 나위 없다. 이리 도시로서의 앞날에 절대적인 터닝 포인트가 될 것으로 각 방면에서 비상한 주목을 불러일으키고 있다.[32]

《경성일보》는 익산면 이리의 오하시농장이 차지하는 토지가 약 40%에 달하는 것으로 파악하였다. 대규모의 토지를 점유한 오하시의 토지매각은 사회문제가 되고 이리의 발전은 답보상태를 걷게 된다.

---

32 《京城日報》, 1930년 5월 29일 기사.

1927년 쇼와공황에 따른 뱅크런이 겨우 가라앉을 때, 이리 사람들은 1927년 6월 우카기 가츠시게(宇恒一成) 총독의 방문을 기하여 전라북도청 이전을 진정[33]하였으나 무산되었고 같은 해 관립사범학교의 이리 유치도 역시 실패로 돌아갔다. 1928년 9월 이리의 유지 사사키(佐佐木)상점이 파산[34]하여 이리 경제계에 파문을 일으켰다. 반면 전주는 성진·대전·개성·함흥 등과 함께 부(府)로 승격[35]되었으니 신흥도시 이리의 전주에 대한 경쟁은 더 이상 진행되지 못했다. 1928년 11월 2일 자《동아일보》는 '소작료 감면은 말만의 생색, 실지에는 전대로 꼭꼭 받아'라며 이리동척지점의 행태를 꼬집었다. 1934년 전북 대지주인 함열의 비료왕 다목화학(多木化学) 사장 다키 구메지로(多木久米太郎)는 소작령 폐지를 반대하면서 농림회관 건축 기부 약정금 36만 원을 취소하는 의사표시를 하는 지경에[36] 이르렀다. 그래도 이리지역은 만경강 개수공사가 1938년까지 계속되었기에 공공사업에서의 최소한의 임시노동의 일자리는 있었지만 불황과 경기침체는 가속화되었다.

## 2) 계(契)와 무진회사

오하시 소쿠죠는 부동산 차익금을 바탕으로 당시 이리에 만연하던 낙찰계의 형태인 뇌모자강(頼母子講)에 뛰어든다.[37] 그는 월 30엔을 넣어 36회로

33 《동아일보》, 1927년 06월 10일 기사.
34 《동아일보》, 1928년 09월 18일 기사.
35 《동아일보》, 1928년 09월 28일 기사.
36 《동아일보》, 1934년 03월 17일 기사.
37 같은 책, 51쪽. '경지 매각에 의해 상당한 목돈을 입수한 나는 단순히 은행 예금으로 사장시키기보다 무언가 확실히 안전하게 이식하는 방법이 없는가를 생각하고 있었다. 그

만료하는 뇌모자강 계의 총대(總代)에 선출된다. 그러나 신용이 불량한 계가 많아지자 사법경찰의 수사를 받기에 이른다. 이리지역의 50만 엔에 가까운 미정리 불량 계의 파탄 문제로 이리는 도시 전체가 사회문제에 휩싸이게 된다.[38] 오하시는 자본금 10만 엔으로 총독부의 인가를 받아 공적 서민금융기관인 이리무진주식회사를 설립한다. 오하시는 사업수완을 발휘하여 개업 3년에 못 미치는데도 5천 엔 이상 이익금을 남긴다.[39]

오하시는 1932년에는 이리무진주식회사를 창립, 전주와 군산의 무진회사 합병을 진행하면서 취체역 부사장으로, 전라북도의 주요인물로 성장한다. 나아가 전북무진주식회사를 신설, 군산·이리·전주의 3사를 흡수·합병하여 규모를 키운다. 군산본점에 사장을 두고, 오하시는 부사장 겸 이리지점장으로 지명되었다. 따라서 업무도 확장되고 오하시 역시 회사의 중역이라는 지위를 얻고 자본금을 삼천만 엔으로 하고, '조선무진주식회사'로 발족한다.[40]

이리무진주식회사 대표를 지낸 승려 오하시의 삶은 일본 제국주의가 식민지 경영을 위해 종교와 승려를 어떻게 활용했는지를 증명한다. 조선에서 기병대 장교생활을 시작으로 1945년 패망까지의 오하시는 종교인이자 '식민자'로서의 유연함과 잠재적 오만을 가진 두 얼굴을 일관되게 유지하였다.

풀뿌리 식민자로 대표되는 일본이 파견한 승려 오하시는 금융과 향군 방

---

런 가운데 신자의 집에서 월 30엔을 넣어 36회로 만료하는 뇌모자강을 발기하고, 가입하라는 권유에 접했다. 뇌모자강은 최후까지 낙찰을 받지 않고 저축주의로 넣는 것이 매우 유리한 안전이식법이었다.'고 기록하고 있다.

38 전북일보 1928년 09월 07일 기사에는 '裡里經濟界의 賴母子講으로 상태가 좋지 않다'고 기술하고 있다.

39 '이리무진주식회사 업적이 양호하다'는 《매일신보》1934년 01월 12일 기사.

40 신귀백. 「재조승려 오하시의 이리에서의 식민활동 연구」, 『지방사와 지방문화』 23, 2020.

그림98. 이리무진주식회사 사무실의 오하시 소쿠조

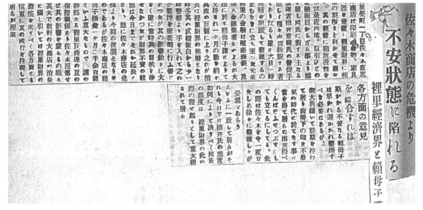

그림99. '뇌모자강(賴母子講)으로 이리 경제계 불안상태' 기사(전북일보 1928.09.07)

면에 걸쳐 사회적 네트워크를 구성하려는 노력을 통해 사회자본과 금융자본이 속속들이 정착되는 신흥도시의 사회적 변화과정을 보여준다. 오하시는 철저한 제국주의적 입장에서 대동아전쟁이 일어날 상황을 잘 인식하고 이를 뒷받침하는 국민운동을 전개한다. 그의 회고록은 1931년 만주사변부터 1937년 노구교사건에 이르면서 이리지역 역시 전시체제가 본격화[41]됨을 보여준다.

## 3) 국민총동원령과 패전

오하시의 회고록에는 후방 이리에서도 전쟁의 기운이 드러난다. 1934년 8월 12일, 전시체제 하에 있어서 국가 근로봉사는 전 국민의 의무로 봉사출동이 빈번하게 진행됨을 적고 있다. 각 정(町)마다 근로보국대(勤勞報國隊)[42]를 조직 설치하였는데, 오하시는 이리의 常盤台町 근로보국대장을 맡고 1935년 7월에는 사단추계연습[43] 실시에 당하여 군대환영위원으로 위촉된다.

오하시는 제19, 제20사단의 호남대평야 사단대항 대연습 본부상황의 민간협력과 한국인 청년의 일본 군수공장 노역 관련한 징용의 과정에 깊숙이 관여하는 모습을 보여준다. 1937년에는 이리읍 각 학교 생도 보도연맹 고문에 취임하고 공습에 대비하여 주민을 지도관리하는 이리방호단(裡里防護團)이 조직되면서 방호단의 상임위원으로 위촉된다. 이때, '가상 공습경보의 사이렌 아래 출동하여, 반원 훈련·정내 경비훈련을 하면서 전쟁과 같은 느낌을

---

41 조선총독부는 1930년대 물자통제에 따른 〈임시자금조정법〉(1937), 〈수출입품등임시조치법〉(1937), 〈군수공업동원법의 적용에 관한 법〉(1937)이 공포되어 국가통제가 개시되었다.

42 勤勞報國隊는 중일전쟁 후 한국인의 노동력 수탈을 위해 일제가 만든 조직으로, 주로 철도·도로·비행장·신사건립과 각종 확장공사 등에 강제연행하여 동원하였다. 1941년에는 〈국민근로보국령〉을 반포하고 1943-1945년 해방까지 근로보국특별대를 설치하여 조선인들을 강제동원한다.

43 중일전쟁을 앞두고 일제는 이리 외곽과 금마지역에서 청군과 홍군으로 나누어 대규모 전쟁연습을 벌이는데 훈련기념 사진첩에는 NHK라디오의 현장중계 모습도 들어있다.

그림100. 1942년 이리역에서 앨범사진 촬영에 임하는 이리농림학교 학생들.
전시 준비로 교복 바지에 각반을 착용하고 있다.

그림101. 1935년 조선사단 훈련 중 강경에서 이리로 향하는 장갑열차
『湖南輝光榮, 조선사단대항연습기념사진첩』(1936) 중에서

그림102. 1935년 익산 금마에서 벌어진 조선사단대항연습 중 포병 연습

받았다'라고 『조선주재 36년』에서 기록하고 있다. 오하시 소쿠죠는 1938년에는 익산군 시국대책 실행위원에 피촉되고 전라북도 군사후원상담소 익산군 간부에 피촉된다. 1939년에는 자신이 구장을 맡은 상반대(常盤台) 정(町)의 국민정신총동원 연맹 이사장 취임에 이어 1940년 전라북도 금 보유 조사위원, 호국신사봉찬회 위원에 피임된다. 전쟁의 기운이 깊어가고 있을 때 오하시는 일본 황기(皇紀) 2600년 기념식에 참석한다.

1938년 일본은 국가총동원법을 제정하여 노동력과 생산수단의 총동원에 관하여 법규정을 통해 전면적인 전시경제 통제정책을 시행하면서 물자통제와 노동력 동원을 전개한다. 1940년대에는 개정 국가총동원법이 공포되면서 전면적인 국가통제가 전개되었다. 식민권력의 대리자 역할을 수행하던 오하시는 조선 백성들에게 막대한 인적·물적 피해를 조장한 대가로 제국재향군인 이리분회로부터 이리공익회의 공로에 대한 감사장 및 기념품을 3회째 받는다. 아울러 간인노미야(閑院宮) 총재로부터 군인회 고문을 위촉받는다. 개인적 영광이 지속되는 반면, 군도화되어 가는 이리의 폭격 모습 속 정(町)의 총대(總代)로서 조선인 징용에 관여하여 오하시는 이리의 젊은이들을 징용 보내는 일에 앞장선다.

> 이 해에 들어 적기인 B29 폭격기의 내습이 간혹 있고, 가끔은 폭탄을 투하하여 실로 인심이 흉흉하였다.[44]

> 남자중등학교 학생은 매일같이 학술수업은 명목뿐이고, 교련(敎鍊)과 군 비행장, 호(壕) 축조 등의 근로 동원에 날밤을 보내고 있었다. 한편 한국인 청년은

---

44 大橋卽淨, 양은용 역, 『조선주재 36년』, 102쪽.

그림103. 1942년 이리보통학교에서 열린 싱가포르 함락 기념대회

군적이 없어 스스로 지원하는 사람 이외는 소집을 면하지만, 멀리 일본의 군수공장에의 노역에 징용가게 되어 그 인선은 경찰민 구장(區長)인 나의 임무였다. 징용 대상이 된 정(町)내 한국인들로부터 상당한 원한을 갖게 되었다.[45]

오하시는 1938년 국민정신총동원[46] 이리 常盤台町연맹 이사장, 익산군 시국대책실행위원 그리고 전라북도 군사후원상담소 익산군 간부로 피촉된다. 1938년 오하시는 「국방채권 장려의 노래」[47]를 남긴다. 오하시는 1940년 '황

---

45 같은 책, 103쪽.
46 1937년 9월부터 실시한 정책으로, '국가를 지키기 위해 자기를 희생하는 국민의 정신', 즉 멸사봉공을 추진한 운동이다.
47 다음 모임에 가져나와 쌓으면/ 이야말로 진실한 결전시하에/ 우리 애국의반원이라고/ 외칠 자격의 권리와 의무를/ 타인도 인정하고 또한 자신도/ 총후(銃後)를 지키는 결전 국

기(皇紀) 2600년 기념식'에 참석하여 메달을 받은 것을 자랑스럽게 기록[48]하고 제국재향군인회 이리분회 고문으로 활약한다.

1940년 오하시는 이리공립농림학교 후원회장에 추대된다. 또 1941년 12월 물가 통제령에 따른 일반물자 및 생활필수품에 대한 배급통제를 확대하는 과정 속 이리공립공업학교의 신설과 개교에 관여한다. 1943년 이후 조선의 인적, 물적 착취를 강화한 일제는 배급통제마저 한계에 부딪히게 되자 생필품의 소비를 통제하게 된다. 결국 브레이크 없는 일본군국주의는 패망에 이르는데 중소도시 이리의 모습은 조선의 다른 도시와 다르지 않았다. 1938년 이후 신문지상에 나타난 이리지역에도 방공방호단이 조직되고 지원병과 징용이 실시되는 이리는 날이 갈수록 군도화(軍都化)되는데 그 과정을 정리[49]하면 아래와 같다.

[표 35] 이리의 군도화(軍都化) 과정

| 연월일 | 이리지역 상황 | 국내외 상황 |
|---|---|---|
| 1929 | | 1929년 대공황 시작 |
| 1935/10/12 | 조선 사단 추계연습(전라도 호남평원) | 1936년 스페인 내전 시작 |
| 1938/01/21 | 이리 방공방호단서 '소이탄' 실험 | 1937년 중일전쟁 발발 |
| 1938/04/23 | 익산군 관하 지원병 122명(이리) | 1938년 국가총동원법 공표 |
| 1938/07/19 | 매월 1전씩을 거출, 경기관총을 헌납 익산초등교생 미거(이리) | |

---

민/ 나아가자 소화(昭和) 제18년(1938)/ 나아가 힘이 넘치는 이 의기로/ 아 즐겁고(賴母子)야 우리 반상회

48 천황께서 다스리는 나라 건국되고부터 황기 2천6백 년/광휘(光輝) 빼어난 대팔주(大八洲) 위덕 사해에 비할 바 없네/ 비단결 드높은 다스림의 아름다운 용안(龍顏)/ 우러름도 외람되이 몸과 마음 지금은 벌써/ 하늘에 오르는 마음으로 다만 감격에 숨 막힐 뿐-자작시 〈勅語〉

49 이리지역 상황은 1940년까지는 《동아일보》, 1940년 이후는 《매일신보》기사로 재구성.

| 1938/07/19 | 익산군 교육회에서 군사훈련 준비 중 | |
|---|---|---|
| 1938/09/09 | 일반 민중에게도 고무화 사용 제한, 면장 교장회의서 결정(이리) | 1939년 제2차 세계대전 발발 |
| 1940/02/06 | 출정군인위안회(이리) | 1940년 창씨개명 강제 실시 |
| 1941/04/01 | 지원병 入所 十四日에 千五十名 | 1941년 태평양전쟁 발발<br>1941년 국민정신총동원운동 |
| 1941/05/05 | 호남지방 지원병 최후 시험일정 결정 | 1941년 5월 13일 치안유지법 시행 |
| 1942/02/05 | 국민징용에 혈서로 지원 | 1941년 12월 물가 통제령 생활필수품 배급통제 확대 |
| 1942/06/10 | 撫州攻略部隊, 敵을 추격 宜黃縣城을 완전 점령 城頭 높이 日章旗 飜提 | 1942년 2월 15일 싱가포르 점령<br>1942년 미드웨이 해전 |
| 1943/02/25 | 徵兵의 참뜻 알리려/ 산간벽지를 두루 찾는다 | |
| 1943/08/09 | 징병제 실시 기념 군사강연회 성황 | |
| 1943/10/19 | 김제, 만경 평야에 遭遇戰 경성사단 추계연습 개막 | |
| 1944/10/11 | 해군에 비행기 두 대를 전북 교육회와 平壤 柴田氏 헌납 | 1944년 미군, 사이판섬 점령 |
| 1945/8 | 이리 일본군 보병 제464연대 진입후 패망과 함께 군기 소각 | |

패망 후, 1945년 11월 29일 일본 귀국을 위해 인양선에 승선하기까지의 인양과정을 다룬 오하시의 회고록은 해방 직후 이리의 사회상을 알 수 있는 중요한 자료이다. 더불어 일본의 패망에 따른 학교를 비롯한 기관의 정리과정에서 마주친 사회주의 활동가 임종환에 대한 연구의 단초를 제공한다.

일찍부터 공산당 간부 임종환(林宗桓)이라는 자가 거주하였는데, 이 사람이 때를 얻었다고 날뛰며, 한국 청년을 지도하여 보안대를 조직하고, 한국기를 걸어 한국 독립을 선언하였다. 거주하는 일본인을 압박하기를 하루하루 지낼수록 더욱 격렬해져서, 사법·행정·교육·은행·회사 등 모든 기관을 꾀있는 한국

인의 손으로 점유하려고 암약을 시도하고 있었다.[50]

1945년 8월 하순 경, 진주군(鎭駐軍) 미군이 들어오면서 농림학교에 주둔하던 호선(護鮮)사단은 무장해제 된다. 군대의 무장해제와 함께 민간 소유의 일본도 등도 모두 몰수가 되고 그들은 귀국행 배만 기다려야 하는 신세가 되었다. 종전 후에도 오하시는 구장직을 유지하면서 미군 주둔병 감시하에 민간에게 배급미 물자배급을 실시하고 1945년 11월 27일 이리를 떠나 일본으로 인양(引揚)된다.

조선의 식민 경영 초기 일본불교 교단들은 제국주의 국가의 하부구조로서 식민지 경영에 경쟁적으로 나선다. 일련종 종단의 명령으로 조선에 진출한 오하시에게 이리는 최적의 신흥 거점이었다. 포교소에서 일본어를 가르치는 행위는, 새로운 언어학습을 매개로 일본의 사고방식을 내면화시키는 보편적 양식이다. 일본어 학습을 필요로 하는 조선인을 종교로 포섭하면서 오하시는 관계망을 넓혀갔다.[51] 이리의 변화와 그 중심에 있던 중간식민자의 제국주의적 가치관은 반면교사(反面敎師)로 그들이 '발전'이라 한 것은 분명 착취다. 오하시의 사업과 성장 배경은 조선총독부와의 유착관계와 종교인으로서 일련종의 마스터플랜이 없었다면 불가능한 일이었을 것이다. 오하시는 일련종 승려였으나 종교적 영성보다는 자본주의라는 도(道)의 상승 욕구를 가진 풀뿌리 제국주의의 일원이었다.

1930년대 이리지역의 상황을 잘 말해주는 자료가 오하시 소쿠죠의 『조선

50  大橋卽淨, 양은용 역, 『조선주재 36년』, 106쪽.
51  신귀백, 「재조승려 오하시의 이리에서의 식민활동 연구」, 『지방사와 지방문화』 23권, 2020.

그림104. 임종환의 치안유지법 일제 감시대상 인물 카드.
1885년 익산 출생. 동아일보 이리 지역신문 기자. 1921년 천도교청년회익산지회장,
1922년 소작인상조회 평의원으로 활동. 1924년 민중운동자동맹회장, 1929년 이리자성(自成)조합장,
적색 연하장 발송사건으로 징역 3년. 1946년 2월, 공산당 당원으로
민주주의민족전선 중앙위원을 지낸 익산의 대표적인 사회주의 활동가이다.

주재 36년』이다. 그는 일제강점기 36년을 고스란히 이리에서 보냈다. 특히
오하시는 교육·사회사업을 비롯하여 1928년 이리에서 일어난 다노모시코
(뇌모자강)와 관련한 경제 파탄과 이후의 무진회사 설립 등 주목할 만한 경제
활동을 했으며 이후 국가총동원체제에서 조선인의 징병에 앞장섰다. 『이리
안내(裡里案內)』와 『조선공로자명감(朝鮮功勞者名鑑)』이 이리라는 도시와 오
하시를 외부적 시선으로 평가한 텍스트라면 『조선주재 36년』은 이리에서 풀
뿌리 식민주의자로 활동한 오하시 스스로를 드러낸 텍스트이다.

## 이리 주둔 일본군 보병 제464연대의 군기(軍旗)[52] 소각 장면

보병 제464연대는 평양에서 한반도 남부에 있는 이리(전라북도 익산시)로 이동을 명령받아 5월 27일 11시 50분 나팔 소리를 시작으로 병영을 출발해 평양역에서 화차에 탑승했다.

평양역을 출발한 열차는 다음날인 28일 오전 10시 이리역(현 익산역)에 도착, 전 인원이 하차했다. 이때 연대 총원은 약 2,000명이었다 한다. 그리고 역에서 북동쪽으로 약 2km 지점에 있던 이리공립공업고교(현 이리공업고등학교)에 주둔해, 이후 이리 주변의 경비 임무를 맡았다. 1945년 6월 7일, 연대장 스가노 중좌와 기수 마키하라 소위가 쇼와 천황으로부터 수여된 군기를 받았다.

한편, 이리의 연대 장병은 6월 9일 이리역 북동쪽 약 1km 지점에 있던 이리공립고등여학교(현 이리여고)로 이동해 정렬한 후 군기봉영식을 위한 예행연습을 실시했다.

### 군기 결별식(보병 제464연대 군기 소각, 8월 25일)

한반도 남부에 전개되어 있던 제164사단 예하 보병 제464연대에서는 1945년 8월 25일 연대장 스가노 키요시 중좌가 전라북도 이리읍 공업학교(현 이리공고) 운동장에 전 장병을 무장한 채 정렬시켜 고별식을 행하고 방어진지 내부에서 나무나 천으로 된 부분은 휘발유를 부어 소각하고 금속 부분은 다이너마이트를 이용해 폭파 분쇄했다.

### 보병 제464연대 인양(1946년 4월 30일)

4월 28일 부산항을 출항해 다음 날 4월 29일(천장절) 하카타 항에 상륙해 오랜만에 일본 땅을 밟게 되었다. 종전으로부터 8개월이나 지나 귀국했다.

그림105. 미군의 감시하에 귀향하는 열차 안의 일본 군인(1946.1.21)

이리 지역사회에서 활발하게 사회활동을 전개하던 오하시는 1945년 패전
으로 구마모토현(熊本縣 菊池郡)으로 돌아가 농사에 전념하면서 1954년에 회
고록을 집필하고 1955년 71세의 나이로 사망했다. 1987년 그의 셋째 아들인
오하시 구니마사(大橋邦正)에 의해 인쇄본『駐鮮三十六ケ年』이 출간되었다.
오하시 소쿠죠의 삶을 요약하면 [표 36]⁵³과 같다.

[표 36] 오하시 소쿠죠의 삶 요약

| 연도 | 경력 | 대내외 상황 |
|---|---|---|
| 1885 | •후쿠이현 다케오시 출생 | |
| 1904 | •부산정칙한어학교(釜山正則韓語學校) 1기생 수료 | •일본군 연합함대가 뤼순항에서 러시아 함대 공격으로 러일전쟁 발발 |
| 1905 | •도쿄 일련종대학 중등과 입학<br>•가나자와 기병 제9연대 입영을 위해 퇴학 | •을사늑약 체결<br>•러일전쟁 일본 승리 |
| 1906-1908 | •기병 제19연대에 파견되어 두 번째 도한 | •1906년 한국통감부 설치<br>•1907년 이리지역 의병 저항 |
| 1910 | •일련종 종비(宗費) 제1회 한국유학생으로 임명, 세 번째 도한 | •경술국치 |
| 1912 | •동양협회전문학교 경성분교 조선어 選科 수료, 조선 포교를 명받음<br>•이리 일련종 포교소 창설 | •호남선 개통<br>•이리역 설립 |
| 1913 | •일련종 사립 이리보통학교 개설, 학감 취임 | •미국이 중화민국을 승인 |
| 1921 | •榮閤寺 준공, 조선총독부 공칭 寺號 인가<br>•本尊奉安式 거행, 영국사 주지 취임 | •중국 공산당 창당<br>•조선어 연구회가 창립 |
| 1928 | •제국재향군인회 이리분회 평의원 취임<br>•대승도(大僧都) 승급<br>•이리 賴母子講 금융사태를 수습 | •1927년 좌우합작 독립운동단체인 신간회가 결성되었다.<br>•1928년 장제스 중화민국 주석 취임 |
| 1932 | •이리무진주식회사 창립, 취체역 사장(取締役社長) 취임 | •1931년 중화민국 침략 만주국 설립<br>•이봉창 의사 폭탄 의거 |
| 1934 | •이리위생조합연합회장 취임 | •중국공산당 대장정 시작 |

---

52 종걸 스님이 발굴한 이리에서의 일본군 군기(軍旗) 소각 장면을 담은 타카이치 치카오(
   高市周夫, 육사 47기, 전 육군 소좌, 전 육상자위대 수송학교 부교장)가 남긴 책으로 아직
   발간되지 않았다.
53 大橋卽淨 저, 양은용 역, 『조선주재 36년』 및 당시 각종 언론 매체자료를 통한 구성임.

| 1935 | • 조선총독부 국세조사위원 피촉 | • 미 대통령 루스벨트가 행정명령에 서명, 공공사업촉진청(WPA)을 발족 |
|---|---|---|
| 1937 | • 이리읍 각 학교 생도 보도연맹 고문 취임<br>• 이리방호단장(裡里防護團長) 취임 | • 중일전쟁과 난징대학살 |
| 1938 | • 익산군시국대책실행위원 피촉<br>• 전라북도 군사후원상담소 간부 피촉 | • 일본제국 국가총동원법을 선포 |
| 1939 | • 국민정신총동원 常盤台연맹 이사장<br>• 전북무진주식회사 취체역(取締役) 부사장 취임<br>• 국채소화위원회(國債消化委員會) 위원장 취임 | • 제2차 세계대전의 시작<br>• 조선총독부가 조선민사령을 발표하고 창씨개명을 구체화하였다. |
| 1940 | • 전라북도 금 보유 조사위원, 호국신사 봉찬회 위원 피임<br>• 황기(皇紀) 2600년 기념식 참석 | • 동아일보와 조선일보 등이 잇따라 강제 폐간, 모든 한국인들을 대상으로 창씨개명 제도를 도입 |
| 1942 | • 권승정(權僧正) 승급 | • 싱가포르 함락과 미드웨이 해전 |
| 1943 | • 일련종 관장에게 입정흥아회(立正興亞會) 조선지부 회장 | • 조선에 강제징집과 징병제 실시<br>• 카이로 선언 |
| 1945 | • 구마모토로 인양(引揚) | • 1945년 일본의 패전 |
| 1954 | • 회고록 『駐鮮三十六ヶ年』 집필 | • 미국 매카시 선풍 |
| 1955 | • 귀적(歸寂) | • 일본 자민당 창당 |

그림106. 『조선공로자명감』에 보이는 오하시 소쿠죠

# VI
# 타자의 시선이 담지 못한 이리

오하시농장 앞 4.4 만세운동 현장에 세워진 문용기 열사상

## 1. 일본인 저작이 담지 못한 사항

일제강점기 이리에 살던 일본인들이 남긴 저작을 들여다보았다. 그들은 이리라는 신흥도시의 발전에 중심을 두었다. 열차와 수리조합, 학교와 번영조합 등에 대한 언급이 많다. 그런데 이웃 도시 전주나 군산, 지리적으로 금강과 만경강 등에 대한 언급이 드물다. 일본이나 중국 혹은 자국 일본의 타도시나 조선의 다른 도시와의 비교나 국제정세 같은 것들도 잘 보이지 않는다.

### 1) 쌀 생산 기지화를 위한 만경강 개발

익산의 과거 즉 근대 이리를 이해하는 데는 '철길'과 '물길'에 대한 연구가 우선되어야 한다. 철길을 세우고 물길을 잡는 것은 장치산업으로 엄청난 비용이 들어간다. 철길은 그리 오래 걸리는 작업이 아니지만 물길을 바로 잡는 데는 국가적 예산과 노동력이 필요하다. 일제강점기에는 만경강의 개발 및 이용이 활발하게 이루어졌다. 이 기간 동안 일본인들은 만경강을 중심으로 한 지역을 교통, 농업, 산업 등 다양한 측면에서 개발한다. 그 목적은 주로 일본의 경제적 이익 극대화와 쌀 생산 기지화라는 것은 자명한 사실이다.

만경강 개발은 일제강점기의 독점적인 통치와 착취적인 정책의 일환으로 이루어졌다. 그런데 이리지역에서 집필된 일본인 저작에서는 만경강 공사

萬頃江改修起工
盛況의 祝賀式
本報無料配布

그림107. 만경강 개수공사 기공식(동아일보, 1925.06.02.) 기사 기보 만경강 개수 기공 및 익산 전주 김제 3군 연합회의 축하는 거월 31일로부터 6월 2일까지 3일간 이리에서 거행하게 되었는데 오전 9시 반부터 공중 그라운드에서 엄숙한 기공식을 마치고 오후 3시부터는 동 장소에서 3군 연합회 축하회가 거행되어 각종 여흥으로 공전의 대성황을 이루었다고(이리).

관련 자료가 부족하다. 엄청난 예산과 인력이 투입된 만경강 개수공사의 시작점이 1925년이고 완공이 1939년인 만큼 책자 발행에서의 시차 때문에 적절하게 표현하기는 어려웠을 것이다.

『裡里案內』1915년 판에서는 반복되는 물난리를 표현하지 않았고 1927년 판에서 1925년 대홍수와 피해를 다루지 않았다. 대체로 수리시설이 안전하다는 프로파간다적 성격이기 때문이었을 것이다.

만경강은 완주·전주·익산·김제·군산에 이르는 강이다. 거기 일본 대지주들의 대형 농장이 몰려있었다. 수로를 놓고 강을 펴면서 일본대지주들이 만경강 개발에 관한 많은 이익을 가져갔지만 그들은 이내 빈손으로 물러갔다. 여기 전라북도 인구 절반이 몰려있다. 특히 익산 사람들의 자의식 속에는 만경강이 내면에 자리 잡고 있으니 두 학교의 교가를 잠깐 들여다보자.

만경강 굽이 흐른 호남의 들판
역사도 오랠러라, 마한의 옛터

-원광중학교 교가


삼남의 으뜸이라 만경벌 여기
기름진 솜리 따흔 마한의 금마
-남성고등학교 교가


  기름진 솜리 땅을 위해서는 만경강의 물길을 바로 잡는 것이 가장 중요한
일이었다. 여름철 장마 기간에 상류에서 내려오는 물과 바닷물이 거슬러 올
라오는 지점의 물의 양을 잡는 둑방이 필요했다. 그리고 사행(蛇行)으로 구
불구불한 강을 직강화하는데 일본은 10년의 세월을 쏟아 붓는다. 바로 만경
강 개수공사 혹은 제방공사라 하는 만경강 호안공사이다.


### 2) 만경강 호안공사


  만경강 호안공사는 직강공사, 제방공사, 하천개수공사 등 여러 이름으로
불린다. 이리지역 일본인 저자들은 만경강 직강공사 같은 대형 프로젝트의
시작점에 있었기에 『이리안내』의 기록에 들지 못했을 것이다. 익산지역의 농
업용 수계의 가장 중요한 영역인 만경강수계는 저 상류의 고산천과 소양천
그리고 전주천, 익산천, 탑천, 오산천 등을 포함하고 있는데 그 사이 해발고
도 30m 이하의 충적평야가 발달해 있다. 일제는 1925년에 시작해 1938년까
지 만경강 하류지역의 구불구불한 곡강(曲江)을 바르게 펴는 직강(直江)공사
를 준공한다. 98km의 사행하천에 길이 76km에 이르는 제방을 축조하여 강
의 실제 길이를 줄여 놓았다. 만경강 하천개수공사(1925-1929)에는 570만 원의
경비가 들어갔고 전주군 삼례면 비비정에서 익산군 오산면 동자포에 이르는

그림108. 만경강 제방공사 현장

16km 구간에 제방을 건설한다. 공사는 15년이나 걸려 1939년에야 끝났다.

일제는 관동대지진과 금융공황의 어려움 속에서도 만경강 호안공사를 지속적으로 시행한다. 지금 돈으로 따지면 수천억 원에 가까운 큰돈이 들어간 그야말로 대규모 토목공사였다.[1] 만경강은 바닷물이 닿는 감조하천(感潮河川)으로 새우젓배가 목천포를 거쳐 대장촌을 넘어 초포까지 들어갔다 한다. 이는 곧 바닷물의 침수 혹은 홍수를 통해 농토의 염분 침수가 우려되는 부분이다. 일제는 자연 곡류하는 하천에 인공제방을 쌓고 직강공사를 하여 강줄기가 오늘날 같이 반듯하게 흐르게 하였다. 직강공사는 행정구역에 변화를 일으켜 당시 익산 오산면(五山面)에 속해 있던 신지리(新池里)와 남전리(南田里)의 일부가 김제 공덕면(孔德面)에 들어갔고, 목천리(木川里·현재 목천동)의 일부가 김제 백구면(白鷗面)에 편입됐다. 또한 자연적 흔적으로 대장촌 주위에서부터 목천포에 이르는 평야에는 옛 강의 흔적인 우각호가 더러 보인다.

---

1   朝鮮總督府(1937), 『朝鮮土木事業誌』, 259쪽.

## 3) 이리지역의 노동자들

사행(蛇行)으로 흐르는 강을 직강화하는 이 위대한 공사에는 수백만 명의
노동자가 동원됐다. 1925~35년 사이에 총인원 316만 명이 공사에 참여했다
고 기록돼 있으니 이리지역에서는 가장 거대한 공사다. 이 가운데 일본인은
14만 명, 나머지 302만 명은 모두 조선인으로, 대부분 날품팔이 노동자였다.
굴착기와 크레인, 도락쿠 등 중장비들도 쓰이긴 했지만 조선인 노동자들이
삽과 곡괭이로 땅을 파고 그렇게 퍼낸 흙을 지게로 지고 날랐다. 이러한 과
정으로 오늘날의 만경강 제방이 마련된 것이다.

동정의 눈물을 금할 수 없는 것은 채석장에서 노동하는 연약한 부녀자들이다.
방금 굴러떨어질 듯한 석산 밑에서 잔돌을 부시는 것이 일인데 왼손에 돌을
쥐고 바른손엔 쇠망치로 부수노라니 손가락은 터졌다가 아물고 아물었다가

그림109. 만경강 취입구 터파기 공사에 동원된 조선 농민들

다시 터져 문자 그대로의 완부(손상되지 않은 완전한 피부)가 없다. 하루종일 걸려야 반 마차밖에 못 부수니 수입이 겨우 20전 내지 25전이다. 언젠가는 산이 무너져 부녀 세 사람이 분골쇄신하는 대참사도 있었다고 한다.[2]

철도·전신·전화망·금융에 괜찮은 관립농림학교라는 사회간접자본이 착착 들어서는 신흥도시 이리는 쌀 증산을 위한 식민지근대농업정책의 시범단지로 남선지장이 설치되었다. 농업생산기술의 혁신을 위한 근본적인 SOC로 댐건설과 수로 건설 그리고 만경강의 직강화에 이어 남면북양(南綿北羊) 정책 속 이리의 면(綿)공장은 후일 이리수출자유지역의 쌍방울과 태창 메리야스 공장으로 이어진다.

2  〈동아일보〉, 1929.5.5.

## 2. 세심한 인용이 필요한 일본인 자료

조상과 언어, 역사와 종교, 관습과 제도가 다른 이민족들이 조선에 들어와서 지배층을 형성하고 동화를 강요한 시기를 극명하게 겪은 공간이 바로 이리이다. 일제강점기 일본인의 진출 후 1912년 이리역 설립으로 시작된 '裡里'라는 도시 이름은 1995년 도농통합 기능의 익산시로 통합되면서 공식적인 기록에서 사라진다. 하지만 익산시에는 아직도 학교 이름부터 크고 작은 교회와 가게 등에서 '이리'라는 수많은 명칭이 사용되고 있다. 1977년 발생한 이리역화약열차폭발사고의 비극의 현장으로 기억되는 이리역은 근대적 기표인 증기기관차로 시작된 식민도시 이리와 결부된 표상이다.

### 1) 철도 부설과 수리조합

1899년 군산의 개항부터 1912년 호남선 이리역 개통까지는 정착을 위한 탐색의 시기였다. 호남선 철도의 부설과 이리역의 신설은 새로운 도시의 탄생을 가져오는데 그 이전 1911년에는 철도공사가 착수되고 이에 따라 익산 군청, 우편소, 헌병분대, 변전소 등이 금마(金馬)에서 옛 옥야현(沃野縣) 지역의 남일면으로 옮겨오자 이주자가 불어났다. 일본인들은 번영조합과 학교조합을 조직하여 시가지 계획, 도로 개착, 교육·경비기관 등 도시 기반시설을 구축해 나가는데, 이것이 유지정치의 시작이었다.

이러한 일본인 이민 1세대의 정착 과정 속, 이리에 일본인들이 한일병탄 전 진출했을 때, 1907년 조선인들의 구체적인 저항에 대해 일본인들은 자경단 조직과 헌병대 청원으로 대응한다. 이른바 '폭도'라 일컫는 조선인들의 구체적 저항을 일본인의 입장에서 드러낸 『이리안내(裡里案內)』(1915)의 서술과 법원의 기록은 일치한다. 이를 통해서 이리지역 의병들의 저항 행위는 전라북도의병사에 새로운 근거를 제공할 것이다. 또한 기존 논문이나 자료에서 자주 인용되는, 일본인이 개발하기 전 '이리는 한촌'이었다는 견해는 오류였다. 이리는 만경강 주위의 이동 중간지역으로 인구 700여 명에 풍요로운 마을을 이루고 있었음을 드러낸 일본 외무성의 보고서는 주목할 만한 지점이다. 일본인 이민 1세대들의 지역 출신지로는 서일본 지역 야마구치(山口)현을 비롯하여 시모노세키(下關)와 후쿠오카(福岡), 나가사키(長崎) 출신들이 많았다. 지역 연고로 뭉친 이민 1세대들은 이른바 조슈벌(長州閥) 출신으로 러일전쟁 출정 후 조선에서 근무한 재향군인들이 많았고 이들은 조선 입주 초기에 저가의 미간지를 구입했다. 땅값이 오르기를 기다리며 대부업을 하거나 농장의 지배인으로 일하면서 또 다른 농장주로 성장해 갔다.

『이리안내』(1915)에는 이리라는 공간의 물리적 환경변화에 따른 의식변화 등이 나타나 있다. 일본에서 이주한 사람들이 낯선 공간에 대한 탐색 끝에 미개척지 이리에서 어떤 난관 속에서 경험을 쌓았고 어떤 문제로 고민하면서 성취하였는가에 대한 정보가 실려 있다. 이 책은 새로운 쌀의 보고를 위한 치적의 기록이자 새로운 유효수요의 창출을 기대한 안내책자였다. 대단위 농장주와 상인들이 이끈 제국주의재향군인회와 학교조합과 번영조합이 권력의 행사를 통해서 지배를 만들어냈다고 자랑하지만 아직 이리는 중등학교도 설립되기 전이고 은행 하나도 없는 도시였다. 결국 『이리안내』(1915)는 수리조합의 건설과 철도 부설을 통한 신도시 형성에 따른 새로운 이민자들을 위한 홍보책자였다. 조작적 정의로 가득한 이 책은 이민자들을 위한 생활밀착형 가이드북인 만큼 호남지역 근대사 연구자들의 세심한 인용이 필요할 것이다.

## 2) 학교 설립과 기업형 농장

이리지역에서의 일본인 이민 2기는 1914년의 각 군 폐합과 전북경편철도 개통에 따른 농장과 상업회사 설립의 증가와 궤를 같이 한다. 이는 인구 유입과 더불어 가옥 건축의 폭발적인 증가를 가져왔다. 일본 정부가 본토의 도도부현(都道府縣)이라는 행정시스템과 식민지 조선의 교통체계를 연결 완성 직후 이리는 꾸준한 인구증가와 더불어 1917년 지정면으로 성장한다. 수탈을 위한 이민자들의 학교조합은 지배자들이 이리를 움직인 동력이었다. 이리의 빅 브라더가 된 그들은 대농장을 거느리고 영주처럼 살며 기차역을 독점했다. 교통은 도시를 낳고 도시의 인구 유입은 학교설립으로 이어졌다. 1921년에는 동양척식회사 이리지점이 자리잡고 1922년에는 관립학교인 이리농림학교가 들어선다. 농림학교의 커리큘럼과 각 지역별 소학교와 일본인들 심상소학교의 경상비 집행예산의 차이를 통해서 그 차별을 읽을 수 있었다. 대아댐 건설과 대간선수로공사, 만경강 개수공사 등 끊임없는 SOC공사가 벌어지는 중심지역이 이리였기에 노동으로 먹고살 만한 공간이라 사람들이 모여들었다. 오하시 요이치(大橋與市)와 같은 일인 유력자와 박기순(朴基順)·박영철(朴永喆) 부자의 호남선 개발 사전 정보 입수를 통한 역세권 개발 등이 이리의 본격적인 확장을 견인하여 이리는 1927년 조선의 45개 도시 중 26위를 차지할 정도로 인구성장의 모습을 보인다.

기업형 농장주들은 이리역을 기준으로 동서남북으로 산재해 공공재인 이리 주변의 열차역을 자신의 생산물을 집하하고 타 지역으로 보내는 거의 사적 용도로 사용하였다. 역 앞에는 어마어마한 창고가 설치됐고 이리지역 배후지에서 생산된 50만 석 가까운 벼들은 동서남북의 작은 역에 집산되었다가 군산항구로 집적되었다. 생산한 쌀을 항구로 실어나르기 전 정미업자들 역시 정거장의 운송체계를 통한 큰 이득을 보았고 술과 간장을 제조한 이들도 재미를 보았다.

일제는 산미증식계획을 철저히 지주 본위로 실시하였다. 호소카와를 비롯한 농장을 가진 대지주는 자신의 농장 코앞에 기차역을 가졌다. 이는 미곡을 비롯한 상품의 운송수단 개선과 운송시간의 단축을 가져왔다. 자기 농장 앞에 일본으로 향하는 작은 부두를 갖는 것과 같은 효과였다.

그림110. 이리 주변 크고작은 열차역에서 집하된 쌀은 군산항으로 실려갔다. (1929.11.13, 군산항역)

## 3. 개방성과 포용성, 저항과 창의성

2015년에 출범한 '익산학(益山學)' 연구는 개방성과 다양성을 추구한 익산 사람들의 21세기 문화적 정체성을 추구하는 작업이다. 익산학은 '익산 백제' 연구에 그치지 않고 '근대 이리'를 연구하는 심포지움을 개최하여 학술적 성격으로 지방지를 연구하고 익산학 시민교재라는 책자도 발행하는 노력을 계속하고 있다. 또한 100년간의 데이터를 축적하고 도시의 미래와 정체성에 대해 끊임없이 질문을 던지고 있다. 이런 시점에서 이리의 대표적인 지방지 성격의 저작물을 비교 분석하여 평가하는 이 연구는 각 콘텐츠의 바른 이해와 활용을 위한 기초 자료를 제공하리라고 믿는다. 이에 당연히 『익산시사』

그림111. 구시장, 즉 옛 오하시농장 앞의 4.4 만세운동 기념식에서 펼쳐진 만세 퍼포먼스

에 나타난 일제강점기의 일본인으로 인해 발전을 가져왔다는 방식의 서술상 문제점은 지양 극복되어야 한다.

이리는 근대의 창문인 정거장 즉 이리역을 바탕으로 한 인구이동과 물류로서 쌀의 수탈 기능을 하는 과대한 기능이 짧은 시간에 이루어졌다. 그리고 행정력이 제어할 수 없는 많은 노동자들의 이주는 일본의 공권력과 조선인들의 길항작용 내지는 부정적 공생관계를 불러왔다.

이리는 호남 상권의 심장으로 성장하면서 자본, 상품, 인구의 유동을 가장 쉽게 볼 수 있는 공간으로 탈바꿈했는데 그 핵심은 역시 철도였다. 철도건설은 110년이 다 되어가고 아직도 이리, 곧 익산 사람들은 100년 전에 건설한 대아댐에서 이어진 대간선수로의 물을 마시고 있다. 이리의 상징인 철길과 물길로 대표되는 문화 속 인간의 삶에 아비투스(habitus) 혹은 멘탈리티가 작용할 것이다.

4.4 만세운동 당시 정기시(定期市)인 오일장의 4일과 9일이 되면 아직도 익산의 남부시장과 북부시장은 사람들로 넘쳐난다. 한국전쟁 시 이리역을 통해 흘러들어 온 피란민과 고아를 품고 거둔 이 도시에서 농촌배후지 대장촌과 황등, 오산과 함열에서 온 주민들은 추억이 깃든 옛 이름 '이리'지역과 스치고 스며들면서 21세기를 보내고 있다. 전통과 근대라는 불협화음이 충돌하는 지점에 익산이 자리하지만 세계를 구성하는 연계성과 애착심이 부족한 도시가 익산이다. 호남정서의 북단에 자리한 땅이 넓어 무산대중이 살기 좋은, 소통공간으로 강과 도로와 철도를 갖춘 익산은 왕도 경영의 경험이 있는 도시다. 전통적 의미로서 호남의 관문 그리고 근대적 의미로서 터미널 도시에서 살아가는 이리 사람들의 이동성과 개방성, 포용성과 합리성, 저항과 창의성 등 시대와 역사에 대해 혼융하면서 견뎌온 익산 시민의 내면에 대한 연구는 후일을 기약한다.

# VII
# 교육도시 이리의 까마귀떼

1970년대 이리역에서 내려 학교로 향하는 통학생들

## 1. 근대 교육기관의 설립

익산에는 많은 학교가 있다. 학교의 전통에는 다소 차이가 있을 것이지만 교육이 성장과 성공의 사다리라는 것을 굳게 믿은 우리네 부모님들은 자신을 희생하며 열심히 자식을 가르쳤다. 이리공립보통학교로 시작해 오늘날 호남 최대 의료기관을 가진 원광대학교로 이어지는 익산의 교육 100년은 자랑스러운 역사를 가지고 있다.

100년 전 익산지역은 향교와 서원을 중심으로 높은 수준의 교육이 이뤄지고 있었지만 일본제국주의의 침략을 막기에는 역부족이었다. 이에 구한말 종교단체를 중심으로 익산지역 어른들은 사재를 털어 민립학교들을 세워나갔다. 1907년 3월 1일 사립 호성학교[여산초등학교]가 설립되고 1908년 9월에 사립 창명학교가 개교한다. 바로 함라초등학교의 전신이다. 10월에는 익산군 사립 기영학교가 설립되고 이어서 익산군 사립 익창(益昌)학교를 세운다. 두 학교는 병합되어 1911년 9월 익산공립보통학교(금마초등학교의 전신)의 개교로 이어진다. 황등 계동학교 역시 민족의식을 수립하기 위해 만들어진 학교이고 이리계문초등학교는 1921년 사립 계문보통학교로 개교한다.

이리는 교통으로 또 교육으로써 호남의 중심도시였다. 옛 이리역은 마치 들판의 까마귀떼 풍경이었다. 가쿠란이란 일제강점기부터 입었던 새카만 교복을 입은 청춘들이 역 앞을 덮었다. 저 위로는 강경에서부터 아래로는 정읍, 서쪽으로는 군산에서부터 동쪽으로는 전주에서부터 새벽밥 먹고 열차

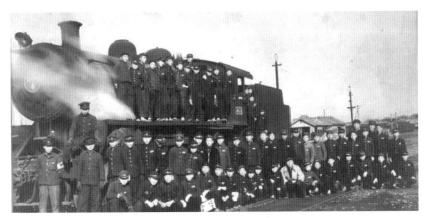

그림112. 1960년대 군산선 남성고 통학생 일동

를 타고 다니는 통학생들이었다. 사실 이들은 열차에 타기 전 몇십 리를 걷고 또 자전거를 타고 통학을 하는 학생들이 참 많았다. 이 에너지가 오늘의 대한민국을 일으킨 힘이라 믿고 싶다.

이러한 자연 지형과 역사 문화성은 익산시의 많은 학교에서 부르는 교가에도 반영되어 있다. 그 교가들은 자연스럽게 미륵산 혹은 배산을 노래하고 또한 만경강과 기름진 들판에 서린 마한과 백제의 얼을 노래한다. 당연히 학교마다 염원과 자부심을 담은 이름이 있다.

가난한 시절이었다. 여름방학 때는 퇴비 숙제를 했고 쥐꼬리를 말아가던 시절도 있었다. 우산이 없고 가방이 없어 교과서가 비에 젖어도 학교에 갔다. 겨울에는 조개탄 난로가 있어도 귀에 얼음이 들었다. 그래도 난로 위에 도시락의 위치를 바꾸면서 즐거운 마음으로 학교에 다녔다. 문성당에서 새 책을 사지 못한 학생들은 이리여고 곁 대본소에서 책을 빌려 읽었다. 공부만 했겠는가? 이리극장과 삼남극장이 있었다. 거기서 이소룡과 올리비아 핫세를 보면서 청춘을 보냈다. DJ가 있는 뮤직박스가 있던 고려당과 황금당 그리

그림113. 1967년 이리상업고등학교 대전선 통학생

고 지구음악실도 있었다. 영스타롤러스케이트장과 팝송을 담은 해적판 LP
와 가요 테이프를 사던 서울악기점은 학생들의 성소였다.

이리공립보통학교로 시작해 오늘날 호남 최대 의료기관을 가진 원광대학
교로 이어지는 익산의 교육 100년은 어떤 도시보다 자랑스러운 측면이 있
다.

역 앞에는 통학생들의 자율학습을 위한 적십자회관이라는 도서관이 있었
고 무덕관·창무관 등 태권도장도 있었다. 이리에는 이리여고, 남성여고, 원
광여고, 이일여고, 남성고, 원광고, 이리고 등의 인문계고등학교가 있었고
공업고, 농업고, 상업고 등 실업계 고등학교를 다 갖추고 있었다. 면 단위 중
학교를 졸업하면 이리역을 향해 기차에 올랐다. 소위 통학열차였고 노선마
다 통학반장이 있었다.

## 2. 이리농림학교, 이리공업학교

1922년 5월 문을 연 5년제 관립 이리농림학교에는 전라도를 넘어 전국에서 수재들이 모여들었다. 조선인과 일본인이 반반으로 구성된 이른바 내선공학(內鮮共學) 농업학교였다. 이리농림학교는 진주농고·수원농고와 함께 일제시대 전국 3대 농업고로 꼽혔다. 함경남북도·경기도 등 전국에서 지원하는 학생들로 인해 입학시험 경쟁률이 보통 30대 1이 넘었다. 모든 학생들은 기숙사 생활을 했고, 졸업 후 도청·시청·식산은행·동양척식주식회사 등 모든 졸업생의 취업이 보장됐다.

시인 한하운은 함흥에서 기차를 타고 이리역에 내렸다. 이리농림학교는 '농업진흥'과 '농림직 지도자 양성'을 목적으로 익산시 마동의 잠업회사를 가교사로 하여 전국 유일의 갑종 실업학교로 출발했다. 1925년 4월 관립에서 도립으로 이관되고, 1931년 3월 수의축산과가 증설되어 3과에 15학급으로 편성되었다. 이리농림학교는 1930년부터 육군 현역장교가 배속되면서 군사훈련이 시작되었다.

이리농림에서는 광복될 때까지 항일운동이 전개되어 광주학생사건 이후 농과 5학년 박증구를 중심으로 독서회 조직활동을 하다가, 1930년 2월 관련 학생들이 퇴학당하였다. 같은 해 11월 추계대운동회 때에 일본인 교우가 한국인을 차별하자, 민족차별철폐운동을 전개하고 맹휴한 사건으로 임과 4학년 윤수동 등 7명이 퇴학당하였다.

## 피검자 동정 맹휴가 확대

《동아일보》 1930.11.22. [이리] 기보=이리농림학교 조선인 학생들이 일선인 (日鮮人) 학생 차별철폐 등 여러 가지 조건을 들어 학교당국에 진정하고 여전히 등교하면서 하회를 기다리든 중 학교당국은 전기 학생대표자 8명 중 윤수동, 박사진, 신정근, 림방래 등 5명은 퇴학처분, 또 라병소, 윤석창, 김춘표 등 3명이 정학처분을 하자 이어서 경찰은 전기퇴학생 5명을 지난 17일에 검속하고 학생들의 신변과 숙소를 감시수색함이 심하므로 동교 조선인 학생들은 동정과 불안이 심하야 지난 17일부터 2, 3학년생들이 일제히 동맹휴학하고 그 이튿날부터서는 4년생 측에서도 또 동정휴학을 하얏을 뿐 아니라 기타 학년의 조선인 학생들도 동요성이 보인다는 바. 동 학교는 침울, 불안의 공기에 싸여 있고 당국자들은 저으기 낭패한 기색이 농후한데 동맹휴학생에게 대하야 21일에 일제 등교하라고 통지를 발부하얏다는 바.

## 이리서 활동 학생 수인 검거

《동아일보》 1931.07.25. [이리] 전북 이리경찰서 고등계는 지난 20일 돌연 활동을 개시하야 금춘(今春)에 이리농림학교 맹휴사건의 주동자로 간주하는 이리시내 윤수동을 검거하야 1시 취조에 착수하게 되었다 한다. 그리하야 이어서 경찰은 또한 동일 오후에 이리시내 일출정(日出町) 김석동의 가택을 수색하얏스나 하등 수확은 업섯든 바. 동일 밤 9시 50분 남으로부터 동인이 김제에서 승차하야 이리역에 하차하자 이를 경계하는 이리 고등계원들은 즉시 동인을 검속하고 그 길로 증거품을 수집하기 위하야 현장을 임검하다가 드디어 모처에 감초어 둔 공산당선언을 압수하고 또 다른 "팜프레트"도 수종 압수하여 갔다한다. 그러고서 지난 22일 밤 10시 경에 이르러서는 돌연 경성 모 중등학교 5학년으로 있스며 금번에 하기휴학에 귀향한 박 모(某)(19)를 검거하는 동시에 가택까지 수색하였다. 그러나 하등 압수품은 업섯다 하는데 금번 사건의 내용을 경찰은 극비에 부침으로 알 수 업스나 모 방면으로 들으면 작년 하기에 전기 윤 모(某), 박 모(某) 등이 김석동과 같이 놀 때 그로부터 전기 공산당선언서를 얻어서 등사하얏다 하는 것인데 윤모가 가진 공산당선언의 출처를 물으매 그것은 곧 김모로부터 나왔다 한 것이라 한다.

### 이리에도 출동 농교생 검거

《동아일보》 1932.06.25. [이리] 지난 16일 오전 5시 반경에 전북 이리 공립농림학교 기숙사에 돌연 부안경찰이 당지 경찰의 응원으로 출동하야 동교 농과 5년생 조남윤을 검거하는 동시에 동인의 소지품을 일일이 수색하야 가지고 감으로 동교 일동은 영문도 모르고 새벽 곤한 잠을 어지럽게 깨였다 한다.

### 이리서 활동 야학강사 검거

《동아일보》 1932.11.12. [김제] 전북 이리경찰서에서는 지난 30일에 고등계 주임 7, 8인의 경관이 돌연히 자동차로 김제군 백산면 상리에 출장하야 동리 무산야학을 중심하고 교사와 생도 등의 가택을 일일 수색하는 동시에 교사 정인권, 정인화, 홍길동 외 생도 1인을 검거하야 상금 엄중히 취조를 계속 중이라는데 내용은 절대 비밀에 부침으로 알 수 없으나 야학생들에게 불온한 사상을 선전한 혐의인 듯하다고 한다.

### 강경, 이리 학생 중심 모종계획이 탄로

《동아일보》 1933.01.17. [강경] 강경경찰서 고등계에서는 4, 5개월 전부터 당지 황금정, 정태수, 정태원 형제와 전북 이리 김별중, 윤수동 등 청년을 검속하야 두고 우금(于今) 4, 5개월을 두고 취조하야 오던 바. 금번에는 또 어떤 단서

그림114. 이상운 의사 추모탑. 김제시 요촌동에서 태어난 이상운 의사는 이리농림 재학중 동기생 장지환, 김구, 김영준, 호중기와 후배 서기용, 김봉수, 강동석, 박기춘 교외 이종문 등과 항일결사인 화랑회를 조직한다. 선배 장이규, 김직수, 김환용, 교외 김재두 김해룡 등이 조직한 독립단과 제휴하여 김제경찰서를 습격하고 목천포철교를 폭파하는 계획을 세웠으나 고깔봉 광산에 집결 전원 체포되었으며 모진 고문 끝에 1945년 7월 17일 순국하였다.

를 얻었음인지 수 일전에는 강경경찰서 미전 고등계 주임이 형사를 대동하고 전북 이리 방면에 급거 출동하야 전일부터 이리경찰서에 검속 중에 잇던 김석동(21), 정규랑(22), 김성곤(22) 등 청년 3인을 당일로 강경서로 압래하얏다 한다. 들은 바에 의하면 전북 이리와 강경 등지에 잇는 각 중등학교 학생을 중심으로 모종의 계획을 세우랴고 불온한 삐라를 배부하고 주의와 계획을 관철하랴한 것이 미연에 발각된 것이라 한다.

이리농림의 항일투쟁비밀조직인 화랑회사건이 1945년 4월에 적발되어 농과 4학년 이상운 등 8명과 항일투쟁으로 퇴학당한 독립당원 5명 등 13명이 구속되어 모진 고문과 시련을 당했다.

이리농림은 농업뿐만 아니라 호남의 근대스포츠를 이끌었다. 이리농림 야구부는 호남의 강자였고 축구부는 1935년 8월 호남축구대회에서 우승한 후, 9월에 열린 제7회 전조선 중등학교 축구대회에서 우승한다.

붉은 벽돌의 이리농림학교 축산과 교사는 1932년 건립되어 69년 동안 축산과 교실로 사용되었다. 이후 근대문화유산 등록문화재 제178호가 되었다. 근대농업의 요람이었던 이리농림고등학교도 1970년대까지 그 화려한 명성을 이어갔으나 1991년 학생모집을 중지하면서 그 명맥이 끊겼다. 이리농림은 1991년 국립 이리농공전문대학으로 개편되었다가 결국 전북대 농과대학으로 통합되어 오늘에 이르고 있다. 1993년 2월 이리농림의 마지막 졸업식이 열렸는데, 그때까지 한국인 1만 3천9백70명, 일본인 1천2명이 이 학교를 거쳐 갔다. 캠퍼스는 익산대학으로 사용되다가 현재는 전북대학교 익산캠퍼스가 되었다.

졸업생으로는 전북대 초대 총장 고형곤 박사(27년 졸업)와 심종섭 전 학술원장(37 졸), 국회의원 김성철(35 졸), 채영석(53 졸), 전북도지사 및 노동부장관을 역임한 조철권 씨(50 졸) 등이 있다. 대상그룹 모태인 미원그룹 창업자인 임대홍 씨(40 졸)와 증권업계 신화로 통하는 지성양 신흥증권 사장(51 졸)·김홍국 하림사장(78 졸) 등이 이리농림 출신이다.

그림115. 1942년도 이리농림학교 야구부

1940년 4월 5년제 이리공립공업학교로 설립되었다. 기계과·전기과·광산과 각 1학급씩 150명의 학생을 모집하였고, 1941년 4월 본관을 마련했으며, 1944년 제1회 졸업생 120명을 배출했다. 졸업당시 월급이 40원이 넘는 대우를 받았으나 학교생활은 태평양전쟁으로 날마다 훈련과 실습의 연속이었다고 한다. 당시 학생들은 전투모 차림에 허리에는 밴드, 다리에는 각반을 찼다. 교복은 흡사 전투복과 같았는데, 학생은 곧 태평양전쟁에 동원되는 전시준비생으로 1944년, 실습실에서 학생들은 선반부 기사로 기관포 탄알을 깎았다고 한다. 이 학교 학생들은 섬진강 물길을 동진강으로 돌리는 칠보 수력발전소 건설현장에도 동원되었다. 국회의원 박병일, 박승 한국은행총재, 조한용 이리시장 등이 동문이다.

그림116. 1944년 이리공업학교 학생들은 수업시간에 탄피를 깎는 등 전쟁체제에 동원되었다.

## 3. 대학도시, 이리

### 원광대학교

그림117. 한일회담 반대 데모에 참가한 원광대생들

오늘날 원광대학교는 의·한·치·약과 법학전문대학원까지 거느린 유수의 대학이 되었다. 거기다 원광보건대학을 포함한 캠퍼스는 아름답기로 소문나 있다. 원광대학병원이 익산시를 비롯해 호남지역에 매우 중요한 병원임은 말할 것이 없다. 지덕겸수(知德兼修)·도의실천(道義實踐)이라는 교훈을 가진 대학의 출발은 1946년 9월에 재단법인 원불교 중앙총부에서 유일학림(唯一學林)으로 설립한 것이 원광대학교의 시초이다.

당시는 단과대학이던 원광대가 자리잡은 곳은 익산군 북일면으로 이리의 외곽이었다. 1965년 한일회담 반대 시위[1]로 이리역 방향으로 진출하기 전, 경찰의 저지가 안 보이는 조금은 낭만적인 청년들의 모습을 담은 이 사진 속 교문이 첫 번째 원광대 정문으로 지금은 원광보건대학 정문이다. 원광대학교는 황등석으로 지어진 우아한 돌집에서 법과대학과 문과대학으로 출발한다. 인문적 철학적 바탕에서 오늘날 거대한 메디컬센터를 가진 한국의 중심대학으로 성장했다.

원광대학교 국문학과는 문학사단으로 불리는데 윤흥길·박범신·양귀자 등 소설가를 배출했다. 1980년 원광대 국문과에 다니기 위해 대구에서 기차를 타고 온 시인 안도현도 이리역에 이불보따리를 풀었다. 강태형·김영춘 시인 등이 함께 했다.

## 중앙대학교 이리분교

중앙동 IBK은행이 있던 자리, 과거 '원광여자상업고등학교' 자리에 중앙대학교 이리분교가 있었다. 한국전쟁의 와중에도 중앙대학교는 1951년 10월에 이리분교를 설치하는데, 해방 후 '귀속농지 관리국' 창고건물을 임시교사로 사용했다. 쉽게 말해 동양척식회사 이리지점 자리였다.

당시 이리분교에는 중앙대생 말고도 피난 중인 서울대, 연세대 학생들도 강의를 듣는 등 수강생이 656명에 달했다. 당시 학교장이던 임영신 여사가

---

1  한일협정이 체결되기까지 14년 걸렸다. 미국원조가 대폭 삭감된 상황에서 경제개발계획에 따른 투자재원이 절실한 군사정부는 일본 자본의 유치라는 절박한 필요성에 따라 한일회담의 조속한 타결에 집중했다. 중국 견제라는 미국의 동아시아 전략과 일본 자본의 해외진출 욕구와도 맞아떨어지는 것이었다. 대일청구권문제 등 굴욕적인 회담 추진 과정에 대한 전국적 반대 투쟁이 거세게 일어났으나 군사정권은 6월 3일 비상계엄령을 선포하여 시위를 무력으로 진압한 후, 6월 22일 한일협정을 조인한다.

그림118. 1955년 11월 5일, 중앙대 이리분교 신축교사 낙성 기념

그림119. 1950년대 문성당 서점. 초중고 국정 한국 검인정 교과서 지정공급, 중앙대학교 지정 서점이라 간판에 쓰여 있다.

전북 출신인 것과 중앙시장통에 자리한 호남의원 원장 윤부병 박사의 공이 커서 약학대학이 유치되었다. 그래서 익산시의 나이 드신 약사 중에는 중앙대학교 출신들이 더러 눈에 띈다. 전쟁이 끝난 후 이리분교는 문교당국의 존속 허가를 받고 신축교사에서 공부하게 되었다.

1960년 중앙대는 결국 서울로 올라가고 그 빈 공간을 1962년에 원광여자중학교와 원광여자상업고등학교가 사용하게 된다. 이 자리에는 현대식 7층 건물이 들어섰으나 시내 한 복판에 위치한 관계로 원광학원(현 원창학원)의

여학교는 지금의 모현동으로 이사하게 된다. 아직도 중앙시장 안쪽에는 중앙대가 사용한 당시 건물이 남아있다.

## 이리농대와 이리공대

이리농림대학 기성위원장 양윤묵(梁允黙) 등 6인은 대학설립을 위한 기성회를 조직한다.[2] 1947년 도립농과대 설립 인가가 나고 1948년 4월 정부는 이리농림학교를 이리농과대학으로 개편했다. 이때 도립 이리농과대학은 전북대학교 농과대학으로 개편되었고 농학과, 임학과, 수의축산학과 3개 과로 운영되었다.

그림120. 중앙대학교이리분교에서 발행한 대학문예지

전주시 덕진동에 자리잡은 전북대학교는 종합대학교의 구색을 맞추기 위해 1963년 이리농과대학을 전북대학교 농과대학으로 이전했는데, 당시 이리시민들은 전주 이전을 결사반대하였다. 1951년 전북대학교 공과대학 설립추진위원회가 발족하고, 1952년 4월 이리 전북대 농과대학 자리에 기계, 전기, 제지(화공), 채광야금 4개 학과가 문을 열고 640명이 입학하면서 전북대 공대는 설립되었다.

---

2  전북이리에서는 당지에 농과대학을 신설하고저 농대기성회를 조직, 관계자들이 적극적 추진에 맹활동 중 재단의 일부도 확립을 보아 전북 박 지사를 위시하야 윤 학무과장 그리고 기성회를 대표하야 배헌, 양윤묵, 이정우, 강영준 제씨가 상경하야 문교부와 원만한 타협을 보아오는 9월부터 개교할 예정이라고 한다. -'이리농대 9월에 개교' (동아일보 1947.08.26.)

그림121. 이리농과대학
교문

그림122. 1950년대 이
리농과대학 교직원들

그림123. 이리농림은
1947년 도립이리농과
대학으로 발전하였으나
1963년 이리시 소재 농
과대학을 전주캠퍼스로
이전 결정에 불복한 농
대생과 이리시민들이 시
위에 나섰다.

그림124. 이리공대는 옛 이리공립공업학교 교사를 사용하였다.

그림125. 1970년대 이리공대 후신 전북기계공고가 들어서던
당시의 학교를 담은 항공사진으로 좌측에 이리시청이 들어선다.

그림126. 이리의 중고등학생들은 4.19탑 앞에서
앨범 기념사진을 찍곤 했다.

　　1959년 이리방송국 이전에 이어 익산시청 곁 현 전북기계공고 자리에 있
던 이리공과대학도 이전하게 되었다. 1966년부터 이리공대 전주 이전은 공
대학생들의 숙원이었다. 그러나 당시 정부는 이리공대를 전북대와 분리하
겠다는 안을 갖고 있었고, 이에 공과대학 학생들은 격렬하게 반발하며 '공대
분리 결사반대' 투쟁에 나섰다. 결국 공대 분리는 무산되었고 이리에 있던
전북대 공대는 1974년 전주로 이전이 확정되었다. 정부는 전북대 공대가 이
전하는 대신 국립 전북기계공업고등학교를 설립하겠다고 약속했다.

## 4. 남성(南星)학교의 설립

　　호남의 부호 백인기의 부인 이윤성 여사는 민족 해방과 함께 148,000평의 땅을 화성학원(華星學院)에 희사하여 이리의 인문계 학교 설립을 시도하였다. 책임을 맡은 이춘기(李春基)는 미군정과 긴밀하게 서류를 제출하고 심혈을 기울여 1945년 11월, 4년제 남성중학교 신입생을 선발하는데 10:1이라는 치열한 경쟁을 가져왔다. 원칙적으로 학교 설립 인가가 있은 다음 학생 모집을 해야 되는데 먼저 학생 모집을 한 것은, 당시 유억겸 문교부장관의 후원과 양해를 얻어 선모집 후인가를 하게 된 것이다. 선발된 129명의 신입생이 1945년 12월 25일 화성농장 광장에서 지방 유지와 학부모들이 다수 참석한 가운데 역사적인 개교식 및 입학식을 가졌다.

　　해방과 함께 남한에 큰 서광이 비쳤다는 뜻에서 남성이라 작명하였고 '삼남의 으뜸이라 만경벌 여기'로 시작하는 교가의 작사가는 정열모[3]이다. 1946년 3월 부임한 초대 윤제술 교장(3~8대 국회의원)은 8년의 재직기간 동안 실

---

3　남성학교 교가 작곡가는 김성태로 만주국 국책 악단으로 조직된 만주신경교향악단에 입단하여 활동하였다. 작사가인 정열모는 일제강점기 당시 국어학자로 1913년 조선어문회(朝鮮語文會)의 조선어강습원(朝鮮語講習院)에서 최현배(崔鉉培) 등과 어문연구를 하였다. 해방 이후 『신편고등문법』, 『고급국어문법독본』 등을 저술하였다. 6.25 전쟁 이후 월북하여 북한의 문법체계를 잡았다고 알려져 있다. 정열모는 김천고등학교 교가를 작사하기도 했다.

그림127. 초기 창인동에 자리한 남성고등학교 교사이다. 이후 남중동으로 이전한다.

그림128. 남중동에 자리한 남성고등학교 교사이다. 1980년 이후 소라단으로 이전한다.

력 제일주의를 교육 신조로 삼아 우수교사를 초빙해 인재 양성에 힘썼다. 개교 당시 남성에는 서울에서 피난 온 전국의 우수교사들이 많았다. 나라가 안정되면서 많은 교사들이 대학으로 자리를 옮기기도 했다. 일석(一石) 백남규 교장 시절에는 시인 이동주, 시조의 장순하, 평론가 천이두 등이 재직했다.

강인섭, 송정호, 신오철, 이석현, 이협, 이춘석, 위성락 등의 정치인과 기업가 정문술, 소설가 최창학, 송하춘, 박범신, 시인 정양, 이광웅, 수학 정석의 홍성대, 배구의 신진식 등이 동문이다.

## 5. 전북기계공업고등학교 그리고 야학

초등학교에서는 우리나라 기후의 특징으로 '사계절이 뚜렷하다.'고 배운다. 이 말은 여름은 덥고 겨울이 혹독하게 춥다는 말이다. 이리라는 도시는 바람을 막아줄 산이 없는 들판이었고 땔감이 많지 않은 도시였다. 지금이야 냉난방 시설이 잘 되어 있지만 여름은 문 열고 수업하고 겨울에는 조개탄 난로가 있던 시절이 있었다. 4교시가 되면 난로 위에 도시락을 차곡차곡 얹는다. 또 위치를 바꾸어 주어야 했다. 바닥이 타면 '깜밥'을 먹기도 했다. 좋은 선생님을 만나면 양푼 비빔밥을 먹었다는 이야기는 전설이 되었다.

그림129. 전북기계공고는 전국에서 수재들이 모여든 학교였다.
1977년 학생들은 이리역화약열차폭발사고로 천막촌을 차릴 때 전기공사를 해주었다.

오래도록 이리에는 인문계 남자고등학교가 남성고, 원광고, 공립학교인 이리고, 셋뿐이라 중학교 졸업생에 비해 인문계 고등학교 입학 정원이 부족해 학생들의 경쟁과 스트레스가 심했다. 원광고등학교는 원불교 개교정신을 바탕으로 1954년 현재 동산동 이마트 자리에서 개교하였다. 과거 공설운동장 자리에 개교한 이리고등학교는 동중학교와 한 울타리를 쓰는 공립 인문계고등학교로 1955년 설립되었다. 최근 이리상업고등학교는 전북제일고등학교로 교명 변경과 함께 인문계고등학교로 전환하면서 인구감소와 더불어 경쟁률이 많이 완화되었다. 이리상업고등학교 주산부는 전국에서 최강이었고 은행원을 많이 배출하는 학교로 전국에 소문이 났었다. 여학교로 이리남성여자고등학교, 이리여자고등학교, 이일여자고등학교가 있다.

국립전북기계공업고등학교는 1974년에 남중동 시청 곁 옛 이리공업고등학교가 이사 간 이리공대가 있던 자리에 개교했다. 당시 대통령인 박정희의 '공업입국(工業立國)' 구호에 따라 전국의 수재들이 모여들었다. 당시 '기계공고'로 불린 이 학교는 전북을 넘어 전국에서 중학교 성적 상위 10퍼센트 안에 드는 학생들만이 합격할 수 있는, 가난하지만 우수한 학생들이 모인 학교였다.

60년대에는 사립으로 남성중학교와 공립으로 이리동중학교가 명문이어서 초등학교부터 교육경쟁이 심해서 재수를 하는 학생들도 많았다. 초등학교 때부터 과외를 했고 촛불을 켜고 야간자율학습을 실시했다 한다. 1971년 소위 '58년 개띠'부터 중학교 평준화가 시행되면서 고등학교 진학에서 동산동의 원광중학교와 송학동의 이리중학교가 실력으로 빛을 보았다.

70년대 유신시절에 남자 고등학생들은 교련복을 입고 열병과 분열을 했고, 여학생들도 의무훈련이나 소방훈련에 동원되었다. 교내 소풍은 보통 10km가 넘는 거리를 만경강 혹은 미륵사까지 행군해야 했기에 오히려 소풍

이 더 괴로운 날이 되기도 했다. 당시 교련시간에는 기초 군사훈련, 제식훈련, 총검술, 집총훈련, 개인화기 사격술 등과 같은 훈련에 참여하였다. 특히 학생들이 거수경례를 생활화하고 모든 학교 행사에서 통일성이 강화되었다.

익산에서 대한서림은 학창시절 만남의 장소이기도 했다. 동아전과부터 필승수련장, 완전정복 시리즈와 수학의 정석 등 이 서점을 이용하지 않은 학생은 없을 것이다. 책을 산다고 해 놓고 서점 옆 황금당 제과점이나 이리극장으로 향하던 청춘들도 많았다.

## 산업화의 그늘, 야학

1970년대 경제성장을 위하여 조성된 '이리수출자유지역'으로 진학을 못한 청춘들도 익산으로 모여든다. 주로 오빠나 남동생들에게 교육기회를 뺏긴 여성들이 많았다. 여성청소년들은 주로 섬유공장에 다녔고 남성 청소년들은 귀금속단지에 다니는 학생들이 많았다. 중학교에 진학을 하지 못한 청소년들 중 특히 많은 여학생들은 그저 학생복에 가방을 들고 다닌다는 설레임으로 삼동야학, 무궁화야학, 새마을청소년학교에 다녔다. 힘든 공장 일과를 마치고 나면 저녁도 먹지 못하고 부리나케 조그마한 학교로 뛰어갔다. 학생들이 교사보다 나이가 많은 경우도 있었는데 각급 야학의 선생님들은 대체로 대학생들이었다. 군대 가기 전 2, 3년 동안 그들은 무보수로 일했다.

이들 학교 중 이리새마을청소년학교는 학년별로 한 클래스가 있었다. 처음에는 이리국민학교의 별관 한 동에 교실 두 칸을 빌려서 오픈했는데 후일 구시장 3층에 있는 번듯한 교사로 이사한 이 학교는 검정고시가 목표가 아닌 전인교육을 목표로 하였기에 일년에 두 번은 수학여행을 실시하여 가까운 정읍 내장사나 화엄사에 가기도 했다.

그림130. 1981년 이리새마을청소년학교 졸업사진

그림131. 1967년 남성국민학교(사립)의 배산소풍

이리에서 학교를 다닌 사람들은 외부로 대학을 가기 전까지 초중고 모두 합해서 12학년 봄가을 24번의 소풍 중 거의 열댓 번은 호남선 철도를 가로질러 배산을 가야 도시를 졸업한다. 그러니 배산은 지겨운 곳이었고 또 추억의 장소였다. 배산이 질리면 소라단 혹은 수도산으로도 소풍을 갔고 유신시절에는 미륵산까지 행군하는 일도 있었다. 당시 국민학교 중 이리시내권은 4학년 때 첫 여행지로 대개 금산사를 택한다. 5학년 때는 부여, 6학년 때는 서울 수학여행을 가는 것이 보통이었다. 1970년 서울 경서중학교 열차사고로 인해 서울 여행이 취소되었다. 수학여행으로 중학교는 보통 속리산이나 경주를 갔다. 고등학교 때는 제주도나 설악산 쪽을 향했다. 제주도를 가는 배는 가야호로서 보통 10시간이 넘는 고역을 통과해야 했다. 국보가 많은 경주 쪽을 택하면 이리역에서 열차를 타고 대전을 거쳐 경주나 해운대역까지 가거나 울산을 들르는 코스가 일반적이었다. 한방에서 수십 명이 자야 했고 반찬도 형편없었으나 모두들 잊을 수 없는, 진정한 친구를 만나는 계기가 되기도 했다.

# VIII

# 문학작품 속에 표현된
# 현대 이리

이리역 굴다리는 일제강점기에 만들어진 것으로
송학동과 이리시내를 잇는 주요한 길목이었다.

## 1. 한국 소설의 주요 공간, 기차역

다들 그럴 것이다. 개인적 기억과 정체성은 장소에 직결되어 있다. 그러한 문화적 '기억'과 정체성 역시 풍경과 물리적 환경에 묶여 있다.[1] 그러므로 장소는 경험을 담는다고 말할 수 있다. 그 경험은 개인적이고 직접적이고 주관적이어서 공식 기억이나 담론이 삭제되거나 망각한 장소와 관련되어 있다. 이리(裡里)라는 장소 중에서도 이리역이라는 공간도 이런 차원에서 개인적으로 추억의 공간이고 집단적으로 한국 현대사에서 중요한 역사공간이다.

이리역은 한국 현대소설의 주요한 공간적 배경으로 등장한다. 채만식의 소설 『탁류』에서 박제호가 유성으로 가는 길에 잠시 머무르는 공간, 또 채만식의 유작 『소년은 자란다』에서는 1945년 해방 이후 유입된 전재민(戰災民)[2]이 유입되는 공간으로도 다루어지고 있다. 또한 윤흥길[3]의 『소라단 가는

---

1　제프 말파스, 김지혜 옮김, 『장소와 경험』, 에코리브로, 2014, 242쪽.
2　6.25 한국전쟁의 피난민이 아닌 태평양 전쟁 이후 만주나 일본에서 돌아온 귀국동포를 말한다.
3　1942년 정읍에서 출생. 이리초, 이리동중, 전주사범학교와 원광대 국문과 졸업. 1968년 〈한국일보〉 신춘문예에 소설 〈회색 면류관의 계절〉이 당선, 소설집 〈황혼의 집〉,〈아홉 켤레의 구두로 남은 사내〉, 〈장마〉, 장편소설 〈에미〉, 〈완장〉, 연작소설 〈소라단 가는 길〉 등. 1977년에 한국문학작가상, 1982년 현대문학상, 2000년에 21세기문학상 등 수상. 2024년, 장편소설 〈문신〉 5권 완간.

길』⁴에서는 1950년 이리역 오폭사건을 시작으로 1977년에 발생한 이리역화약열차폭발사고에 얽힌 이야기가 등장한다. 기차역 주위의 시공간적 배경이 등장하는 주요 텍스트로는 박범신의『더러운 책상』, 김남중의『기찻길 옆 동네』등이 있다.

　작가들은 역사가 놓치는 기억을 장소와 더불어 기록한다. 인물들의 내면과 경험을 이야기하는 문학과 역사는 상호 영향을 끼치면서 각각의 영역을 구축하고 발전시킨다. 문학작품에서 장소는 작가가 선택한 의미 있는 구체적인 곳으로 그가 지향하거나 애정을 가진 곳이다. 그 장소는 우리가 세계 속에서 우리 자신을 외부로 지향시키는 출발점을 구성하고 있는 것이다.⁵ 사실 장소성은 어떤 실체로서 존재하기보다는 담론과 실천에 의하여 만들어지는 사회적으로 작동하지만 이리역은 실제적 공간으로 작동한다. 장소성에 함의된 규범적 가치나 진정성은 장소에 근거를 둔 체험과 이에 관한 공감적 대화를 통해 형성된다는 말은 이리역과 관련된 작품에서 직접 확인할 수 있다.⁶ 일반적으로 공간이 추상적이고 물리적인 범위와 관련된다면, 장소는 체험적이고 구체적인 활동의 기반이면서 맥락적이고 문화적인 의미와 관련된다.⁷

---

4　10편의 단편 소설이 모두 이리 근현대의 이야기를 담은 작품집으로 2004년 제12회 대산문학상을 수상한다. '기왕에 보여준, 사람살이 안팎의 켯속과 층위를 의뭉스러운 만연체로 이끌어가며 날카로운 풍자와 해학, 따뜻한 시선으로 복잡다단한 '인간'과 '삶'의 면목을 드러내는 이 작가의 장기가 유감없이 힘을 발휘하고 있다.'고 김치수, 김원일, 오정희 심사위원이 밝히고 있다.

5　E. 렐프, 김덕현 외 옮김,『장소와 장소 상실』, 논형, 2005, 104쪽.

6　문재원,「요산 소설에 나타난 장소성」,『현대문학이론연구』제36집, 현대문학이론학회, 2009.

7　백선혜,「장소 마케팅에서 장소성의 인위적 형성」, 서울대대학원 박사논문, 2004.

## 1) 신흥 식민도시의 전형, 이리

'이리'라는 공간이 물리적 범위를 가리킨다면, '이리역'은 주민들의 체험과 관련된 문화적 맥락으로 연결된 구체적 장소의 자질을 지닌다. 구체적 장소로서의 이리역은 거주민과 사용자(유동인구)들의 접촉이 주는 관계망의 기억과 연대 속에서 장소성을 획득한다. 일본 식민당국이 기획한 장소로 출발한 이리역은 100년을 지나면서 수많은 역사적 사건과 사회적 사고를 겪었다. 따라서 이리역을 둘러싼 집단기억과 개인적 경험은 문화적 맥락을 발생하여 상호 공감할 만한 보편적 서사를 구성하며 인구에 회자되는 것이다.

> 유동 인구가 많은 철도교통 중심지라는 것 말고는 이렇다 할 특징도 없고 내세울 만한 명승고적도 없고, 시민들한테 추억 쌓기를 좀처럼 허용하지 않는, 하여튼 운치라곤 눈을 씻고 찾아봐도 없는 삭막한 고장이지.
> 운치 없는 고장인 것만은 나도 부인허지 않겠어. 워낙 별 볼 일 없는 만경강변 작은 포구 마을로 오랜 세월 붙박여 있다가 일제 때 와서야 일본인들 간척사업 덕분에 갑째기 시골 마을 티를 벗어던진 신흥도시니깨 그 알량한 역사 속에서 유서 깊은 명승고적 따우가 불쑥 솟아날 택도 없지.

윤흥길 연작소설 『소라단 가는 길』의 「귀향길」에서 인용한 문장이다. 작가가 소설작품을 통해서 이리라는 도시의 출발을 정서적으로 형상화했다면, 사회과학적 연구자들은 제국주의의 야욕으로 탄생한 식민도시로서 이리의 출발과정을 분석한다. 역사학자 김경남은 철도개통과 행정구역의 개편(1914~1917)이 도시 형성의 주요한 계기였다면, 일본인들의 대농장 경영, 광역의 수리사업과 1922년 완공된 대간선수로 공사와 농지개량사업과 황등제의 축조와 개답 그리고 1925년부터 10년 넘게 진행된 만경강 개수공사, 오하시(大橋與市)와 같은 일인 유력자, 호남선 개발과 관련한 정보를 사전에 입수하여 이리 역세권개발에 참가한 박기순·박영철 부자 등이 신도시 이리를 전국 26위의 도시로 성장시켰다고 보았다.

그림132. 이리역 북쪽 모현동 건널목은 소설의 중요한 공간이었다.

## 2) 채만식의 소설에 나타난 이리

  해방 이전의 이리에 대한 문학작품 속 소설적 묘사는 채만식의 『탁류』에서 찾아볼 수 있다. 군산에 사는 여주인공 초봉은 남편 태수가 죽은 사실을 알고, 부모 몰래 상경하고자 이리역에 이른다. 역 플랫폼에서 우연히 제중당의 주인 대머리 제호를 만난 그녀는 같이 기차를 타고 서울로 가다가 말고 유성으로 향한다. 그처럼 채만식은 『탁류』에서 이리역을 초봉이 유성으로 향하는 '터미널' 공간으로 그렸다. 그에 비하여 해방 이후 발굴된 유작 『소년은 자란다』[8]에서는 이리와 이리역을 구체적으로 다루었다. 채만식 사후에 발굴된 이 작품은 해방 후 무질서한 혼란이 극에 달한 때, 만주에서 나고 자란 소년 영호가 전재민으로 갖은 고생을 겪은 끝에 이리역에서 하차한 이후의 생활이 그려져 있다. 만주에서 유입된 전재민을 위한 무료차표 한 장을 얻은 영호는 동생과 함께 뚜껑 없는 곳간차의 유리창이 깨진 목포행 기차를 탔다가 이리역에 내린다.

> "강경을 지나면 함열(咸悅)버틈이 전라도니라. 함열, 황등, 이리 그런데, 전라
> 도루 들어서 이리가 젤 크니라. 클 뿐 아니라 전라남도루 가는 것이 아니구, 전
> 라북도루 가서 농사할 고장을 찾는다면 누가 됐던, 이리서 내리는 게 순설 거
> 다."
> "그렇지라우!"
> 촌 영감이 옳은 말이라고 고개를 끄덕이면서 거들던 것이었었다.
> "내라두 이리서 내리지라우, 조매 더 가서 징게나 증업[9]두 있기사 하지마느 장
> 차루 농사질 땅을 구하기루 하든지, 당장 지게품팔이를 하기루 하든지 이리가
> 낫구말구!"[10]

---

8  채만식의 유고작 『소년은 자란다』는 1949년 2월 25일에 창작되었지만, 사후 1972년 9월에 발표되었다.

9  '김제'나 '정읍'의 사투리 표현.

10 "오 서방은 전라도의 농사꾼으로 전답을 빼앗긴데다가 아내마저 달아나는 바람에 쫓기듯 간도로 건너간다. 간도 교민촌인 대리수구에서 재혼, 20년 동안 살던 중 해방이 되자 잃은 땅을 되찾을 욕심으로 처자식들과 함께 고향을 향해 떠난다. 귀국 도중 어느 날 새벽 처가 중국인들에게 능욕을 당한 끝에 목숨을 잃고 젖먹이까지 병들어 죽는다. 영호와 영자만 데리고 대전에서 전라도 방면으로 가는 기차를 갈아타게 되는데 잘못하여 오 서방은 서울행 기차를 타고 아이들만 전라도행 기차를 타 서로 헤어진다."(채만식, 「소년

아버지를 잃은 남매는 해방 이후 열차로 전라도의 큰 도시였던 이리 정거장에서 하차한다. 이리역이 주요 공간으로 설정된 것은 호남지역의 주요한 교통공간이라는 이유 말고도 채만식이 사망 전까지 이리에 머무른 경험이 토대가 되었을 것이다.[11] 이리역 대합실에 거적을 깔고 얻어먹으면서도 영호는 플랫폼에 기차가 들어설 때마다 열차에 올라 "아버지, 영호 여기 있어요"를 외친다. 대합실에서 한 달간 머물던 영호는 역 앞 여관에서 끌이꾼으로 살아가며 아버지를 기다린다. 그에게 이리역은 삶의 터전이자, 부자간의 상봉을 기대하는 장소이다.

### 3) 박범신의 소설 속 이리

「소년은 자란다」와 달리, 박범신[12]은 『더러운 책상』에서 대폭발로 지명까지 사라져버린 옛 이리역의 거대한 사창가 누나들을 출연시켰다. 그가 철인동 '점박이 참나리꽃'이라고 명명한 창녀와 창녀들의 집결지 부용미용실 누나와 박재삼의 시를 읽는 장면은 사실적이다. 이 작품은 박범신의 자전적 소설로, 청소년기(1963~1967)의 체험공간이었던 이리의 구체적 지명이 배경으로 설정되어 있다. 작품 속에는 17살의 유신이라는 주인공이 강경에서 이리로 통학하다가 창인동[13]에서 하숙하던 중에 이른바 총각 딱지를 뗀다. 이 대

은 자란다」, 『채만식전집』 6, 창작과비평사, 1989, 363쪽)

11 채만식은 1950년 6월 11일 이리시 마동 269번지에서 영면하였다.

12 박범신은 1946년 충남 논산군 황화면(옛 전북 익산군 황화면)에서 태어나 남성고와 원광대학교 국어국문학과를 졸업했다.

13 일제강점기 기차가 지나간다고 해서 굉정(轟町)으로 부르던 곳인데, 공식적 명칭은 창인동(昌仁洞)이고 철인동(鐵仁洞)은 철마가 다녔기에 붙여진 이름이다.

목은 창인동의 서러운 장소성을 뚜렷하게 드러낸다. 이리역 앞 '철인동'은 호남 최대 규모의 윤락가로, 매일 밤 호객행위가 끊이지 않던 곳이었다.[14] 히말라야시다가 무성한 학교로 누나가 찾아오는 대목부터 철인동 유곽의 부용미용실에서 만난 창녀들, 시공관 주위 고려당에서의 여학생들과 미팅하는 장면들은 전주교육대학으로 진학하기 전에 작가가 이리에서 체험한 세목들이다. 그의 소설은 강경에서 이리 혹은 전주로 이어지는 기차 통학 체험에 바탕하여 철도도시 이리가 지닌 특성을 상징적으로 보여주고 있다.

## 4) 김남중의 소설, 기찻길 옆 동네

박범신의 『더러운 책상』이 1960년대 산업화 시기의 철도도시 이리를 다루었다면, 김남중[15]의 『기찻길 옆 동네』는 1970년대 기찻길 옆 현내라는 동네에서 일어난 사건들을 취급하였다. 『기찻길 옆 동네』는 1977년 이리라는 도시 전체를 폐허로 만든 이리역화약열차폭발사고와 1980년 광주민주항쟁을 배경으로 설정하였다. 이리시, 지금의 익산시 모현동에 현내(縣內)가 있다. 이 동네 사람들은 '설래'라고 하는데, 구개음화 때문이다. 이 목사와 딸 서경이가 신학이네로 이사한 후, 현내 사람들을 위해 야학을 열고 목회 활동을

---

14 박범신은 "철인동 사창가 언덕이 인구가 젤 조밀했던 곳이었어요. 색시들이 어떤 사람은 천 명도 훨씬 더 됐을 거라고도 하고요. 한순간 모든 것이 폭삭한 거예요. 고향도 모르고, 가족도 없고, 그러니 어떻게 사망 확인이 됩니까. …(중략)… 익산시가 이만큼 발전하게 된 것, 다 폭발사고 덕분이라고 봐요. 왜정 때부터 있어 온 삼남 최대의 사창가가 하루 한 순간 사라진 것도 그렇구요."라고 회고했다.(『원대신문』, 2017. 9. 4)
15 김남중은 1972년 익산에서 출생하여 원광대학교 국어국문학과를 졸업한 뒤, 2004년『기찻길 옆 동네』로 제8회 창비 '좋은 어린이 책' 창작부문 대상을 받았다.

시작한다.

모현교회는 폭격을 맞은 것처럼 주저앉아 있었다. 지붕이 날아가고 벽도 선학이 키 정도만 남아있을 뿐 온통 무너져 내렸다. 울리지 않는 종과 종탑만이 그대로 있을 뿐이었다. 아이들은 모현교회를 보고도 놀라는 기색이 없었다. 눈에 보이는 곳 대부분이 그런 몰골이었기 때문이다. 송학동 쪽 비탈은 사정이 더 심했다. 이리역을 정면으로 바라보고 있기 때문에 선학이네 집이 있는 반대쪽보다 피해가 더 컸다. 날아가지 않은 지붕이 없었고 거의 모든 집이 무너져 있었다. 집이라고 해 봐야 방 한 칸과 부엌이 대부분인, 슬레이트 지붕, 함석지붕이 섞인 게딱지 같은 집들이었으니 폭탄이 터질 때 일어나는 강한 바람을 이겨 낼 리 없었다. 장마 지난 강변의 갈대가 하류 쪽으로 넘어져 있듯 송학동 쪽 비탈의 집들은 모두 한 방향으로 쓰러져 있었다. -김남중, 『기찻길 옆 동네』 중에서.

현내(설래) 아래쪽 이리역 구내에서 화약을 실은 열차가 폭발한 것이다. 폭발사고로 가장 극심한 피해를 입은 지역은 이리역 부근의 창인동과 모현동 일대였다. 특히 주로 서민 주거 밀집 지역인 창인동은 쑥대밭이 되었다. 판자집이 밀집해 있던 모현동의 경우도 60가구 마을 하나가 송두리째 날아가 버렸다. 삶터를 잃은 이 목사와 서경이는 광주로 떠난다. 이 목사네는 광주의 한 기찻길 옆 동네에서 초록빛교회를 꾸리며 살아가다가 광주민중항쟁을 겪게 된다. 이 작품이 제출된 심사 당시에 "가난하지만 꿋꿋하게 삶을 지켜가는 소외된 이웃들이 중요한 역사의 현장을 어떻게 겪어나가는지 감

그림133. 1977년 모현동 마살메는 심하게 피해를 입었고 소라단에는 군용텐트가 설치되었다.

동적으로 그려냈다. 광주민중항쟁과 정면 대결을 벌인 드물게 보는 성과"16 라는 평을 받을 수 있었던 배경에는 이리 출신 작가의 생생한 체험이 자리 하고 있다. 『기찻길 옆 동네』는 구체적인 취재와 주밀한 구조로 짜인 덕택에 현대사의 단면을 사실적으로 증언한 문학작품이라고 평할만하다.

위에서 살펴본 바와 같이 채만식의『소년은 자란다』, 박범신의『더러운 책 상』, 김남중의『기찻길 옆 동네』는 해방 이후 한국 사회의 모습을 이리라는 도시를 통해 초점화하고 있다. 이때 이리의 장소성을 선명히 드러내는 장소 가 바로 이리역이다. 왜냐하면 이리는 일본제국주의의 경제수탈정책이 만 들어낸 인위적 교통도시로 출발한 데다 한국현대사 속에서 이리역을 중심 으로 갖은 사건사고가 벌어지면서 유쾌하지 못한 이리의 역사성과 장소성 을 형성시켰기 때문이다. 그로 인하여 현재의 한국인들은 한국사회에 충격 을 준 장소라는 이리의 도시적 성격을 일반화하게 되었다.

16 심사 소감,『창비어린이』, 2004. 봄호.

## 5) '소라단'과 '이리역'의 상호역동적 장소성

윤흥길은 '소라단'이라는 실제적 장소를 허구적 장소로 재현하여 구체화하였고, 그 경험과 기억을 『소라단 가는 길』이라는 제목으로 소설화했다. 11편의 연작소설을 담은 『소라단 가는 길』에는 60대가 다 된 초등학교 동창생들이 40년 만에 홈 커밍데이를 맞아 자신들의 모교를 찾아가면서 어린 시절에 겪었던 일들을 이야기하며 이리의 장소성을 드러낸다.

『소라단 가는 길』의 시간적 배경은 한국전쟁부터 시작해 1977년 이리역화약열차폭발사고 언저리까지이다. 당시 이리에 살던 어린아이의 눈으로 본 전쟁 전후의 체험과 이후 어른의 눈으로 본 도시화 과정이 역사적 배경이 되고 있다. 소설은 이리역 주변의 성매매업소가 밀집한 철인동과 그 위쪽 큰남바우철뚝, 신광교회와 만세주장, 소라단과 이리시청, 경찰서, 이리농림학교

그림134. 2021년 공중에서 바라본 소라단.
'소라단'은 '솔밭 안(松田內)'이 변해서 만들어진 이름으로 현재는 전라북도 익산시의 중심을 이룬 실재하는 솔밭이다. 일제강점기에는 종축장이 들어섰고, 한국전쟁 때에는 미군의 유류창고가 있었다. 6·25 전쟁 중 학살공간이기도 했고, 그 이후로는 학생들의 소풍 장소이기도 했다. 또한 시인 이광웅이 신석정 선생의 주례로 야외결혼식을 올린 애틋한 공간이기도 하다.

등 구체적 공간에 주목한다. 그중에서도 특히 호남평야의 광장이자 교차로인 이리역이 강조된다. 이리에 새 건물이 세워지고 새로운 길이 나고 도시의 명칭이 달라진다고 해서 유년기의 기억이 사라지지 않는다.

작가 윤흥길은 이 점을 살려 '소라단'의 역사적 장소성을 소설 속 인물들이 털어놓는 이야기를 통해 찬찬히 보여준다. 소라단은 이 소설 속 복수의 화자들의 집단기억 속에 저장된 공유 가능한 '우리들의 이야기'를 생생하게 간직한 장소로 구축된다. 그 과정에서 이리역은 동창생들의 정서를 한데 이어주는 매개항으로 역할한다.

> 휑하니 넓은 평야 위에 그냥 철도역 하나 바라보고 덜렁 세워진 이 삭막한 도시에서 어떻게 하면 하루라도 빨리 탈출할 수 있을까, 하는 것이 어렸을 때 내가 노상 꾸던 꿈이었지. -윤흥길 소설, 『소라단 가는 길』에서

'철도역 하나 바라보고 덜렁 세워진 이 삭막한 도시'를 다루면서 어중간한 이리 사투리를 담고 있는 윤흥길의 소설은 애정보다는 '하루라도 빨리 탈출'하려는 터미널적 정서를 이야기한다. 고향은 항상 아름다운 곳으로 기억되건만, 그의 소설 속 주인공들은 고향을 '일제 때 와서야 일본인들 간척사업 덕분에 갑째기 시골 마을 티를 벗어던진 신흥도시'라고 냉정하게 인식한다. 그들의 푸념 속에서도 자신들의 경험이 묻어난 사건들은 망각될 수 없다. 친구들끼리 나눠 가진 기억은 개인의 기억이 아니라 집단적 기억이자 사회적 기억이기 때문이다.

> 구름 덮인 서남방 상공으로부터 난데없는 중폭격기 2대가 나타나 이리지구 상공을 선회하기 시작했다. 우군기 B29가 틀림없었다. 사람들은 밖으로 뛰어나

와 환호했다. 그러나 누가 뜻하였으랴. 지리에 어두운 우군기는 교통부 직원들의 환호를 적군으로 오인해, 역사와 운전사무소 등 철도 시설은 물론 환호하는 종업원들의 머리 위에 시커먼 폭탄을 떨어뜨리기 시작했다.[17]

이리역 오폭사건은 당시 상황을 기록한 철도청 사료가 있고 아직 목격자가 살아있는 참극이다. '진실과화해위원회'는 이 사건을 미군기의 오판과 오폭으로 정리한다. 피할 수 없는 진실이다. 윤흥길은 이 오폭사건이 일어난 역 광장을 아래와 같이 보여준다. "1950년 7월 11일 오후 2시~3시 30분 사이에 미 극동공군 소속 B-29 중폭격기 2대가 '지리 미숙'으로 전라북도 이리시 철인동 이리역, 평화동 변전소, 목천동 만경강 철교 등에 폭탄을 투하하여 이리역 근무자, 이리역 이용자, 이리역과 변전소 인근 거주민 등 91명 이상을 집단 사망케 한 사건의 진실을 규명한 사례로 기록한다."(진실 화해를 위한 과거사정리위원회, 「이리역 미군 폭격 사건」, 『2010 상반기 조사보고서』)

먼발치에서도 화약 냄새가 코를 찌르는 듯했다. 평상시에 위용을 자랑하던 거대한 기관고 건물이 어느새 형편없는 모습으로 폭삭 주저앉아 있었다. B-29들의 무차별 폭격으로 부서지고 우그러든 열차들이 철길 주변 여기저기에 널브러진 채 아직도 검은 연기를 무더기로 피워올리고 있는 중이었다. -윤흥길, 「아이젠하워에게 보내는 멧돼지」에서

윤흥길의 「아이젠하워에게 보내는 멧돼지」는 전쟁이 끝난 상황에서도 국가동원체제의 광풍에 내몰린 사람들의 불행한 풍경을 잘 묘사한 수작이다.

---

17 『교통동란기(交通動亂記)』, 교통부, 1953.

이 소설 속의 장소 기억을 재구성하는 담화 전략은 당시 일상적으로 진행된
역 광장의 스토리를 통해 도시의 세련된 이미지보다는, 혼란한 시대상과 함
께 전쟁에 동원되고 이용되던 광기와 폭력의 세계를 드러내는 것에 집중하
고 있다.

## 6) 궐기와 동원의 시대, 이리역 광장

시내에서 무슨 대회가 열렸다 하면 그 장소는 맡아 놓고 역전광장이었다. 내
가 너무 어리고 또 그쪽에 별로 관심이 없었던 탓에 바로 지척에 살면서도 구
경을 다니지 않아 잘 몰랐을 뿐이지, 실상 역전광장이 각종 대회 장소로 애용

그림136. 1980년대에도 이리역 광장은 오래도록 동원의 공간이었다.

된 역사는 꽤나 오래되었다고 했다. 일제시대에도 이런저런 대회들이 뻔질나
게 열렸었고, 해방 직후부터 정부가 수립될 때까지의 그 혼란기에도 역시 마
찬가지였다는 것이다. 내가 역전광장에서 툭하면 벌어지곤 하는 그 요란뻑적
지근한 대회들과 직접 인연을 맺기 시작한 것은 6·25 무렵부터였다.

국민학교 2학년짜리 우리 조무래기들까지 뻔질나게 '걸구대'에 동원되어 전
교생이 먼 길을 군대식으로 행진한 끝에 역전광장에 집결하곤 했다. 궐기대
회를 가리켜 우리는 으레 걸구대라 불러 버릇했다. 걸구대가 열릴 적마다 반
드시 멧돼지를 서너 마리씩 외국의 귀인들에게 보낸다는 사실을 알게 된 것도
그 무렵이었다. 트루먼 미국대통령에게 보내는 멧돼지, 유엔군 총사령관 맥아
더 원수에게 보내는 멧돼지, 함마슐드 유엔 사무총장에게 보내는 멧돼지 등등

- 윤흥길, 「아이젠하워에게 보내는 멧돼지」 중에서

역전광장은 어린이의 기억 속에 각종 '궐기대회'가 열리는 공간이다. 한자
어를 이해하지 못하고 정치의식이 없는 어린아이에게는 이것이 '걸구대'로

그림137. 1987년 대통령 선거 당시 민정당 노태우 후보의 이리 방문 연설

들린다. 사실은 광기의 시대를 표현하는 윤흥길의 해학적 수법이다. 해방 직후 툭하면 벌어지던 인민군환영대회부터 정전반대국민대회 등 수많은 대회들과 한국전쟁과 전후의 여론공작을 작중 화자인 아이가 알 리 없다. 윤흥길은 조작되고 왜곡된 어른들의 폭력적 목소리를 '메시지'가 아닌 '멧돼지'로 표현함으로써 특유의 블랙 유머를 장치한다. 그의 스산한 유머에 힘입어 이리역이 보여주는 소설의 정조는 더욱 을씨년스럽고 서글퍼진다.

소년에게 궐기대회는 역 광장에서 트루먼과 맥아더, UN사무총장인 함마슐트라는 외국인에게 '멧돼지'를 보내는 공간이다. 한국의 실존을 외국 정치인에게 의존하는 세태를 윤흥길은 언어유희를 통해서 통렬히 꾸짖는다. 그러니까 이리역 광장은 어린아이들의 놀이공간에서 전쟁 동원으로 이어지는 정치적 맥락으로 확대되는 공간이다. 이들이 내지르는 소음은 식민지 동원체제의 유산을 그대로 물려받은 것이리라.

당시 반공궐기대회에는 초중고 학생들이 강제로 동원되었다. 어린 학생들이 수업을 받지 않거나 단축수업 후 이리역 앞에서 벌어지는 반공 캠페인

그림138. 1975년 창인동에 자리한 시내버스 터미널.
사람들은 배차장 주위를 흔히 철인동이라 했다.

에 동원되는 것은 당연한 듯한 일상사였다. 이리시청 가는 길에 자리한 시공
관 앞은 사살된 무장 공비들의 사진 전시회나 노획된 간첩의 고무보트 등 무
기들이 전시되는 공간이었다. 이리역 광장은 열차를 타고 내리는 공간을 넘
어 정치적 구호가 난무하는 집회 장소였다. 이리역은 저녁마다 신문지를 깔
고 다음 열차를 기다리는 낭만적인 여행객들이 많았다[18]고 하지만, 1950년대
부터 1970년대 유신 말기까지는 정치적 구호로 가득 찼으며, 1980년대 민주
화운동기에는 시위의 광장으로 이어지기도 했다.

　그러나 이리역은 현재까지도 주민들에게 폭발사고 현장으로 뚜렷이 각인
되어 있다. 이리시민들에게 극심한 트라우마를 안겨준 폭발사고였지만, 당
국의 철저한 언론 통제로 말미암아 이리에서 발생한 사건으로 국한되고 말

---

18 "역전광장에 가 보면 해수욕장보다 사람이 더 많았어요. 신문지 깔아놓고 술을 사다 마
　시고 자고, 싸우고…"(익산문화관광재단, 익산학 연구총서 3 『이야기로 듣는 이리 익산
　사람들 3』, 2020, 60쪽)

았다. 이런 시각은 지금까지도 계속되고 있다. 그 예로, 사회의 구조적 문제나 권력에 의하여 은폐된 사건을 문학적 배경으로 취급하여 진실을 바로잡는 작가들의 대응 자세를 점검해 보면 단박에 알 수 있다. 그 어떤 작가도 이리역화약열차폭발사고를 정면으로 다루지 않고 곁가지 이야기로 취급한다. 이리라는 한 도시를 뒤흔든 아니 한국사회 최대의 재난실재상황 폭발사고를 한낱 소설의 일화 거리로 끼워 넣는 세태야말로, 소설가들이 사건을 바라보는 인식의 한계를 여실히 노정한다. 그들의 직무유기 속에서 이리의 장소성은 거세되고, 당국의 정치적 은폐는 삭제되고 만다.

## 7) 폭발사고의 전말

1977년 11월 11일 밤 9시 15분, 이리역화약열차폭발사고 당시[19] 인구 12만의 이리시 중심부의 파손은 물론이고 전주, 군산 등의 인근 지역에서도 느껴질 만큼의 큰 진동과 굉음을 시민들은 직접 경험하였다. 폭발사고는 다이너마이트 등의 폭발물질 1,250상자(약 30톤)를 탑재한 한국화약의 화차에서 발생한 화재가 폭발로 이어진 것이었다. 이날 사고로 사망 59명(철도인 16명 포함), 중상 185명, 경상 1,158명 등 총 1,402명의 희생자가 발생했으며, 1,674세대의 7,873명의 이재민이 생겨났다. 건물 전파 118동, 반파 708동, 소파 6,042동이었고, 민간 시설물 233건이 파괴되었다.

쑥대밭인지 갈대밭인지는 몰라도 좌우지간 얼추 원자폭탄 맞은 폭은 되는 심

---

19 대학입학예비고사가 치러진 날이었고 해외에서는 한국과 이란이 월드컵진출을 앞두고 축구 결정전을 벌이고 있었다. 이리시 삼남극장에서는 하춘화의 쇼가 벌어지고 있었다.

그림139. 1977년 11월 11일 21시 15분, 이리역 구내에서 총 30.28톤의 화약류를 탑재하고 한국화약이 운행 중이던 화차가 폭발사고를 일으켰다.

이지. 사고 당시 우리집은 현장에서 이 킬로 정도나 멀리 떨어져 있었는디도 열차 제동장치 부속품으로 뵈는, 수박만헌 쇳뎅이가 널러와서 지붕에다 구녁을 뼁 뚫을 지경이었으니깨 역에서 엎어지면 코방아 찧을 인철이네 집은 으쨌겄는가. 완전히 쏘가 되고 말었다네. -윤흥길, 「역사는 밤에 이루어진다」에서

단편 「역사는 밤에 이루어진다」에서 윤흥길은 '인철이네 집'[20]이란 은어로 불리던 철인동 사창가를 등장시켜서 당시의 사정을 에둘러 말한다. 철인동 사창가에 대한 경찰의 일제 단속이 벌어진 날, 본인 스스로는 '구시장 쌍칼'이라 하고, 아이들 말로는 '역사'로 불리는 쓰리꾼과 사창굴에서 쫓겨 온 창

---

20 윤락가 철인동을 보통 이리 사람들은 '인철네 집'이라 표현했다. 홍석영 소설가의 「인철네 집」이란 단편도 있다.

녀 윤자와 주고받는 안타까운 이야기가 주 내용이다.

> 오랜 세월에 걸쳐 시의 발전을 가로막는 암적 존재로 수많은 시민들이 철인동 사창가를 꼽고 있었다. 때마침 박통이 순시차 시를 방문했다. 시민 대표들이 시의 숙원사업인 사창가 근절을 박통에게 건의했다. 박통은 알았다고 고개를 끄덕인 다음 돌아갔다. …좌우지간 그 사고를 계기로 시는 숙원사업을 해결헌 심이지. 있던 사창가는 없어지고 없던 공업단지는 새로 생겨나고, 인구가 사정없이 팽창험시나 시가 몰라보게 발전헌 것만은 영축없는 사실이여. 발전을 최소한 삼십 년은 앞댕겼단 말이 공공연허니 나올 정도니깨 만약에 음모설이 사실이라면 그 음모는 아주 본때있이 성공을 거둔 심이지."-윤흥길, 「역사는 밤에 이루어진다」에서

  소설은 철인동의 변화를 이야기한다. 현재 아파트와 상가 밀집지역으로 변모한 이리역 근처 '철인동'은 1957년 공식적으로는 그 명칭이 없어졌다. 하지만 사창가는 오래도록 그 명성을 유지하고 있었는데, 이 공간이 폭발사고로 통째로 날아간 것이다. 시의 발전을 저해한다는 오명을 안고 있던 철인동은 폭발사고라는 엄청난 재난에 비해 상대적으로 적은 사망자 수에 대해 아직도 논란의 여지가 많다. 철인동 사창가가 막대한 피해를 입었지만 성노동자들의 숫자가 공식 집계된 바 없고, 신원 파악이 어려웠기에 상당수가 사망자 명단에서 누락되었을 거란 추측이 설득력을 더한다.

  『소라단 가는 길』을 비롯한 문학작품들은 사회문화적 맥락 속에서 이해되어야 한다. 폭발사고 당시 1977년은 박정희 시대의 권위주의 통치가 정점의 상징인 '긴급조치 9호'로 대표되는 유신체제 시절이었다. 미증유의 인재인 대형폭발사고의 원인 규명은 호송원 한 사람의 치부로 단정될 수 없다. 실질

적 책임의 귀속은 식민지 시절부터 쌓여온 모순이 경제성장기의 압축된 모순과 충돌하면서 마침내 폭발한 것이다.

그 과정에서 정치적 주변부에 위치한 하위주체들의 고통과 희생은 감추어지고 말았다. 당시 죽은 사람들의 신원이 밝혀지지 못한 경우가 많고, 그들의 신원(伸冤)을 제대로 푸는 작업조차 미비한 것만 봐도 진실을 숨기기에 급급했던 정권의 공작이 있었음을 미루어 짐작할 수 있다. 이 억울한 사정을 윤흥길은 『소라단 가는 길』을 통해서 해원하려고 시도하는 셈이다. 그가 시작한 기도가 정치적 해원으로 결말되는 날, 이리역 폭발사고의 진실은 역사 속으로 편입될 수 있을 것이다.

## 8) 영화 〈이리〉

2008년에 제작된 이리역화약열차폭발사고를 다룬 유일한 영화이다. 재중동포 감독인 장률이 메가폰을 잡은 〈이리〉는 당대 최고의 배우인 윤진서와 엄태웅 주연으로 화제를 모았고 지금은 헐린 모현아파트나 옛 이리역 굴다리 등 거의 전 장면이 익산에서 촬영되었다.

영화는 이리역화약열차폭발사고 30주년 기념식으로부터 시작된다. 택시 운전기사 태웅은 천사 같은 여동생 진서가 아무에게나 친절함을 넘어서 이용만 당하고 끝내 임신한 것에 절망한다. 익산이란 도시는 삭막하고 상처입은 불친절한 도시로 그려져 있다. 결국 태웅은 이리라는 도시의 파노라마를 만들었다 폭파시켜버리고 만다. 장률은 1977년의 이리역에서 발생한 화약열차폭발사고가 한국 현대사에서 빠질 수 없는 장면임을 드러내고 있다.

## 2. 이리 사람들의 기억과 장소성

윤흥길의 소설에는 철도도시 이리에서 보낸 유년의 기억에서 호명한 상이 군인, 빨갱이, 미친년과 빨치산이 된 가난한 집 딸처럼 전쟁의 질곡을 거친 이들이 등장한다. 분단과 전쟁 이후 출현한 소수자들은 불행하다. 그러나 이 들의 상처를 포용하는 사람들도 존재한다. 「소라단 가는 길」에서 표현된 황 해도 사리원에서 온 고아와의 따뜻함이나 「농림핵교 방죽」에서의 아이들 앞 에서 눈물 흘리는 선생님이 없었다면, 삭막한 도회지의 비인간성을 폭로하 는 단순한 소설이 되었을 것이다. 그것은 소설의 고유한 분위기를 조성하는 안온한 기억으로 '장소성'이다.

### 1) 신광교회와 종탑

기차 화통 삶아 먹은 듯한 고함과 동시에 그가 와락 덤벼들어 내 손을 밧줄에 서 잡아떼려 했다. 그럴수록 나는 더욱더 기를 쓰고 밧줄에 매달려 더욱더 힘 차게 종소리를 울렸다. 주먹질과 발길질이 무수히 날아들었다. 마구잡이 매 타작에서 명은이를 지켜 주기 위해 나는 양다리를 가새질러 명은이 허리를 감 싸 안았다. 한데 엉클어져 악착스레 종을 쳐 대는 두 아이를 혼잣손으로 좀처 럼 떼어 내기 어렵게 되자 나중에는 딸고만이 아버지도 밧줄에 함께 매달리고 말았다. 결국 종 치는 사람이 셋으로 불어난 꼴이었다. 그 어느 때보다 기운차

그림140. 옛 신광교회(현 남중교회)에 설치한 문학 안내판

게 느껴지는 종소리가 어둠에 잠긴 세상 속으로 멀리멀리 퍼져 나가고 있었
다. 명은이 입에서 별안간 울음이 터져 나오기 시작했다. 때때옷을 입은 어린
애를 닮은 듯한 그 울음소리를 무동 태운 채 종소리는 마치 하늘 끝에라도 닿
으려는 기세로 독수리처럼 높이높이 솟구쳐 오르고 있었다. 뎅그렁 뎅 뎅그렁
뎅 뎅그렁 뎅……

　중학교 국어 교과서에도 실린 「종탑 아래에서」의 한 장면이다. 전쟁 때 부
모님의 죽음을 목격한 눈이 먼 소녀가 어수룩한 소년을 통해 전쟁의 참상을
고발하는 동시에 사랑과 연민으로 상처의 치유가 가능함을 보여주는 작품
이다. 소설 속 '신광교회의 종탑'은 눈먼 소녀와 함께하는 따뜻한 장소성의
상징물로 장치되었다. 윤흥길은 농림학교 아닌 '농림핵교'라고 불러야만 '추
억 속에서 퍼뜩 깨어나 능구렁이처럼 서리서리 감고 있던 똬리를 풀면서 비
로소 제대로 된 학교 모습을 갖추기 시작하는 것'이라고 회상함으로써, 사투
리가 장소성을 비옥하게 구성하는 인자라고 옹호한다. 윤흥길이 놓아준 초

등학교 시절의 장소성은 '농림핵교 방죽'에서 흑인 미군의 아이를 출산한 '미친년'을 옥황상제님 밑에서 시중드는 선녀가 저 하늘로부터 내려와 목간허고 올라갔다는 전설'의 공간으로 상상력을 펼치게 만든다.

소설에서 장소에 대한 문제는 지리적 공간과 관련된 문제일 뿐만 아니라 작가의 기본적인 사상까지 연결될 정도로 중요하다.[21] 이리라는 도시의 장소성의 기원은 호남선 철도 부설과 정거장의 설립이라는 식민지 역사에 기초하고 있음은 전술한 바이다. 식민지적 기원에서 출발한 이리역은 채만식의 「소년은 자란다」에서 가족 상봉의 공간으로 이어졌다. 6·25전쟁은 환호하는 소년과 철도원들에게 폭탄을 퍼부었고, 역 광장은 국가 동원체제의 광적 제단이었음을 『소라단 가는 길』은 구술적 회고 형식으로 들려준다. 이리역 주위의 과거 경험의 서술은 '노스텔지어'가 깃들어 있는 개인사로서의 경관을 넘어서 공식적인 역사 기록에서 탈락되어 있는 지역과 개인의 역사를 재현한다.

경찰서[22] 앞을 지난 다음 시청[23] 앞에서 잠시 발걸음을 멈추었다. 시청 담벼락을 따라 길게 잇대어 세워 놓은 게시판이 큼지막한 벽보들로 더덕더덕 도배되어 있었다. 벽보에는 최근의 전황들이 주먹 덩이만 한 붓글씨로 짤막짤막하게 적혀 있어 지나가던 행인들을 게시판 앞에 한참씩 붙들어 세우곤 했다. '국군 1사단 평양 입성', '국군과 유엔군 청천강 도하, 압록강 향해 진격 중', '중공군 참전 사실 밝혀져' 따위 새로운 소식들을 내가 차례로 접하게 된 것도 그 게시

---

21 이경재, 『한국현대문학의 공간과 장소』, 소명출판, 2017.
22 구 경찰서. 현재는 모현동 신시가지로 이사했다.
23 현재 보배빌딩 자리로, 1970년대에 남중동으로 이사했다.

판을 통해서였다. 만세주장 고두밥을 훔쳐 먹기로 작정한 날은 덤으로 최근의
전황에 접하는 날이기도 했다.

시청 앞을 떠나 시공관[24] 네거리에서 오른쪽으로 꺾어 돌면 곧바로 익산군청
이었다. (중략) 우리 식구들은 서울에서 피란 내려온 막내 이모의 전도 덕분에
수복 직후부터 신광교회에 다니기 시작했다. 이북 피란민 출신으로 중앙시장
에서 철물점을 경영하는 홀아비 반사는 매주 공과 공부가 끝날 때마다 한 주
일 동안 저지른 죄를 모조리 고백할 것을 어린 제자들에게 강요하곤 했다.

- 윤흥길 소설 「종탑 아래에서」

원래의 장소에서 뿌리 뽑혀 내동댕이쳐지는 경험 또한 사람들의 기억 속
에 남아있는 근본적인 충격이기도 하다. 그러나 독재를 주도한 사람들은 역
으로 누구나 자기가 원하는 곳에 보금자리를 만드는 시대가 열렸다고 선전
함으로써, 이 외상적(外傷的)인 경험을 효과적으로 은폐해 왔다.[25] 파괴는 건
설의 어머니가 되어 폭발 장소의 현장성을 장사하고, 그 안에 묻혀진 역사성
을 고물화해 버린다. 그와 같이 정치권력의 만행으로 은닉된 장소성은 관제
언론의 편집된 기사 속에서 사라지면서 영원히 삭제되고 말았다.

"시가 비약적으로 발전허게 된 결정적인 계기를 시민들은 대충 두 가지로 보
고 있지. 일차적 계기는 지난 쌍칠년도에 일어났던 이리역 화약열차 폭발사고
여. 원자폭탄 터지딧기 화약열차가 어마어헌 파괴력으로 시내 중심부를 초
토화허는 바람에 해묵은 숙원사업이던 도시계획들을 과감히 추진허니 추진헐

24 시공관은 극장으로도 사용했는데, 현재 우리은행 자리다.
25 김현경, 『사람, 장소, 환대』. 문학과지성사, 2015, 282쪽.

수가 있었지. 그리고 이차적 계기는 수출산업공단 조성이여. 폭발사고에 뒤이
어서 공단이 들어서기 시작험서부터 인구가 급팽창허고 돈다발이 연락 두절
로 나돌기 시작허고……." - 윤흥길 소설, 「귀향길」에서

　이리역은 역사와 기억의 장소다. 대중가요 「비 내리는 호남선」의 상징인
신익희가 1956년 5월 5일 죽음에 이르러 내렸던 공간이고 이리역 북쪽 모현
동 주변 철길은 한국전쟁 후 이데올로기를 가르는 공간이었다. 전쟁 기간에
는 미군 B-29기가 수원역인 줄 알고 폭격했던 '이리역 오폭 사건'의 현장이
며, 전쟁 후에는 각종 걸구대(궐기대회)가 열리던 장소이고, 1977년에는 화
약 열차 폭발사고가 일어났던 기억의 현장이다. 국가적으로 가장 큰 재난인
6·25전쟁 체험부터 지역적으로 가장 큰 아픔인 이리역 폭발사고에 이르는
기억은 개인 및 지역의 역사를 구성한다. 이 사건들은 자연스럽게 이 지역
사람들의 정체성에 영향을 준다. 인간의 삶과 정체성은 생성과 변용을 거듭
한다.
　이리역에서 일어났던 사건을 통해 목도했듯이, 근대화는 폐허와 파괴의
순환 위에서 구성된다. 현재 익산역에는 오폭 사건을 기억하는 위령비가 역
광장에 있고 이리역 폭발사고의 위령비는 역 안쪽 플랫폼 가까운 곳에 숨어
있다. 역 앞에는 3·1운동 기념탑과 4·19학생혁명기념탑 그리고 평화의 소녀
상이 세워져 있다. 이들 네 개의 기념물들은 재난과 고난, 희생과 복구, 벤야
민이 말한 '파괴의 순환'의 스토리를 갖춘 요소들이다.
　사실 역은 철도에서 여객 승하차나 화물을 취급하기 위해 특별히 멈추는
곳이다. 그러나 이리(익산)역은 운송수단이라는 기능적 공간의 의미를 넘어
역은 항상 현재적 공간이며, 승차권을 쥔 손과 만나고 헤어짐을 기대하는 열
차의 기적소리로 구성되는 한숨과 눈물의 기억장소이다.

그 무렵에 유약허고 무력한 존재에 지나지 않았던 우리 어린애들은 한편으로 전쟁이란 괴물한티 쫓기고 밤마다 가위 눌리는 악몽에 시달리면서도 다른 한 편으로는 어른들이 몰르는 호젓한 구석에 숨어서 그 전쟁을 우리 방식대로 만판 즐긴 심이지. 말허자면 한몸땡이 안에 순진무구헌 동심세계허고 발랑까진 악동세계가 의초롭게 공존하던 시절이었지. -윤흥길 소설, 「상경길」에서

『소라단 가는 길』에 등장하는 인물들은 어린 시절을 기억하면서 상이군 인, 부역자, 빨갱이 자식, 정신병자, 불구 청소년, 반동 뿌르좌지 딸, 피난민, 전몰장병 유가족 등을 소환한다. 이들은 전쟁이 낳은 수난과 고통을 온몸에 각인한 인물들로, 이리뿐 아니라 대한민국 어디에서나 찾아볼 수 있는, 기억 하고 싶지 않은 보편적 존재들이다. 『소라단 가는 길』에는 '이리'라는 당대 시공간의 구체적인 안타까운 역사가 들어있다. 이 푸 투안의 말을 빌리자면, 윤흥길의 소설을 통해 우리는 이리역이라는 공간의 가치를 부여받게 되면 서 이곳은 장소성의 의미를 가지게 되었다는 말로는 부족하다. '어리고 수동

그림141. 1977년 겨울, 이리역화약열차폭발사고로 소라단에 천막을 마련한 이재민들의 아이들이 고무줄놀이를 하고 있다.

적인 존재만이 아니라 발랑 까진 악동 세계'가 공존하기에 렐프가 말한 장소
성 속 '실존적 내부성(Existential insideness)'이 그렇게 무섭고 음습하지만은
않다는 낙관으로 가는 작은 열쇠인 것이다.

## 2) 문학작품 속 상처와 광기의 공간

소설작품 속 이리역은 환희나 영광보다는 상처와 굴욕이 어우러진 공간
이었다. 미군의 오폭 사건과 역 광장이 광기와 폭력으로 얼룩진 모습을 그린
소설들은 이리의 장소성을 생산하는 구체적 현장이었다. 그 과정에서 이리
역 폭발사고의 후유증이 가장 심각한 철인동과 그 주변의 보통사람들이 간
직하고 있는 아픈 기억을 돌아보면서 이리역과 역 광장은 역사를 문화로 기
억해야만 하는 장소성의 이유를 확인할 수 있었다.

> 팔만 명 인구로 고정된 채 더 이상 발전 없이 오랫동안 답보 상태만 거듭하던
> 시골 소도시가 어느 날 갑자기 중규모 도시로 둔갑하다니, 직접 내 눈을 보기
> 전엔 도무지 실감이 안 나. 사람들 머릿수만 몇 배 늘어난 게 아니여. 인접 지
> 역들을 시로 편입시켜서 행정구역도 엄청나게 넓어지고, 공업단지도 들어서
> 고, 전에는 없던 마을이나 건물이나 도로들도 겁나게 많이 생겨나고…… 좌우
> 지간 나무주걱이 쇠주걱으로 뒤바뀌딧기 옛날 흔적을 거의 찾아보기 심들 지
> 경으로 몰골이 확 달라져뿌렀다니깨 -윤흥길, 「귀향길」에서

윤흥길은 연작소설집 『소라단 가는 길』에서 이리가 지닌 장소적인 의미를
'이리역'과 연결된 사건들을 통해 구체적으로 재현하는 한편, '소라단' 근처의
국민학교를 다녔던 어린이들의 기억을 되살림으로써 제국의 횡포와 독재의

광기 속에서 살았던 사람들의 다양한 모습을 중층적으로 드러내었다. 그의 능란한 소설적 수법에 힘입어 '이리'라는 구체적 장소를 다룬 『소라단 가는 길』은 역사라는 공식 기록에서 누락되거나 망각된 상이군인, 빨갱이, 정신 병자, 빨치산 등을 소환해냈다. 그들이야말로 이리의 장소성을 구성하는 인물들이고, 그들은 한결같이 전쟁과 독재정치의 희생자들이다. 그들을 찾아내어 역사의 전면으로 부상시킨 『소라단 가는 길』은 장소성의 형상화 방안을 소설적 방식으로 시사하고 있다.

'이리(裡里)'는 1912년 호남선 철로와 열차 정거장이 들어서면서 만들어진 식민도시이다. 해방 이후에도 이리는 '철도'와 이리역으로 교통도시로서의 위상을 지켜 왔다. 1995년 이리역은 "행정구역 통합이 이루어질 경우 통합시의 명칭을 '익산시'로 변경키로 했다"[26]는 선언으로 역사적 기억을 묻고, '익산역'이라는 새 이름을 부여받는다. 이후 등장한 KTX는 엄청난 속도로 과거의 기억을 지우며 난폭하게 달아나고 있다. 그러나 집도 이름도 없이 뿌리 뽑힌 채 타인의 영토에 던져져 망각된 이들을 붙드는 기억은 윤흥길의 『소라단 가는 길』 속에서 그 흔적을 발견할 수 있다.

철도 결절점 '이리역'은 채만식의 「소년은 자란다」에서 해방 후 귀국하는 전재민들의 고난과 상봉의 장소로 그려졌고, 박범신의 『더러운 책상』에서는 유명한 성매매 장소인 '철인동'이 부박한 장소로 묘사되었으며, 김남중의 『기찻길 옆 동네』에서는 이리역 주위를 민주화운동의 성지 광주를 잇는 연결고리로 장소화하였다.

---

26 익산군수가 요구한 통합시의 명칭 문제는 당초부터 익산시로 할 것을 제시한 바 있을 뿐 아니라 주민들의 공감대로 형성된 만큼 이론이 없다고 밝혔다.(매일경제, 1994. 9. 23)

# 후기

『익산시사』를 바로 써야 한다.

이 책의 구상은 원대했다. 만경강의 선물인 이리(익산)지역의 '개벽'에 대해 다루고자 하였다. 그 개벽이 이 지역 사람들의 심성에 끼친 영향이 어떠한 정체성을 형성하느냐 하는, 꽤 큰 그림이었다. 그 첫 번째로 미륵사지와 왕궁리유적을 세운 백제 무왕 치세의 개벽부터 시작하고자 하였다. 다음에는 철도와 함께 펼쳐진 일본인들의 근대적 물질개벽과 이리라는 도시형성 그리고 이곳에 터를 잡은 민족종교인 원불교 교조 소태산(少太山) 대종사의 개벽까지 다루고 싶었다. 이내 분수를 깨달았다. 세 가지 개벽을 관통해 내는 공통점을 발견하기도 어려웠다. 욕심을 줄여야 했다.

이 책의 한계는 더 있다. 문용기, 박양문, 장경춘, 박도현, 서공유, 이충규 등 여섯 분이나 현장에서 순국한 이리 장날 4.4 만세운동에 대한 내밀한 부분이 부족하다. 1920년대 신간회 활동과 사회주의자들의 노동운동에 대한 부분도 빠져 있다. 책을 엮는다는 게 아이디어와 그 실행을 통해서 세상에 뭔가 큰 걸 밝힌 것 같지만 교정하면서 드는 생각은, 있는 자료를 정리했을 뿐이라는 자각이 든다. 세상의 많은 문제들에 대한 정리 방식으로 문학이 있고 구술채록이 있고 신문 기사가 있고 다큐멘터리가 있는데 말이다. 결국 내가 하는 일은 큰 댐에 물길을 내는데 하나의 수로 아니면 수로를 잇는 수문 중 하나가 아닐까 하는 생각을 한다.

익산의 역사를 돌아보는 데 익산백제가 너무 커서 근대이리를 둘러볼 여유가 없었을 것이다. 몇 년간 익산 민예총 회장 역할을 맡으면서 근대이리 사진 전시회를 개최하였다. 전시회가 계속되다 보니 근대 이리의 자료가 축적되었고 연구에 이르게 되었다. 이 책도 그 과정에서 나온 것이리라. 익산 의병의 흔적을 담은 것은 보람찬 일이고 친일파에 대한 부분은 작은 소개에 그쳐 아쉬운 부분이다.

내가 아니라도 누군가 꼭 해야 할 일이 있다. 『익산시사』를 다시 써야 한다. 지금부터 준비하면 2030년에 새로운 책을 낼 수 있다. 대개 30년 만에 새 판을 내놓는 것처럼 시기도 맞을 것이다. 산업화와 민주화를 담은 주민의 삶을 주체적이고 역동적으로 담은 시사(市史)가 필요하다. 특히나 일제강점기 이리라는 도시개발에 대한 역사만큼은 비판적으로 새롭게 써야 한다. 옛 책을 재탕하는 오류를 범하지 말아야 한다.

## 만경강을 살리자. 손대지 않고

익산은 두 개의 강줄기 안에 어머니 자궁처럼 편안한 곳에 깃들어 있다. 서북쪽으로 흐르는 금강의 웅포지역은 사람들이 쉬어갈 수 있게 많은 편의 시설들이 들어섰다. 만경강은 강과 둑 사이 방천에서 벼농사를 짓던 사람들을 다 내보냈다. 왕궁 축산단지를 해결하고 나니 강이 전반적으로 깨끗해졌다. 자전거길과 운동 코스와 파크골프장 등 편의시설을 제외하고는 거의 자연으로 돌려놓았다. 만경강 둑 안에 자리했던 논들이 자연의 생태숲으로 살아나고 있다. 그래, 이제 만경강을 '철학의 강'으로 만들 수 없을까? 만경강이 아름다운 이유는 인공적 구조물이 거의 없다는 것이다. 대한민국의 많은 강줄기를 따라 펼쳐진 갈비집과 모텔 그리고 커피숍들이 보이지 않는다. 거기

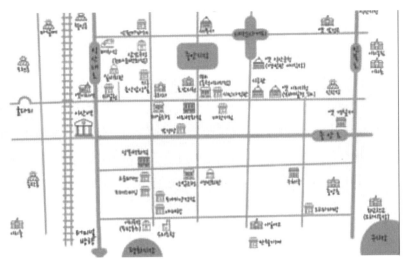

그림142. 20세기 이리 사람들의 생활지도

다 매일 해가 진다. 여기 만경강에 앞으로도 그 무엇도 짓지 말자. 단 시민들과 관광객들이 지는 해를 보면서 인생을 돌아볼 수 있는 '철학의 길'이 만들어지기를 기대한다.

　익산 시내에서는 몇 걸음만 걸으면 사소한 일본의 흔적들을 만난다. 이리 농림학교를 비롯한 각급 학교들에는 거목으로 자리한 나무들이 큰 그늘을 만들고 있다. 익산시는 소위 영정통으로 대표되는 구도심을 살리기 위해서 애쓰고 있다. 100년이 넘은 건축물로 익옥수리조합 건물과 삼산의원을 비롯한 건물에 기록과 보존의 문화를 입히고 있다. 잘하는 일이다. 그러나 이제는 그 남겨진 추억조차 아파트들이 들어서면서 옛 모습을 잃고 있다. 다 보존할 수 없을 것이다. 여기 작은 박물관 100개가 들어서면 어떨까? 생활의 작은 소품 박물관 말이다. 예를 들면 교육과 관련된 교과서와 참고서, 교복과 가방, 안경과 시계 등 찾으면 무궁무진할 것이다. 주차장이 필수라는 것을 누가 모르겠는가?

## 사나이들의 서사가 있는 도시

익산은, 특히 옛날 이리라는 공간은 사나이들의 서사가 있는 도시다. 일제 강점기와 산업화를 거치면서 많은 이야기가 있는 도시다. 그래서 원광대학교 국문과가 시인과 소설가를 길러낸 것이리라. 그래서 익산 출신 작가들의 작품을 모아두는 문학관 내지는 문학박물관이 필요하다.

전주에 콩나물과 비빔밥의 문화가 있다면 익산에는 역 앞을 중심으로 '회관' 문화가 있었다. 실비회관과 등대회관 그리고 영빈회관 등 그리운 이름들이다. 익산역을 중심으로 호남평야의 농산물과 서해가 가까운 군산 쪽 수산물들이 결합된 양식과 일식이 함께한 모던한 식탁은 푸짐하면서도 깔끔했다. 삼촌과 형님들은 맥주와 청주를 마셨다. '역전할머니맥주'가 살아난 것처럼 회관문화가 다시 살아나면 좋겠다.

익산역을 살려야 한다. 과연 이리는 잊혀졌는가? 꼭 그렇지는 않다. 고대의 영광을 가진 익산은 이제 좀 더 너그러워져서 근대 이리를 기억하고 있다. 100년 된 근대 건축물에 근대역사관과 익산시민역사기록관을 세운 것이 바로 그것이다.

잠깐 일본 후쿠오카(福岡)와 하카타(博多)의 도시통합을 들여다보자. 후쿠오카는 규슈의 가장 큰 도시이고 하카타역은 신칸센으로 규슈와 본토를 연결하는 크고 중요한 역이다. 이쪽 사람들은 도시를 통합하면서 도시의 이름과 항구와 공항에는 '후쿠오카'를 붙이고 본토에서부터 들어오는 관문 역명은 '하카타'를 사용한다. 익산이라는 멋진 도시에 그 관문인 기차역만큼은 이리역이라 해도 좋았을 것이다. 하다못해 익산역 표지판 옆에 옛 이리역이

그림143. 이리 익산이 통합된 후 KTX가 지나는 2024년 익산역의 현재 모습

라고 괄호라도 넣어주면 좋겠다.

익산에서 배웠고 익산에서 작으나마 배운 것을 풀 기회가 많았다. 이 책도 익산시 문화도시지원센터의 '익산학 총서' 시리즈의 기획 속에 편찬되었다. 그 고마움에 대한 보답으로 일제강점기와 현대에 이르는 과정을 더 깊이 들여다보고 의미 있는 기록을 남기도록 하겠다. 익산에서 늙어가고 고향이 된 이 동네 어디에 묻힐 것이다.

익산 모현동 서재 수선화실(水仙花室)에서

저자 씀

# 참고/문헌

## 1. 원전

群山府,『群山開港史』, 群山: 群山府, 1925.

群山府,『群山府史』, 群山: 群山府, 1935.

群山日報編輯局,『全北忠南之主腦地』, 群山: 群山日報社, 1913,

大橋淸三郎,「臨益水利組合事業要項」,『朝鮮産業指針(第三版)』, 1918,

藤村德一,『全鮮府邑會議員銘鑑』, 京城: 朝鮮經世新聞社, 1931.

木原壽,『益山郡事情』, 益山: 益山郡, 1928.

尾崎關太郎,『朝鮮無盡沿革史』, 京城: 朝鮮無盡協會, 1934.

福島士朗,『全北案內』, 全州: 全北日報社, 1933.

山下英爾,『湖南寶庫 裡里案內, 附 近接地 事情』, 益山: 惠美須屋書店, 1915.

山下英爾,『湖南寶庫 裡里案內-益山發展史』, 裡里: 文化商會, 1927.

蘇祈永,『益山郡誌』, 益山: 益山邑誌重刊事務所, 1932.

守永新三 編,『全羅北道案內』, 全州: 全北日日新聞社, 1914.

宇津木初三郎,『全羅北道發展史』, 益山: 文化商會, 1928.

元警務顧問部,『韓國戶口表』, 京城: 元警務顧問部, 1907.

李荇 等,『新增東國輿地勝覽』. 1530.

益沃水利組合.『益沃水利組合之事業』, 益山: 益沃水利組合. 1923.

全羅北道,『全羅北道 統計年譜』, 全州: 全羅北道, 各 年 版.

全羅北道,『全羅北道道勢一斑』, 全州: 全羅北道, 1924~1929.

全羅北道,『全羅北道要覽』, 全州: 全羅北道, 1928.

全羅北道農會,『全北の農業』, 全州: 全羅北道農會, 1928.

全州府,『全州府史』, 全州: 全州府, 1942.

朝鮮總督府,『市街地の商圈』, 京城: 民俗苑, 1926.

_____,『朝鮮國勢調查報告』, 京城: 朝鮮總督府, 1932.

_____,『全州府勢一斑』, 京城: 朝鮮總督府, 1941.

_____,『朝鮮總督府統計年報』, 京城: 朝鮮總督府, 各年版.

_____,『朝鮮の人口現像』, 京城:朝鮮總督府, 1927.

編者未詳,『全北の名勝竝古蹟』, 發行處未詳, 1920年代末.

越智唯七,『新舊對照 朝鮮全道府郡面里洞 名稱一覽』, 1917.

阿部薰 編,『朝鮮功勞者名鑑』, 京城 : 民衆時論社, 1935.


## 2. 1차 자료

「舊韓國 官報」, 1894~1910.

「朝鮮總督府 官報」 1910~1945.

《群山新聞》, 日帝强占期 各 年度.

《大韓每日申報》, 日帝强占期 各 年度(1904-1920).

《每日新報》, 日帝强占期 各 年度.

《釜山日報》, 日帝强占期 各 年度.

《中外日報》, 日帝强占期 各 年度.

《皇城新聞》, 日帝强占期 各 年度.

《동아일보》, 各 年度(1920-1940).

국사편찬위원회,『대한제국관원이력서』(한국사료총서 제17), 서울: 탐구당. 1971.


## 3. 단행본

고석규,『근대도시 목포의 역사 공간 문화』, 서울: 서울대학교출판부, 2004.

국토해양부, 근대수문조사 고문서 번역 시리즈,『조선직할하천공사연보』(1938) 중「만경강
　　　개수공사」, 서울: 청문각, 2010.

김귀성 역,『Special Report』(1945.9.4.: No115- 美軍政에 의해 작성된 군산 · 익산 · 전주 지역에 관
　　　한 보고서), 未간행, 1945.

김영정 외,『근대 항구도시 군산의 형성과 변화』, 파주: 한울, 2006.

김경남,『일본의 식민지배와 역사적 책임』. 대구: 경북대학교출판부, 2020.

_____ 외,『근현대지역공동체 변화와 유교이데올로기』, 서울: 북레일, 2017.

김민영 · 김중규,『철도, 지역의 근대성 수용과 사회경제적 변용』, 서울: 선인, 2005.

김영식,『철학적으로 도시 읽기』, 서울: 스페이스타임, 2014.

김영정 외,『근대 항구도시 군산의 형성과 변화』, 서울: 한울, 2006.

김윤희,『쌀은 우리에게 무엇이었나?』, 서울: 두산동아, 2009.

다카사키 소지(이규수 역),『식민지 조선의 일본인들』, 고양: 역사비평사, 2006.

대한국토도시학회,『도시, 인간과 공간의 커뮤니케이션』, 서울: 커뮤니케이션북스, 2009.

박승규,『일상의 지리학』, 서울: 책세상, 2009.

부산대학교 한국민족문화연구소,『포섭과 저항의 로컬리티』, 서울: 소명출판, 2013.

소순열 · 원용찬,『전북의 시장경제사』, 전주: 신아, 2003.

안도현,『외롭고 높고 쓸쓸한』, 서울: 창비, 1989.

원용찬,『일제하 전북의 농업수탈사』, 전주:신아출판사, 2004.

윤춘호,『봉인된 역사』, 서울: 푸른길, 2017.

이규수,『제국과 식민지 사이』, 서울: 어문학사, 2018.

이연식,『조선을 떠나며』, 고양: 역사비평사, 2012.

우라카와 가즈야 (엮음), 박호원 · 이에나가 유코 옮김,『그림엽서로 보는 근대조선. 7』, 서울:
    민속원, 2017.

이춘기,『목련꽃 필 무렵 당신을 보내고』, 서울: 학지사, 2018.

장성수 외,『20世紀 화호리의 경관과 기억』, 서울: 눈빛, 2008.

정재정,『일제침략과 한국철도』, 서울: 서울대학교출판부, 1999.

조정래,『아리랑』 제4권, 서울: 해냄, 2007.

조성환,『한국 근대의 탄생』, 서울: 모시는 사람들, 2019.

주봉규 · 소순열,『근대지역농업사연구』. 서울: 서울대출판부, 1996.

최혜주 엮음,『일제의 식민지지배와 재조 일본인 엘리트』, 서울: 어문학사, 2018.

하지연,『일제하 식민지 지주제 연구』, 서울: 혜안, 2010.

한일관계사연구논집 편찬위원회,『일제 식민지배와 강제동원』, 파주 : 경인, 2010.

허수열,『일제 초기 조선의 농업』, 파주: 한길사, 2011.

홍성찬 외,『일제하 만경강 유역의 사회사』, 서울: 혜안, 2006.

홍성찬 외,『일제하 경제정책과 일상생활』, 서울: 혜안, 2008.

大橋卽淨(양은용 역),『조선주재 36년』, 익산: 익산문화관광재단, 2019.

今井淸一,『日本近代史 II』, 東京: 岩波書店, 2007.

G. J. Telkamp,『Urban and European expansion』. Univercity of Leiden. 1978.

## 4. 학위논문

김백영,「일제하 서울에서의 식민권력의 지배전략과 도시공간의 정치학」, 서울대학교박사
    학위논문, 2005.

진  실,「일제강점 초기 일본인의 이리 이주와 도시형성」, 전북대학교대학원 석사학위논문,
    2014.

예지숙, 「조선총독부 사회사업정책의 전개와 성격(1910년~1936년)」, 서울대학교대학원 박사
　　　학위논문, 2017.
이명진, 「전북 이리의 식민지배 체제와 저항 연구」, 원광대학교대학원 박사학위논문, 2020.
정윤희, 「1910년대 지방 물산공진회 연구」, 한양대학교대학원 석사학위논문, 2016.

## 5. 학술지

고윤수, 「在朝日本人 쓰지 긴노스케(辻謹之助)를 통해서 본 일제하 대전의 일본인 사회와 식
　　　민도시 대전」, 『서강인문논총』 51, 서강대학교 인문과학연구소, 2018.
김경남, 「제국의 식민지 교통 통제 정책과 이리 식민도시 건설」, 『지역과 역사』 43, 부경역
　　　사연구소, 2018.
＿＿＿, 「일제하 식민도시 개발과 조선인 자본가 형성의 특징 - 전북지역 박기순 · 박영철
　　　일가를 중심으로」, 『영남학』 30, 2016.
김귀성, 「일제강점기 익산지역의 교육 인프라와 사학(私學)운동」, 『열린정신 인문학연구』
　　　20(3), 원광대학교 인문학연구소, 2019.
김선희, 「사진그림엽서를 통해 본 근대 서울의 관광 이미지와 표상」, 『대한지리학회지』 제
　　　53권 제4호, 2018.
김일수, 「일제강점기 김천의 일본인사회와 식민도시화」, 『사림』 56, 수선사학회, 2016.
김재훈, 「1925~1031년 미가 하락과 부채 불황」, 『한국 경제 연구』 15, 한국경제연구학회,
　　　2005,
류승주, 「일제의 불교정책과 친일 불교의 양상」, 불교학보 제48집, 2008.
류제헌, 「한국근대화와 역사지리학-호남평야」, 한국정신문화연구원, 1994.
마츠모토 다케노리, 「식민지 조선의 농업학교와 지역사회」, 『역사문화연구』 59, 한국외국어
　　　대학교 역사문화연구소, 2016.
박양신, 「재한일본인 거류민단의 성립과 해체」, 『아시아문화연구』 26, 가천대학교 아시아문
　　　화연구소, 2012.
소순열, 「근대 전주경제의 구조와 변화」, 『전주학연구』 제7집, 2013.
＿＿＿, 「식민지 조선에서의 지주 · 소작관계의 구조와 전개」, 『농업사연구』 제4권 2호.
　　　2005.
송규진, 「일제강점 초기 '식민도시' 대전의 형성과정에 관한 연구」, 『아세아연구』 45(2). 고
　　　려대학교 아세아문제연구소, 2002.
신귀백, 「재조승려 오하시의 이리에서의 식민활동 연구」, 『지방사와 지방문화』 23권 2호, 역

사문화학회, 2020.

신귀백,「일제강점기 裡里에서의 일본인의 균열과 도시침체」,『전북학연구』제6집, 전북연구원, 2022.

신귀백,「현대소설에 나타난 裡里의 장소성 연구」,『한국지역문학연구』제20집. 한국지역문학회, 2022.

양야기·정호기,「1970년대 후반 사회재난의 인식과 피해복구의 논리: '이리역 폭발사고'를 중심으로」, 한양대학교 제3섹터연구소,『시민사회와 NGO』15(2), 2017.

양은용,「익산의 농업기반과 문화정체성」,『열린정신 인문학연구』19집(3), 원광대학교인문학연구소, 2018.

_____,「오하시 소쿠죠와 익산주재 36년」,『일본불교문화연구』18, 한국일본불교문화학회, 2018.

_____,「오하시의 인양(引揚)」,『일본불교문화연구』19, 한국일본불교문화학회, 2019.

오대록,「1920년대 '全北民衆運動者同盟'연구」,『한국근현대사연구』41, 2007.

_____,「1920년대 익산지역 사회운동의 전개 양상과 성격」,『원불교사상과 종교문화』82, 원광대학교 원불교사상연구원, 2019.

원도연,「일제강점기 익산의 근대농업과 이리농림학교의 사회사」,『열린정신 인문학연구』20(3), 원광대학교 인문학연구소, 2019.

원도연,「이리역 폭발사고와 새 이리 건설의 의미」,『제4회익산학심포지엄발표논집』, 원광대학교익산학연구소, 2018.

원영상,「일본 근대 군국주의 정책과 불교계의 수용」,『한국선학』제24권, 한국선학회, 2009.

이가연,「진남포의 '식민자' 도미타 기사쿠의 자본축적과 조선인식」,『지역과 역사』38호, 2016.

이경찬,「철도시설과 연계한 이리 도시구조와 도시경관의 근대성 해석」,『건축역사연구』21(6), 한국건축역사학회, 2012.

이명진·원도연,「1920년대 익산지역의 사회주의자와 그 활동」,『지방사와 지방문화』22(2), 역사문화학회, 2019.

이재원,「제국주의의 식민통치 성격 비교」,『역사비평』28, 역사비평사, 1995.

제점숙,「일본불교의 근대인식과 개항기 조선」,『일본근대학연구』32권, 한국일본근대학회, 2011.

정승진,「위계적 복합공간으로서의 식민도시, 이리」,『아세아연구』55(4), 고려대학교 아세아문제연구소, 2012.

_____,「식민지기 학교조합과 호남의 일본인 이민자 사회」,『대동문화연구』제90호. 성균관대학교대동문화연구원, 2015.

_____,「일제시대 식민 '신도시'의 출현과 주변 농촌 -전북 裡里와 大場村의 사례를 중심으로」,『쌀 · 삶 · 문명연구』1권, 쌀 · 삶 · 문명연구원, 2008.

_____,「식민지지주제의 동향(1914-1945) -전북 益山郡春浦面土地臺帳의 분석-」,『한국경제연구』제12권, 2004.

_____,「실패한 식민지 '개발' 프로젝트 : 益山 黃登堤의 廢堤化 사례」,『한국사학보』59호, 고려사학회, 2015.

_____,「일제시대 전익수리조합의 전개과정과 그 역사적 의의」,『농촌경제』31권 6호, 한국농촌경제연구원, 2009.

_____ · 마츠모토 다케노리(松本武祝),「영주에서 식민지 대지주로 : 일본 귀족 호소카와(細川)가의 한국에서의 토지집적」,『역사비평』겨울호(73), 역사비평사, 2005.

_____,「호남 지역의 위생 · 의료문제: 일제 '위생규율'의 식민지 지역사회에 대한 침투와 한계」,『의사학』27권(3), 2018.

최원회,「일제 식민지 근대도시 조치원의 출현요인, 도시체계상에서의 위상 및 도시내부구조 형성과정」,『한국지리학회지』1(1), 한국지리학회, 2012.

최혜주,「1900년대 일본인의 조선이주 안내서 간행과 조선인식」,『한국민족운동사연구』, 2013.

## 6. 기본자료

김남중,『기찻길 옆 동네』, 창작과비평사, 2004.
박범신,『더러운 책상』, 문학동네, 2003.
윤흥길,『소라단 가는 길』, 창비, 2003
채만식,『채만식전집』6, 창작과비평사, 1989.

## 7. 논문 및 단행본

고인환,「윤흥길의『소라단 가는 길』에 나타난 탈식민성 연구」,『현대소설 연구』제31호. 한국현대소설학회, 2006.
김현경,『사람, 장소, 환대』, 문학과지성사, 2015.
박승규,「정체성, 인간과 공간의 관계를 설명하는 노두」,『대한지리학회지』, 2013.

이경재, 『한국현대문학의 공간과 장소』, 소명출판, 2017.

이리시사편찬위원회 편, 『이리시사』, 1989.

익산문화관광재단, 익산학 연구총서 3 『이야기로 듣는 이리 익산 사람들』 3, 2020.

진실 화해를 위한 과거사정리위원회, 『이리역 미군 폭격 사건. 상반기 조사보고서』, 2010.

마루타 하지메, 박화리·윤상현 옮김, 『장소론』, 심산, 2011.

E. 렐프, 김덕현 외 옮김, 『장소와 장소상실』, 논형, 2005.

제프 말파스, 『장소와 경험』, 에코리브르, 2014.

O. 볼노, 이기숙 옮김, 『인간과 공간』, 에코리브르, 2011.

Y. 투안, 구동회·심승희 옮김, 『공간과 장소』, 대윤, 2007.


국사편찬위원회, 한국사 데이터베이스, http://www.history.go.kr/

국립중앙도서관, https://www.nl.go.kr/

우리 역사넷, http://contents.history.go.kr/mobile

국토공간정보포털, http://www.nsdi.go.kr/lxportal/?menuno=2679

공훈전자사료관 국가보훈처, https://e-gonghun.mpva.go.kr

일본 국립국회도서관, https://www.ndl.go.jp/index.html

한국학중앙연구원, 한국민족문화백과사전, http://encykorea.aks.ac.kr/

# 찾아/보기

## [기호]